法治建设与法学理论研究部级科研项目成果

2018 年度国家法治与法学理论研究项目
“后监管时代下网络借贷平台的法律治理研究”（18SFB3037）成果

后监管时代下网络借贷的法律治理研究

李莉莎◎著

法律出版社
LAW PRESS·CHINA
北京

图书在版编目(CIP)数据

后监管时代下网络借贷的法律治理研究 / 李莉莎著
. -- 北京 : 法律出版社, 2022
ISBN 978-7-5197-6899-7

Ⅰ. ①后… Ⅱ. ①李… Ⅲ. ①互联网络-应用-借贷-法律-研究-中国 Ⅳ. ①D923.64

中国版本图书馆 CIP 数据核字(2022)第 122990 号

后监管时代下网络借贷的法律治理研究
HOUJIANGUAN SHIDAI XIA WANGLUO JIEDAI DE FALÜ ZHILI YANJIU

李莉莎 著

责任编辑 陆帅文
装帧设计 贾丹丹

出版发行 法律出版社
编辑统筹 法律教育出版分社
责任校对 王晓萍　王语童
责任印制 刘晓伟
经　　销 新华书店

开本 A5
印张 9.875　**字数** 280 千
版本 2022 年 9 月第 1 版
印次 2022 年 9 月第 1 次印刷
印刷 北京建宏印刷有限公司

地址:北京市丰台区莲花池西里 7 号(100073)
网址:www.lawpress.com.cn
投稿邮箱:info@lawpress.com.cn
举报盗版邮箱:jbwq@lawpress.com.cn
销售电话:010-83938349
客服电话:010-83938350
咨询电话:010-63939796

书号:ISBN 978-7-5197-6899-7
定价:39.00 元
凡购买本社图书,如有印装错误,我社负责退换。电话:010-83938349

作 者 简 介

李莉莎 女,1981 年生,广东佛山人,法学博士,副教授,硕士研究生导师。现就职于广东财经大学法学院、广东财经大学法治与经济发展研究所。曾出版个人专著《〈国际货币基金协定〉变革研究》以及《第三方电子支付法律问题研究》(获广东省第七届哲学社会科学优秀成果奖三等奖),在《现代法学》《河北法学》等期刊发表专业论文 20 余篇,曾主持教育部人文社科研究项目、广东省哲学社会科学研究项目、国家法治与法学理论研究项目等多个省部级项目。

序　言

网络借贷并非严格的法律概念，本书的研究对象泛指通过互联网渠道实现的资金借贷，借贷平台既可能是信息中介，也可能是信用中介，因而平台与相关主体形成各种不同的法律关系，而互联网的跨区域性和融资的风险性，又增加了此类法律关系的复杂性。本书选择三类典型的网络借贷，针对各自不同的法律属性和风险样态，探索法律治理之路径。

就 P2P 网络借贷而言，自 2007 年引入我国后，经历了一段“野蛮生长期”，在缺乏法律规制的状况下迅速扩张，却也逐渐积累风险，并在 2015 年后集中爆发。2016 年《网络借贷信息中介机构业务活动管理暂行办法》及三个相关指引相继出台，形成了“1 + 3”的法律监管体系，P2P 网络借贷进入后监管时代。网络借贷行业引来一股整顿之风，受到备案登记、银行存管、借款限额等因素的制约，网络借贷平台的数目大幅下降、成交量不断回落、网络借贷综合收益率持续下行，问题平台退出市场现象加剧。当前，在以清退和转型为主的强监管思路之下，P2P 网络借贷的现实发展空间已经逐渐变得逼仄。但本书认为，P2P 网络借贷这种独特的共享金融模式，在推动普惠金融上仍有不可或缺的意义，“一刀切”地否定是对金融创新的巨大伤害。国外的成功经验也表明，对 P2P 网络借贷进行恰如其分的法律规制和引导，仍有其必要和可能。

网络小额贷款实际上是传统小额贷款的延伸。在该领域本身制度供给就不足，仅有 2008 年中国人民银行（也称央行）和原中国银行业监督管理委员会（以下简称原银监会）印发的《关于小额贷款公司试点的指导意见》可供适用。另外，由于互联网技术的应用、地域范围的扩大，以及与其他金融机构或非金融机构的合作，网络小额贷款又增加了新型的风险。2016年年底，上海市人民政府办公厅印发《上海市小额贷款公司监管办法》，首次对"小额贷款公司互联网小额贷款业务"进行界定。2017年12月1日，《关于规范整顿"现金贷"业务的通知》发布，网络小额贷款的部分业务和现金贷类似，相应风险引起关注。2017年11月21日，互联网金融风险专项工作领导小组办公室发布《关于立即暂停批设网络小贷公司的通知》，至此网络小额贷款因被抑制而陷入低潮。2019年以来，P2P网络借贷平台不断爆雷而导致资产难觅，因此与网络小额贷款平台合作，由后者寻找借款人，由前者寻找投资人并撮合借贷信息，监管的缺失使两类网络借贷的风险叠加。而随着P2P网络借贷整顿的推进，网络小额贷款也成为转型的一个方向，在实践中获得了某些地方监管部门的肯定。未来网络小额贷款的发展和完善，仍任重道远。

商业银行互联网贷款的兴起源于2015年我国对"互联网金融"这一新型业务模式的推动。此后，各类商业银行以不同方式不同程度地开发基于互联网技术的新产品和新服务，在提高贷款效率、创新风险评估手段、拓宽金融客户覆盖面等方面发挥了积极作用。与此相伴，互联网贷款业务也暴露出过度授信、多头借债、资金用途不当等问题和风险隐患。自2016年，监管部门在"三个办法一个指引"的银行贷款基本法规框架内，针对互联网贷款业务陆续发布了一系列规范文件，这成为商业银行开展互联网贷款业务的重要合规基础。自2020年新冠肺炎疫情暴发以来，互联网贷款业务再深化符合中央纾困小微的政策导向。基于此，2020年7月17日，中国银行保险监督管理委员会（以下简称银保监会）颁发了《商业银行互联网贷款管理暂行办法》并自公布之日起施行。该文件的出台，不仅是商业银行互联网贷款业务正式被纳入监管范围，连同围绕商业银行线上贷款业务的其他生态和其他业务也同样被纳入监管范围，尤其值得关注的是助贷的监管问题。"助贷"是指第三方机构发挥自身场景、数据和科技等优势，帮助银行等放贷机构改善客户筛选、信用评估、风险管控、贷款催收等流程，提高信贷服务范围和效率的行为。助贷业务的发展是信息科技发展和金融业务分工细化的产物，在促进科技与金融融合、弥补传统金融机构信贷短板、构建多层次广覆盖的信贷体系、发展普惠金融等方面发挥了积极作用。然而,在发展过程中一些助贷出现了异化,偏离了金融创新本质和普惠金融的发展初衷,暴露出不少风险。另外,在P2P网络借贷行业的清理大潮中,助贷平台的发展已成为其主要的转型方向,而相应监管体系仍未建立。前述《商业银行互联网贷款管理暂行办法》的出台,将与商业银行开展合作贷款的助贷平台正式被纳入监管范畴,但助贷行业本身仍缺乏专门规范性文件。监管政策如何演进,是行业发展面临的重大现实问题。

后监管时代,网络借贷的法律治理应当与时俱进,相关的立法应当与技术创新、现实需求相匹配,应当平衡各方利益,重视效率,保障安全。在宏观层面上,一是转变理念,从"管"走向"治",加强法律治理的类型化、专业性与开放性;二是确立以下治理逻辑:以普惠和小额为原则,科技与金融相结合,创新与安全相协调;三是一般立法和专门立法相结合,在推动电子商务基础立法的同时,继续完善网络借贷专门立法,提高立法层次,增强立法的科学性与完备性;四是发挥行业自律监管的作用,与政府监管相协调,使自下而上的"软法"与自上而下的"硬法"互相配合,通过不同方式发挥治理功能。

在微观层面上,三类网络借贷有相似之处,也有不同的运营特点和风险样态,应根据各自发展实际和法律定位从多方面进行制度调整、补充和完善。从网络借贷的性质看,信用中介类网络借贷在风险防控上应当更加严格,更强调"安全",而信息中介类网络借贷更强调"效率"以促成借贷交易,但也要慎防其异化所带来的风险传染。从网络借贷的发展背景看,银行类网络借贷在风险治理上具有更成熟的基础,而非银行类网络借贷是民间金融的创新形式,制度供给的缺口仍较大,实践中为了遏制风险而一味压制的做法并不可取,只有转变治理理念、构建科学的治理体系才可能"转危为机"。从网络借贷法律治理的具体要素上看,在监管、催收、个人信息保护、纠纷解决等方面,几类网络借贷具有共同的法律规制取向,而在市场准入、信用风险防控、增信、投资者适当性、信息披露等方面,各类网络借贷规制的刚性、侧重点和具体内容都有所差别。基于此,本书沿着从一般到特殊的思路,先研究一般的法律治理问题,再有针对性地对各类网络借贷的特殊治理机制进行梳理和探讨。

网络借贷经历了十多年野蛮生长,进入后监管时代,法律治理应当走向精细化和多层次化。本书对网络借贷的发展现状和法律风险进行多维度的挖掘和分析,主张构建多角度立法、多方面配合、多层次融合的法律治理体系,政府监管与行业自律相结合、监管理念与科学技术共革新、实体机制与程序机制相协调,以促成安全与效率,为网络借贷行业的健康发展提供理论参考。

目　　录

第一章　进入后监管时代的网络借贷

自21世纪初以来，互联网和信息通信技术飞速发展，在金融领域应用越来越广泛，资金融通、信息中介、支付结算等信息金融业务模式层出不穷，我国迈入互联网金融时代。网络借贷，是互联网金融的重要形式，是以互联网为媒介实现的资金借贷交易，目前立法上对其尚无明确的界定，其外延范围也并无定论。以下将从广义角度来定义，并在此基础上探讨其具体分类、所涉风险以及监管状况，探索后监管时代网络借贷的法律治理方向和原则。

第一节　网络借贷的界定和分类

网络借贷本身并没有确定的法律定义，中国人民银行等十部委《关于促进互联网金融健康发展的指导意见》仅仅列举个体网络借贷（P2P网络借贷）和网络小额贷款两类网络借贷形式，本书认为并不全面。本书从网络借贷行业的特点、宗旨及其运营特点，总结出三类网络借贷，并对它们与相关概念进行辨析。

一、网络借贷的定义和分类

网络借贷，从广义上讲，是利用互联网实现的借贷交易，属于互联网金融的重要分支。《关于促进互联网金融健康发展的指导意见》指出，互联网金融是传统金融机构与互联网企业利用互联网技术和信息通信技术，实现资金融通、支付、投资和信息中介服务的新型金融业务模式。互联网与金融深度融合是大势所趋，将对金融产品、业务、组织和服务等方面产生更加深刻的影响。该指导意见规定的互联网金融业务既包括正规金融机构的业务，也包括非金融机构的业务。根据该指导意见，互联网金融主要包括互联网支付、网络借贷、股权众筹融资、互联网基金销售、互联网保险、互联网信托和互联网消费金融等业务。然而对网络借贷的界定仅仅局限于P2P网络借贷和网络小额贷款，这与其对互联网金融业务的宽泛界定是相悖的。本书主张，网络借贷不仅涵盖非金融机构的借贷活动，也涵盖金融机构的借贷活动，后者主要体现为商业银行互联网贷款。实际上，随着近几年P2P网络借贷领域频繁爆雷，网络小额贷款平台的新设被喊停，《商业银行互联网贷款管理暂行办法》出台意味着商业银行的互联网贷款在普惠金融蓝图中的重要性进一步得到强调，加上与商业银行合作的各种非金融机构如助贷平台，已经成为P2P网络借贷平台转型的方向，该类平台与商业银行的合作借贷活动也纳入本书的研究范畴。基于此，本书的研究对象包括银行类网络借贷与非银行类网络借贷，包括中介类网络借贷与自营类网络借贷，以下分述之。

银行类网络借贷是商业银行贷款业务在互联网领域的延伸和发展。银行类网络借贷与网络银行存在联系。网络银行又称互联网银行、网上银行或在线银行，是以信息技术和互联网技术为依托，通过互联网平台向用户提供存款、贷款、支付、结算、转账、投资理财等各种金融服务的商业银行，如浙江网商银行、深圳前海微众银行、武汉众邦银行、四川新网银行等。而广义上的网络银行还包括传统商业银行所建立的线上金融服务平台，典型如工商银行的“融安e信”、农业银行的“企业掌银”、江西银行的“金e融”、民生银行的“民信易链”、邮储银行的“邮易链”等。银行类网络借贷平台指上述专门从事线上借贷的商业银行平台。当然，实践中银行类网络借贷平台往往并不仅仅从事单一的借贷业务，但本书仅探讨其借贷业务。

非银行类网络借贷是非银行机构通过建立平台，撮合借贷交易或自行放贷，前者是P2P网络借贷，后者为网络小额贷款。所谓P2P，是英文“person to person”或“peer to peer”的缩写，意思是个人对个人。P2P网络借贷是个人对个人的借贷，是一种互联网技术与民间小额借贷相结合的模式，从法律角度分析，其本质仍属于民间借贷，系借助网络信息平台，实施民间借贷的行为。P2P网络借贷平台即网络借贷信息中介机构，一般为依法设立且专门从事网络借贷信息中介业务活动的金融信息中介公司。该类机构以互联网为主要渠道，为借款人与出借人实现直接借贷提供信息收集、信息公布、资信评估、信息交互、信贷撮合等服务。[1] 而网络小额贷款平台是指小额贷款公司通过网络平台获取借款客户，综合运用网络平台积累的客户经营、网络消费、网络交易等行为数据、即时场景信息等，分析评定借款客户信用风险，确定授信方式和额度，并在线上完成贷款申请、风险审核、贷款审批、贷款发放和贷款回收等全流程的小额贷款业务。网络小额贷款是传统小额贷款的延伸，摆脱了经营地域限制，业务范围更广。

前述的网络借贷中，P2P 网络借贷属于中介类网络借贷，商业银行互联网贷款和网络小额贷款都属于自营类网络借贷。这两类网络借贷在法律关系的复杂程度方面存在明显区别。在中介类网络借贷中，最基本的参与主体包括出借人、借款人和平台运营者。《网络借贷信息中介机构业务活动管理暂行办法》明确 P2P 网络借贷平台运营者的信息中介地位，即平台独立于借贷双方，仅仅对双方的交易进行撮合，不承担信用风险。然而现实中，不少平台通过各种方式直接或间接提供信用担保，导致借款人的信用风险蔓延至平台，最终酿成爆雷悲剧，大量出借人无法得到偿付。因而，对于 P2P 网络借贷，监管的重点落在平台，即确保平台能真正并且恰当履行信息中介角色，使出借人和借款人的资金安全和信息安全等得到保障。而商业银行和公司通过网络平台进行的借贷中，平台本身即出借人，借款人为自然人或法人，双方之间的借贷关系是最主要的法律关系。除此之外，平台为了放贷所作的融资、导流、催收等，可能与不同的机构开展合作，涉及利润的分配和风险的分担问题。与商业银行贷款平台比起来，网络小额贷款平台作为非金融机构，受到的监管仍较为薄弱。

二、网络借贷的特征

网络借贷作为一种新型融资方式，无论与传统的民间借贷融资模

---

〔1〕 薛朝霞：《如何界定 P2P 网络借贷与非法集资行为的界限》，载《经济师》2018 年第 10 期。

式还是传统的线下融资模式相比,都呈现不同的特征。

与传统借贷相比,网络借贷具有以下特征:第一,借贷参与主体更多,资金来源广泛。传统的民间借贷与非银行网络借贷资金均源自民间资本,但前者具有明显的地域性,往往基于熟人之间的人际关系而产生,由于来源狭窄,只在特定区域间的熟人间流通,资金规模受限,而网络借贷资金不受实体空间的限制,资金供给规模大大增加。第二,融资成本低。民间借贷的资金供给具有非公开性,利率定价机制不固定,网络借贷的平台效应聚集了更大规模的资金来源,更容易达到借需平衡,从而达到比传统民间借贷更低的利率。网络借贷还可以打破地区间的地域边界,进而消除因地区经济发展不同和资金供需状况不同而带来的利率差异。另外,由于网络借贷的借贷双方直接交易,相比通过间接融资,所需中间费用大为减少。综上,因此,网络借贷成本得以降低。

与传统线下借贷相比,网络借贷具有以下几方面特征:第一,交易更具便捷性。线下借贷,需要跨越实体空间进行贷前审核、订立合同、交付资金等,交易效率较低。网络借贷各个环节都在网上进行,省去了时间及相关费用,融资效率较高。同时,网络借贷没有时间限制,任何时间都可以进行借贷交易,为当事人提供了极大便利。第二,具有涉众性和分散性。网络借贷打破线下借贷的地理位置约束,大大拓展了交易空间,交易主体数量大增,信用风险的蔓延范围也随之大增。网络借贷既有单一放贷主体,也有复合型的放贷主体。对于后者,主要通过中介型网络借贷平台撮合众多的出借人和借款人进行交易,出借人在信息上存在劣势,资金安全维护和信用风险防控上都面临困难,而这些出借人的高度分散又增加了其权益保护的挑战。

第二节 网络借贷的发展与风险

信息技术的飞速发展,催生了借贷领域的金融创新。网络借贷对互联网的应用,不仅是技术元素的增加,更是形成了新型的法律关系,并产生了一系列新型的风险,或者导致某些风险的放大。本书所论及的是广义上的网络借贷,具体到不同类型的网络借贷在不同时期有不同的发展特点与风险状况,以下仅作一些概括的分析。

一、网络借贷产生的背景

网络借贷缘起于金融现实,在金融抑制的体制背景下,网络借贷恰能覆盖"长尾"部分,网络借贷平台的介入能促进信息成本的分担,满足金融创新的需求。

(一)金融抑制

金融抑制,即政府干预金融市场遏制市场机制的作用,表现为利率管制、信贷配给、本币汇率的高估等。发展中国家的金融抑制现象较为明显。在此背景下,由于银行不能根据风险程度决定利率,往往选择安全项目以降低风险,很多企业难以得到银行信贷,只好求助于非正式信贷市场,形成金融二元结构。就我国而言,在金融市场化改革过程中,主要通过金融抑制来实现经济战略目标,只有那些执行政府产业政策的企业及政府扶持的产业,才能获得国有金融机构的资金配给,其他企业只能转向民间金融市场。在信息化时代,民间金融越来越多采取网络借贷方式,各种非银行网络借贷平台喷薄增长,其发展倒逼金融机构互联网借贷业务的发展,最终市场上网络借贷逐渐多样化。

(二)长尾效应

所谓长尾效应,即由于信贷资源的稀缺,传统的正规金融只能覆盖到极少数的主体,很多小微企业和弱势群体的信贷需求难以满足,好像长长的尾巴部分无法被覆盖到。网络借贷能够有效覆盖这些部分,其主要方式是,商业银行或网络小额贷款平台通过互联网媒介进行放贷,扩大普惠金融的版图;P2P 网络借贷平台通过互联网联通有资金需要的借款人以及有投资需求的出借人。长尾的覆盖,满足了融资需求,推动实体经济的发展。

(三)信息成本

信贷市场存在信息不对称,中小企业的财务状况往往不会得到披露,交易信息的获得成本较高。为了避免信贷风险,传统金融机构往往倾向于向那些有较好声誉的大企业发放贷款。网络借贷的出现,在很大程度上降低信息成本:其一,金融科技的应用,尤其是大数据,拓展了信息收集的范围,提高了效率并随之降低了成本;其二,非银行网络借贷平台介入征信系统,征信信息的共享,降低了信息收集的成本;其三,P2P网络借贷积聚大量出借人,在规模效应下,信息成本被众多参与人所分担,成本大为降低。

二、网络借贷的风险状况

费希尔曾指出,金融资产是以货币时间价值为本质的信用风险载体,金融的功能在于实现金融资产在投资者和融资者之间的交易。[1] 而功能金融理论认为:一方面,金融功能比金融组织机构更加稳定,随着时空变迁,金融机构会发生巨大变化,但其履行的金融功能大致相同;另一方面,金融功能比金融组织机构更加重要,只有机构不断创新和竞争才能促进金融功能和提升金融效率。[2] 传统金融主要通过银行等金融机构对信用风险进行定价和交易,以网络借贷为典型的新兴互联网金融承载着类似的金融功能。金融脱媒使交易的门槛大大降低,而且大量投资者通过平台集聚起来,信用风险被分散,交易成本得以降低,满足了更多投融资需求。金融活动中蕴含着金融风险,金融风险是金融活动的内在属性。[3]《关于促进互联网金融健康发展的指导意见》指出:互联网金融本质仍属于金融,没有改变金融风险隐蔽性、传染性、广泛性和突发性的特点。网络借贷提供的资金融通服务所产生的金融风险与传统金融并无根本区别,但互联网交易环境和以平台为中心的交易模式,使借款人和出借人之间的信息不对称被进一步放大,各种风险不断累积乃至爆发。

(一)信用风险

信用,在经济学上是一个专有名词,是指以还本付息为条件的借贷行为。在经济学领域,对信用风险定义的核心为"交易对手未能履行

---

〔1〕 Fisher I, *The Theory of Interest as Determined by Impatience to Spend Income and Opportunity to Invest It*, 21 Economics & Political Science (1955).

〔2〕 Merton, Robert C. and Bodie Zvi, *Design of Financial System: Towards a Synthesis of Function and Structure*, Investment Management, Vol. 3, No. 1, p. 1 – 23 (2005).

〔3〕 李山赓、李润发:《货币银行学》,北京理工大学出版社 2016 年版,第 193 页。

约定契约中的义务而造成经济损失的风险”。[1] 具体到传统借贷行业中，信用风险往往表现为由于借款人自身经济状况的不稳定，不愿或无能力偿还信贷资金，导致贷款人信贷资金无法收回，形成呆账、坏账的风险。随着金融科技的日益革新，传统借贷行业开始向网络延伸，并逐步发展为网络借贷行业，借贷平台也从原来的商业银行与小额贷款公司转变为商业银行互联网贷款平台、网络小额贷款平台、P2P 网络借贷平台并行的局面。网络借贷中信用风险所增加的新变数就在于 P2P 网络借贷。由于 P2P 网络借贷由出借人、P2P 网络借贷平台、借款人三方共同参与，相应地，信用风险的承担者不仅局限于特定出借人，范围还扩及 P2P 网络借贷平台，进而蔓延到其他出借人。近年来众多 P2P 网络借贷平台兑付危机的发生以及“爆雷”事件的频发更是证明了这一点。

信用风险产生的根源是信息不对称。信息不对称是指市场参与者对信息的掌握程度不同，而这种不同会对利益分配产生影响。通常具有信息优势的市场参与者更容易处于有利地位，而信息劣势的市场参与者通常处于被动地位。在网络借贷中，互联网技术的发展为消除信息不对称提供了一定的便利。以蚂蚁花呗产品为例，重庆市蚂蚁商诚小额贷款有限公司可以借助淘宝的消费记录以及借款人往期的还款行为分析出借款人的资信情况，大大降低了为了调查借款人的收入情况和往期还款情况所需要的时间成本，完成了对借款人信息的大数据刻画，但是实际上其精确度却是存在疑问的。同时，由于征信系统的不完善，难以解决借款人多头借贷、重复借贷的问题。加上无抵押信用贷款的泛滥，更为信用风险的爆发埋下导火索。这些情况在网络小额贷款和 P2P 网络借贷中最为常见。

（二）安全风险

网络借贷的安全风险主要是指资金的安全保障问题以及用户信息的泄露风险。

网络借贷是借助于区块链技术以及大数据分析技术而建立起来

[1] 李山赓、李润发：《货币银行学》，北京理工大学出版社 2016 年版，第 25 页。

的。区块链所运用的点对点传输、分布式数据存储、非对称加密技术以及共识机制等核心技术是实现“金融脱媒”的重要途径,同时区块链技术所具有的交易透明、难以篡改的特点以及无须第三方背书的可信机制,与贷款平台关于审计机制、信任机制方面的需求能够做到较好的契合。基于区块链技术的去中心化系统所建立起来的网络借贷行业,能够降低贷款平台的经营成本,并能在一定程度上实现信用风险的控制作用。

但该技术本身的不成熟,防御性机制的不够完善,导致了技术脆弱性和易受攻击性,例如密钥安全风险以及底层技术依赖风险。密钥安全风险是指作为区块链技术核心之一的私钥遭到黑客等外部人员的攻击而泄露或丢失,由此导致的用户信息流出的情形,例如,在 2018 年 10 月末你我贷 P2P 网络借贷平台就遭到黑客的攻击,导致 65000 条关于用户的贷款信息遭到泄露,信息内容包含用户真实姓名、手机号码、所在地区三个维度,这些信息在暗网以 60 美元的价格出售。[1]

由此看出,网络借贷平台的运行涉及互联网信息技术的应用,所以信息系统安全的不确定性就是网络借贷安全风险的主要来源。

(三)操作风险

一般认为,操作风险主要是由于内部人员故意或过失地操作失误而导致的。20 世纪末巴林银行、大和银行的倒闭以及东南亚金融危机的爆发,使人们认识到金融市场的风险并不仅由信用风险这一单一的风险形态构成,而是由信用风险、市场风险以及操作风险交织而成。正是基于此背景,《巴塞尔协议Ⅱ》在考虑银行系统的资本充足率时,将操作风险纳入风险加权资产之中。

无论是从定义还是认识的发展阶段来看,相对于其他风险来说,操作风险都较为模糊。从定义层面剖析,操作风险与整个金融系统密切联系,只要存在内部员工和操作系统,就有可能引发操作风险,其成因具有多样性,因此难以对其进行定义。在认识的发展阶段方面,其他风

---

〔1〕 参见《65000 条! 你我贷贷款数据在暗网被售卖》,载《P2P 时报》2018 年 12 月, https://finance.ifeng.com/c/7j1jlUrpRnC,最后访问日期:2021 年 4 月 1 日。

险的研究模型、资本准备以及监管等方面都相对比较成熟，而操作风险尚面临分析数据不充分的困境，在网络借贷行业所涉及三大类平台中，主管部门只对商业银行的操作风险出台了监管指引，对于 P2P 网络借贷平台以及网络小额贷款平台的操作风险，仍缺乏具体的规范性指引。

在网络借贷行业中，操作风险的来源主要体现为关联交易和自融这两种故意的形态，即平台实际控制人或控股股东将平台所筹集资金借贷给关联企业，或虚设投资项目将资金转移到自设的资金池中盈利。它们为了获取投资人的信心会虚设独立的第三方担保或保理，淡化存在的风险，但这些安全保障措施均存在超额担保或者自我担保的情形，导致其形同虚设。这两类操作风险在监管体制尚未完善的 P2P 网络借贷以及网络小额贷款中尤为突出，甚至成为它们“爆雷”的主要原因，“东方创投案”和“e 租宝事件”都是由于涉及自融自担和关联交易而最终产生兑付不能的结果。

(四)法律风险

法律风险，是指由于监管的缺位、制度尚未完备、政策态度的多变性所导致的风险。

我国目前金融系统实行的是“分业经营分业监管”的监管体制，但是随着互联网信息技术的发展，各项金融业务之间的边界逐渐模糊。由于金融科技和金融业务的相互渗透与融合，网络借贷行业混业经营的特征更为显著。以 P2P 网络借贷为例，集中介、借贷、资管、担保等众多业务于一体的产品，近些年大量异化的 P2P 网络借贷平台变相从事银行、证券等金融业务，事实上突破了分业经营的限制，金融监管部门由于分业监管的限制难以对其实施有效监管，也缺乏监管激励，从而导致监管真空。由于缺乏监管制度，行业的规范性发展无从谈起，因此监管的缺位是网络借贷行业面临的首要的问题。

制度的不完备是体现在多方面的。以网络借贷行业所依赖的区块链技术为例，现有的法律规制真空、行业标准欠缺、监管对象模糊等问题都成为滋生风险的导火索。另外，就行业的监管体制而言，由于缺乏高位阶的规范性文件对其进行统一规定，基于异地政策的不一致带来监管套利。同时，央地之间的职权配置仍有可以改进的空间。

政策多变性的问题在P2P借贷行业尤为突出。P2P借贷行业在我国诞生于2007年，由其产生、盛行、到清退，整个过程仅经历了不过十余年的时间，但其间的整治的政策态度就数度改变。当前，由“分类处置”转变为“以退出为主要方向”“转型为小额贷款公司”，这种多变性会引起相关企业的无所适从，同时也会使它们陷入非法经营的风险。

第三节　网络借贷进入后监管时代

非银行类网络借贷在相当长时间内都处于监管真空，及至2016年《网络借贷信息中介机构业务活动管理暂行办法》出台，整个行业的风险仍不断暴露，尤其是P2P网络借贷“爆雷”频频，其后的行业整治中P2P网络借贷平台纷纷清退，而2017年12月起网络小额贷款平台的新设被喊停，整个行业的发展面临重重障碍。随着非银行类网络借贷陷入低潮，银行类网络借贷的重要性得到进一步强调，监管得到进一步规范。整个网络借贷行业已经进入以“强监管”为主基调的后监管时代。

一、网络借贷法律监管的必要性

网络借贷的风险样态复杂，涉及多种主体的法律关系，要促进网络借贷市场的发展，遏制监管套利，有必要引入法律监管。

（一）应对网络借贷新型风险的要求

一方面，网络借贷具有传统金融体系的固有风险。金融的本质是信用。然而，金融交易活动中盛行的机会主义行为和不时发生的突发事件会损害金融信用。该风险为传统金融体系的借贷活动所固有，不会因为借贷活动从线下的现实社会转移到线上的网络空间就自动消失。因为互联网金融改变的只是金融业务活动的表现形式与发生场所，并没有改变金融的本质。“互联网金融解决的仍然是资源的跨时空优化、配置资产、定价和风险控制问题。"[1]

另一方面,网络借贷又在互联网金融环境下衍生出新的金融风险。网络借贷是减轻信息的不对称,抑或是加剧信息的不对称,目前还有争议。一种观点认为,网络借贷可以利用各种信息技术解决信息不对称问题。"互联网金融的主要优势是利用互联网、大数据、云计算技术,开创新的金融服务模式……减少了信息不对称。"[2]从这种角度看,网络借贷在很大程度上减缓借贷双方的信息不对称,从而有助于防范和控制借款人的机会主义行为。另一种观点认为,如今信息呈现爆炸性增长趋势,出借人要从海量的信息中搜寻、识别和收集有用的相关信息,难度不减反增。因而网络借贷中信息不对称程度也不降反增。网络借贷中的信息不对称问题并未因为信息技术的应用得到解决。反之,本应负有缓解和消除信息不对称职责的中介型网络借贷平台,却出现捏造、散布和传播虚假信息,诱使出借人作出错误投资的现象。另外,支持网络借贷平台运营的信息技术系统存在安全隐患,会给平台运行、客户权益等带来重大风险,甚至会危及网络借贷行业的安全与稳定,进而产生新的系统性金融风险。

(二)促进网络借贷市场发展的要求

网络借贷市场涉及不同主体、不同法律关系、不同规则要素,要促进整个市场的健康发展,须通过法律监管促进不同主体的公平竞争、规范各类法律关系,完善规则体系。

从主体角度看,网络借贷市场的体系化发展,要求各类平台,包括银行网络借贷平台和非银行网络借贷平台的共同发展和互相配合。网络小额贷款平台凭借在场景、数据、流量等方面的优势,曾在网络借贷行业"一枝独秀"。而随着《商业银行互联网贷款管理暂行办法》的发布,银行等持牌机构的互联网贷款业务发展进入新时代。截至 2020 年

---

[1] 霍学文:《新金融,新生态:互联网金融的框架分析与创新思考》,中信出版集团 2015 年版,第 62 页。

[2] 霍学文:《新金融,新生态:互联网金融的框架分析与创新思考》,中信出版集团 2015 年版,第 73 页。

6月末商业银行发放的线上联合消费贷款的余额已达1.43万亿元。[1]线上放贷业务已成为商业银行贷款业务的重要组成部分。P2P网络借贷则由于平台的法律地位在长时间内得不到确认，不少平台直接或间接承担起信用中介的角色，导致风险的积累，并在近年陆续“爆雷”。随着监管的不断收紧，网络借贷行业发展遭遇重创，未来发展面临巨大监管壁垒和制度障碍。

从法律关系的角度看，网络借贷涉及多个环节和各种当事人，形成较为复杂的法律关系。网络借贷的基本法律关系，包括借贷关系和居间关系。放贷平台和借款人之间存在借贷关系，中介型平台还涉及居间关系。居间关系是中介型平台法律关系的核心，平台为借贷双方提供居间服务以促成交易，不参与借贷关系，只提供资格审核、信息发布、信用评级、资金划拨、还款催收等辅助性服务，并收取管理费或服务费。网络借贷的其他法律关系，涉及各种担保关系，以及与征信机构、第三方支付机构、资金存管机构、助贷机构、催收机构等第三方的各类合同关系。要规范各类主体之间的法律关系，亟须多层次、多方面的法律监管。

从规则要素角度看，网络借贷市场的体系化建设，需要多种方式的法律监管，包括平台治理、行业自律，投资者保护、行业信用体系等。首先，平台治理是指对以网络平台为核心而构建的网络空间的治理，特别是对网络平台所传输、存储和传播的信息内容与服务的治理。平台治理强调对平台的适当性监管，促进平台的创新，同时通过对平台行为的监管，约束其与多方利益主体的合同关系，防控各类风险。其次，对于网络借贷行业治理而言，行业自律与政府监管相辅相成、缺一不可。以英国为典型的以行业自律为主的监管模式有可资借鉴之处，我国互联网金融行业协会应逐步完善自律管理制度框架，充分发挥行业协会在规范网络借贷平台的市场行为、信息共享和金融消费者合法权益保护等方面的积极作用。从整个社会层面看，征信体系与网络借贷联系最

---

〔1〕 参见《万亿联合贷市场迎严监管，网络小贷公司遇生死大考》，载第一财经，https://www.sohu.com/a/429283089_114986，最后访问日期：2020年12月1日。

密切。由于我国征信体系的不完善，借款人在参与网络借贷之前缺乏权威认证的信用评级，网络借贷平台在评级信用的同时就被动地成为借款人的“背书”甚至是“增信工具”，被迫承担起双重风险〔1〕。进一步完善覆盖全社会的企业和个人征信体系，可将平台被动承担的借款人信用风险与平台风险相剥离，明确责任主体。〔2〕

（三）遏制网络借贷监管套利的要求

“监管套利是指市场主体利用法律规定的差异性，为降低交易成本或捕捉获利机会而特别设计的一系列金融交易。”〔3〕监管套利是金融创新的重要诱因。“在一定的经济条件下，金融体系受到许多管制，这些管制会限制金融机构的获利机会。当经济压力使这些管制措施具有约束力时，市场的力量会使金融机构必须设法逃避管制以求得收益，从而引起市场与管制的冲突，促使金融创新出现。”〔4〕

长期以来我国实施严格的金融管制，网络借贷给市场主体创造了一个全新的监管套利渠道。以 P2P 网络借贷为例，在产生初期，平台没有金融牌照却事实上从事着信用中介活动。银行等传统的信用中介机构市场准入门槛较高，在日常经营中还要接受严格监管。例如，银行应当保持符合巴塞尔银行监管委员会规定的资本充足率，向央行缴存法定准备金，依据法律规定开设分支机构，甚至存贷款利率也受到限制。P2P 网络借贷这一新的金融业态游离于监管之外，给从事借贷业务的市场主体提供了套利空间。又如网络小额贷款平台，利用网络的虚拟性展开跨区经营，规避原来区域经营的监管规则。再如，商业银行互联网贷款中，与助贷机构通过合同约定，将风险分配给助贷机构，使

〔1〕郑扬扬、汪炜：《国内外 P2P 网络借贷平台角色差异及对我国监管的启示》，载《现代经济探讨》2016 年第 4 期。

〔2〕张彭、王飞：《治理能力、平台风险与预警机制研究——来自网络借贷市场的经验证据》，载《现代经济探讨》2017 年第 9 期。

〔3〕Frank Partnoy, *Financial Derivatives and the Cost of Regulatory Arbitrage*, Journal of Corporation Law, Vol. 22, p. 9 – 227. 转引自梁家全：《商业银行监管套利的法律规制》，法律出版社 2006 年版，第 11 页。

〔4〕陈雨露、汪昌云：《金融学文献通论（宏观金融卷）》，中国人民大学出版社 2006 年版，第 590 页。

之成为事实上的信用机构，规避金融监管。种种现象表明，网络借贷行业已经成为监管套利的高发区。

与监管套利相伴而行的是金融风险的不断累积乃至爆发，因此，遏制监管套利成为必然选择。这并非“一刀切”地禁止，而是将网络借贷纳入监管范畴，针对监管盲点进行适度的规制，平衡各方主体利益，防范和化解金融风险。

二、网络借贷的监管实践之检讨

网络借贷行业的发展历程就是监管不断强化的历程，而具体到不同类型的网络借贷，其监管实践具有不同的发展特点。

（一）P2P 网络借贷的监管沿革

自 2007 年国内首家 P2P 网络借贷平台——拍拍贷在上海成立后，P2P 网络借贷行业的热度不断攀升，但与此同时，监管措施却未能与时俱进，导致该行业出现长达 8 年的监管空白。

在中央层面，对 P2P 网络借贷的整治始于 2015 年 10 月，由中国人民银行、原银监会、证监会、原保监会等十部门联合颁布《关于促进互联网金融健康发展的指导意见》。该意见首次将网络借贷划分为个体网络借贷（P2P 网络借贷）和网络小额贷款，并将 P2P 网络借贷平台定位于信息中介，限定其仅能为投资方和融资方提供信息交互、撮合、资信评估等中介服务，不得提供增信服务，不得非法集资。2016 年 4 月 12 日，国务院办公厅发布《互联网金融风险专项整治工作实施方案》，该方案列出了资金池、发放贷款、期限错配、期限拆分等业务红线，并要求各省级政府对辖区内的 P2P 网络借贷平台按照信息中介标准进行整顿。2016 年 8 月，原银监会会同工信部、公安部、国家互联网信息办公室等部门联合发布《网络借贷信息中介机构业务活动管理暂行办法》，这为 P2P 网络借贷平台的治理提供了部门规章级别的法律依据，为了避免对行业产生太大冲击，安排了 12 个月过渡期，以自纠自查、分类处置的方式进行整顿。直至 2018 年年末，以“互联网金融整治领导小组”办公室和“网络借贷整治领导小组”办公室联合发布的《关于做好网络借贷机构分类处置和风险防范工作的意见》为标志，对待 P2P 网络借贷平台的态度已由原来“分类处置”转变为“坚持以机构退出为主要工作方向”“能退尽退、能关尽关”。2019 年年末颁布的《关于网络借贷信息中介机构转型为小额贷款公司试点的指导意见》为 P2P 网络借贷平台的转型提供了另一种方案。

截至 2020 年 8 月，共有 19 个省级地方政府宣布“因行政核查不完全合规以及未纳入行政核查的所有开展 P2P 网络借贷业务的机构均属违规经营”等原因，对本辖区内的 P2P 网络借贷机构全部予以取缔。2020 年 12 月 8 日中国银保监会郭树清在新加坡金融科技节时表示，实际运营的 P2P 网络借贷平台已经全部归零，之后的监管方向主要以打击逃废债、化解 P2P 网络借贷平台存量为主。

综上，P2P 行业的监管分为三个阶段，分别是 2007 年至 2015 年的监管酝酿期、2015 年至 2018 年的整顿期以及 2018 年至今的清退期。监管趋势渐严，监管措施由识别界定向管控清退转变。

（二）网络小额贷款的监管沿革

网络小额贷款平台是由传统的小额贷款公司发展而来的，中央对于传统小额贷款公司的监管始于 2008 年由原银监会与中国人民银行联合印发的《关于小额贷款公司试点的指导意见》（银监发〔2008〕23 号），该份文件首次对小额贷款公司的性质进行界定，肯定了它对普惠金融所产生的积极作用，并对传统小额贷款公司从设立到终止的一系列行为进行了概括性的规范。

其后，随着金融科技的发展，小额贷款公司的业务开始向互联网方向延伸，部分传统的小额贷款公司与大型互联网平台分别利用各自的资金优势与信息优势强强联手，逐渐演变成为网络小额贷款平台。这种“互联网 + 金融”的趋势引起了中央监管层的注意，并在 2015 年由中央人民银行、原银监会、原证监会等十大部门联合下发了《关于促进互联网金融健康发展的指导意见》（银发〔2015〕221 号）。该指导意见首次明确了网络小额贷款业务的内涵以及原银监会作为网络借贷业务监管主体的身份。但遗憾的是，这份文件并非关于网络小额贷款所存在的问题而提出的针对性方案，而是针对整个互联网金融行业的，后续监管文件也多采取这种附带规定的做法，网络小额贷款的制度供给仍严重不足。在 2017 年 12 月 8 日 P2P 网络借贷风险专项整治工作领导小组办公室颁布的《小额贷款公司网络小额贷款业务风险专项整治实施方案》（网络借贷整治办函〔2017〕56号）中，针对网络小额贷款平台，在股权管理、表内表外融资、利率等方面提出了要求。2020年年末，银保监会与中国人民银行颁布《网络小额贷款业务管理暂行办法（征求意见稿）》，这份文件针对网络小额贷款所存在的融资杠杆率过高、容易引发系统性风险等问题作出了回应，在以往监管要求的基础上，进一步在注册资本、资金来源、负债端杠杆率、联合贷款中出资比例等方面作出了更为严格的规定。尽管这份文件只是一份意见征求稿，尚不具有监管效力，但是从上述新规中可以看出中央对于网络小额贷款把控越发严格的态度，以及监管精细化的趋势。

从上述梳理中不难看出，网络小额贷款监管文件的效力层级仍比较低，主要以中国人民银行与原银监会、P2P整治工作领导小组印发的各种规范性文件为主，尚不存在相关部门规章，但监管逐渐收紧和细化。

（三）商业银行互联网贷款的监管沿革

在互联网信贷行业发展初期，商业银行并非先行者和主力军。随着助贷、联合贷等合作模式的兴起与推广，商业银行才真正深度参与到互联网信贷业务中。虽然早在2010年就出台了《个人贷款管理暂行办法》《银行业金融机构外包风险管理指引》等文件，对银行业金融机构的贷款业务进行风险管控，但这些文件毕竟是以商业银行的全部贷款类业务作为规范对象，加之彼时的商业银行互联网贷款业务尚处于萌芽阶段，这些文件对商业银行互联网业务来说具有普适性而缺乏针对性，不足以为商业银行互联网贷款业务的发展保驾护航。真正对商业银行互联网贷款业务起到规范作用和引导意义的，当属2017年发布的《关于规范整顿“现金贷”业务的通知》。顾名思义，该通知正是在无资质放贷、核心业务外包、地方性银行跨区域展业、违规担保等乱象下为“整顿”而生的。从规范的主体与内容来看，该文件对网络小额贷款平台、银行业金融机构和P2P网络借贷平台的互联网贷款业务进行了细化规范。就商业银行互联网贷款业务而言，该文件首次对联合贷款和助贷中常见的违法违规行为明令禁止，有效遏制了当时诸多弊病的蔓延。其后，各地上情下达，相继出台了《关于规范在沪银行业金融机构与第三方平台合作信贷业务的通知》(沪银监通〔2019〕19号)、《关于加强互联网助贷和联合贷款风险防控监管提示的函》(浙银保监便函〔2019〕9号)、《关于规范银行与金融科技公司合作类业务及互联网保险业务的通知》(京银保监发〔2019〕310号)等文件,对商业银行开展互联网贷款业务设置了诸多禁区,核心宗旨仍是加强风险管控,尤其是要防止合作机构的风险传染。然而,上述规定更多是对商业银行从事互联网贷款活动设定边界,主要是禁止性规范,缺乏细致的指引性规范。正因如此,亟须出台一部完备的法律对商业银行互联网贷款业务进行全方位的规范与指引。2020年7月,《商业银行互联网贷款管理暂行办法》应运而生,这是商业银行互联网贷款业务管理的首部较高位阶的系统性法律规范,共7章70条,分别为总则、风险管理体系、风险数据和风险模型管理、信息科技风险管理、贷款合作管理、监督管理和附则,初步建立了商业银行互联网贷款业务的制度框架,将商业银行互联网信贷纳入了规范化的发展轨道。〔1〕 随着2020年11月金融监管部门对互联网金融业务的收紧,2021年2月银保监会下发了《关于进一步规范商业银行互联网贷款业务的通知》(银保监办发〔2021〕24号),就商业银行的独立风控、地方性商业银行跨区域经营互联网贷款业务、联合贷款中合作机构的出资比例等突出问题细化了监管标准,对商业银行互联网贷款业务的监管进行了升级。

纵观商业银行互联网贷款业务的监管历程,从专项整顿到系统性规范再到补充性规范的演变,体现了从反面限制型的监管向正面确认型的监管的演变。

第四节　后监管时代下网络借贷法律治理的思路

诚然,网络借贷的发展已进入以"强监管"为主基调的后监管时

〔1〕 盛学军:《互联网信贷监管新规的源起与逻辑》,载《政法论丛》2021年第1期。

代。以准入、许可、惩戒为主要监管工具的管控型监管放大了金融市场的不确定性,不能适应金融创新发展的需要。监管不能止于管控,而应定位于综合性的金融治理,以整体主义、协同主义为理念和方法论,促进监管、行业和投资者之间的利益平衡,增进社会整体利益。

一、总体方向:从"管"到"治"

在后监管时代,网络借贷法律治理的总体方向发生转变,即从管控型监管向金融综合治理转变,后者以规则重构为核心,强调事前、事中和事后规则的配合,推进监管规则、行业规则和经营者内部规则的衔接。

(一)管控型监管的特征及其影响

我国金融市场监管长期以来具有显著的管控型特征。以准入、许可和惩戒作为主要监管工具防控系统性风险,以处罚、关闭、禁令等强制性手段处置市场风险、应对突发事件。管控型特征主要源自于我国政府主导经济发展的传统以及我国经济对系统性金融风险防控的内在需要。随着互联网经济的迅速发展,监管体制不健全、监管能力不成熟的劣势逐渐放大。监管机构采用"盯住底线"的保守型监管模式难以满足金融市场增长和扩张之需,甚至基于稳定、安全的保守目标不惜违背市场规律,陷入"一放就乱、一管就死"的恶性循环。金融市场对规则治理的需求日益强烈。

从我国金融监管与金融市场的现实来看,监管介入的时机一般是在市场主体的交易行为出现负外部性后。而且这种介入是被"迫使"的。市场风险的发生通常需要经过时间的酝酿,而监管规则的制定和实施本身也需要一定的周期,且效果的发挥受众多因素影响,就风险的化解而言难以立竿见影。事实上,与风险或危机的爆发相伴相生的往往是社会对监管缺位的指责,很大程度上迫使监管者强化管控思维,以自己的意志和判断代替产业发展的实际情况和诉求,进而导致市场交易陷入不确定的风险之中,产业发展受阻。[1] 这种管控型思维一方面难以满足金融市场对规则治理的内在诉求。另一方面监管者为增强威

---

〔1〕 龙著华:《民间借贷风险的法律规制》,载《南京社会科学》2014 年第 11 期。

慑力进一步强化管控型监管,导致监管与市场又进一步脱节。监管者的投机心理激发了市场主体的冒险心理。这正是严格管控的金融监管理念下大量违法行为甚至是系统性风险事件频发的原因所在。

综上,管控型监管模式在强化金融监管机构对市场控制的同时,使得监管规则成为金融市场创新的桎梏和负外部性的来源,放大了金融市场的不确定性。当然,长期以来形成的保守和高压的金融监管态势确实对金融市场起到了一定的威慑作用,在监管滞后的前提下强化了市场参与者对监管的预期。这也是我国金融市场在转型过程中未爆发重大金融危机,以及能有效控制、迅速解决系统性金融风险和突发性、群体性金融违法事件的重要原因。然而,从现实来看,管控型监管的正面效应呈现边际效应递减趋势,而其对市场创新的阻碍,对市场运行的干扰以及对科学、合理的监管模式建构的障碍越发凸显。我国金融市场的发展迫切要求监管模式转型。[1]

(二)以规则重构为核心的金融综合治理

金融整治不应受管控型监管的思维所限,而应以重构规则为核心开展综合治理。特别是在强调事后监管的态势下,应以公共产品供给的理念实现金融整治过程中投资者、产业以及监管三方利益的平衡。一直以来,金融整治是以金融市场问题和危机的暴露和发生作为启动的条件,整顿、罚金、关闭、吊销营业执照等行政处罚方式时常被作为整治手段,其中行政处罚色彩浓厚。即便是对集资诈骗、非法吸收公众存款这类在形式上具有明确规范依据的金融整治,其依据的合理性也屡屡受到质疑。诸如P2P网络借贷整治工作这样规范依据不明确、整治工作主要依据结果标准、通过规则重构整饬行业秩序的整治行为,必将引起更大的争议。这揭示了金融监管的特殊性——金融市场本是投资者、产业和监管的利益共同体。将金融整治局限于处罚,事实上是将产业与监管对立。长远来看,处罚越严格,就越会诱发越多的规避。与此同时,在整治工作不重视投资者保护的情况下,处罚越严格,投资者与

---

〔1〕 冯辉:《公共产品供给型监管:再论金融监管的理念变革与法制表达》,载《政治与法律》2018年第12期。

监管的割裂就会越严重,监管不能满足投资者的利益诉求,投资者对监管整治工作也就越发缺乏认同。行政化整治所遗留的市场供给空缺,特别是规则供给欠缺将成为金融市场下一次问题和危机发酵的"温床"。

金融监管近年来改革的趋势是淡化事前审批、强化事中和事后监管。经济基础决定上层建筑。不断发展壮大的金融产业、可持续的产业利益实际上构成了金融监管的基础。与金融市场一样,金融监管也需要创新和发展。除约束和控制市场外,金融监管更需要对市场形成足够的激励。而对于变化莫测、复杂且专业的金融市场,金融监管机构在规则合理性判断方面往往不及经营者和投资者精准,因此持适度宽松、允许试错和容错的事后监管理念,是市场和监管共同的需要。但还应看到,金融市场规模性的交易特征会致使个别或局部的负外部性危及整个市场,故而亟须构建合理、有效且有"硬度"的监管规则以保持整治过程的威慑,并在出现不良结果时能及时介入。相比依据已有监管规则对个别违法行为予以处罚,对市场在监管规则不明确的情况下出现的具有普遍性的问题和危机予以集中整治,无疑更具重要意义。得益于规模化处理,集中整治能提高处罚效率、降低处罚成本。此外,集中整治在规则重构层面的功能更加突出。在问题处理和危机应对的过程中推动金融行业监管规则的形成,更能获得市场尤其是投资者的认同。金融整治不局限于对金融问题和危机的应急处置或集中处罚,而应是将威慑、止损、规则重构融于一体的综合性治理机制。

现代金融市场要求金融监管能内生于市场,通过发现、确立和执行规则,抑制和减少市场行为的负外部性,降低交易成本,增进产业和社会整体的利益。金融监管不能仅局限于管控,而应立足于整体,通过综合性的金融治理促进投资者、产业、监管之间利益的平衡,增进社会整体利益。监管机构的定位在于为金融市场提供诸如准入规则、交易规则、产品标准、信息披露机制、激励与处罚机制等公共产品。需要注意的是,监管机构应从社会整体利益出发,推动监管规则、行业规则与经营者内部规则的衔接与转化,推动公共产品供给主体的多元化。不能垄断前述公共产品的供给,更不能以自己的意志和利益诉求取代市场的诉求和判断。作为特殊场景下的金融治理机制和行为,金融整治面临的往往是监管规则缺失或既有的监管规则滞后的困境,且行业利益和投资者利益均受到重大损害,因此监管肩负的目标也更为多元化。整治中形成的规则依据将成为未来监管规则的基础,对于整个市场的影响举足轻重。[1]

二、具体路径

在后监管时代,网络借贷的法律治理,须发挥监管部门、行业组织和平台企业的积极性,建立多层次的风险防控体系。

(一)政府监管、行业自律、平台内控相协调

以网络借贷为典型的互联网金融产业对监管具有多元化的诉求。以市场准入和惩戒为主的管控型监管难以满足互联网金融产业对监管的需要。法律监管规则具有公共产品的属性,不仅需要在市场准入和违法责任上发挥作用,更应在标准制定、信息披露、风险控制、消费者权益保护等问题上建设规则性的基础设施,以促进互联网领域新兴产业的可持续发展,进而平衡监管、产业与社会公众利益。依据公共产品供给理论,由于消费非排他性的特征,一般情况下公共产品不仅存在供给不足的问题,还存在产品质量不高的风险[2]。具体到金融监管领域,零散的市场主体或特定行业组织难以替代监管机构,监管机构具有制定监管规则的法定职责。而从我国既有的监管规则来看,目前监管权的纵向分配有以下特点:一是实质性监管权保留在中央,地方拥有的是程序性监管权;二是地方的风险处置义务被强化,金融监管多元化目标被抑制。

对于网络借贷这样的一个由众多规模不一、风险不一、需求不同的企业组成的产业来说,行业性监管规则一方面可以照顾到各个网络借贷企业差异化的利益诉求,另一方面也能将这些差异化的诉求予以整合,避免个别企业的利益诉求伤及整个网络借贷产业,有利于该产业的

---

〔1〕冯辉:《金融整治的法律治理——以“P2P 网络借贷风险专项整治”为例》,载《法学》2020 年第 12 期。

〔2〕See Matthew H. Kramer, *Paternalism, Perfectionism, and Public Goods*, 60(6) The American Journal of Jurisprudence 16(2015).

可持续健康发展。此外,由于这种行业性监管规则的专业性强,且契合网络借贷产业发展的实践需要,能代表大多数网络借贷企业的长远利益,因此执行程度和效率也更高。

网络借贷是一个高度内生于市场的产业,平台主导交易并掌控着交易规则的制定、解释与执行。"网络借贷合同条款的制定、资金的流向、借款人信息的调查、借款本息的收取等关键环节都由网络借贷平台亲力亲为。"[1]网络借贷降低了借贷双方的信息成本,使得双方的投融资需求能够迅速、精准匹配,克服了线下借贷市场无法解决或解决成本高昂的困难。此外,平台作为整个交易规则的制定者、解释者与执行者,通过以格式条款的形式发布借贷合同的订立与履行、双方的权利义务、风险控制与违约责任分配等重要规则,能极大地提高网络借贷的效率,也加重了借贷双方对网贷平台的依赖程度。同时,平台之间的竞争激烈,各个平台不得不通过内容和服务上的差异化争夺网络借贷的市场份额。以上种种因素导致平台内部监管规则的制定对交易的实现具有重要的意义。

科学合理的监管规则体系,不仅能促进法律制度与行业性监管规则、平台内监管规则的协同,还能为法律制度、行业性监管规则、平台内监管规则形成常态化的衔接与转换机制。但从我国网络借贷的监管实践来看,与网络借贷直接相关的法律监管制度供给长期缺位,既有的法律制度、司法解释又难以为网络借贷平台的监管提供充分的规范依据供给。同时,由于既有立法对网络借贷平台的定位模糊,且忽视网络借贷领域行业协会的建设,导致平台内监管规则长期以来处于野蛮生长的状态。部分网络借贷平台更是利用自身在交易中的优势地位通过格式条款肆意侵犯投资者和债务人权利、实施欺诈行为,违反信息披露义务、挪用或侵占借贷资金等现象更是比比皆是。网络借贷领域"劣币驱逐良币"的问题十分突出。直到大规模的负外部性显露,公众投资者的利益被侵犯,系统性金融风险传染开来、危及社会稳定,相关法律规则才仓促出台,且以"矫枉必过正"的监管理念强行干预网络借贷产

---

〔1〕 赖丽华:《P2P网络借贷平台的复合民事法律地位》,载《法学论坛》2016年第3期。

业。从管控而非市场的角度部分承认网络借贷平台的业务范围,对平台苛以大量的强制性、禁止性义务。脱离行业发展实际、漠视平台内监管规则的法律监管规则,既增加了监管成本,阻碍甚至损害了产业发展,又诱发出众多的市场规避行为。"一放就乱、一管就死"的恶性循环实际上是网络借贷平台法律规则、行业性规则、平台内规则三类规则未能协同的后果。为此,应协同前述三类规则的内在关系。

首先,应从根本上转变监管范式。监管作为一种公共产品,应当内生于市场,以行业性规则、平台内规则为主导,在对这两类规则吸收、整合的基础上根据网络借贷行业发展的实际情况以及平台的利益诉求灵活调整。其次,支持网络借贷领域的行业协会建设是关键,推动行业性监管规则的构建和完善。一方面,应发挥互联网金融行业的自律作用,使行业自律与政府监管相互补充、相辅相成,共同肩负起互联网金融法律监管的重任。[1] 另一方面,在确保网络借贷行业协会自治、能够真正反映该行业整体利益的前提下进行授权,由网络借贷行业协会负责一般性业务的规则制定权、实施权和处罚权的行使,委托协会进行常态化的行业性监管。此外,在金融监管与行业自律不断优化的同时,网络借贷平台必须提高自身风险防控能力。主要体现在投资者资金安全风险防控的加强以及防范。以 P2P 网络借贷为例,网贷平台为吸引更多的投资者,不注重对其资金来源合法性的验证,这为借助网络借贷平台实施洗钱等违法活动提供便利。在网络借贷中,一般只要支付较低的会费、认证费用即可成为贷款人,P2P 网络借贷平台自身欠缺对资金来源的合法性验证的主观积极性,且由于平台非金融机构,在反洗钱监管上能力较为薄弱。就 P2P 网络借贷而言,可通过平台自身去担保化、资金第三方托管、平台风险准备金制度、保险公司的引入等手段提高自身的风险防控能力。

(二)风险预防、风险控制和风险分散相结合

网络借贷风险控制体系的建设需要从外部和内部同时进行。外部

---

〔1〕 刘宪权、金华捷:《论互联网金融的行政监管与刑法规制》,载《法学》2014 年第 6 期。

风险控制体系的完善主要体现在法律监管体系、行业自律体系两方面。关于这两方面由于前述已经提及,此处不予赘述。内部的风险控制则主要着眼于平台的发展理念、技术研发以及风控手段等方面。具体到风控手段,包括事前的风险预防、事中的风险控制以及事后的风险分散,以下就这三部分具体展开。

第一,完善网络借贷平台风险的预防措施。首先,健全针对网络借贷借款人信息的审核体系,能从源头上有效降低来自借款人的信用风险。在网贷平台内部征信技术和征信系统开发建设的基础上,逐步建构起网络借贷行业的风险信息共享机制。风险信息共享能为网络借贷行业的发展提供基础保障,比如可通过"黑名单"共享机制,限制信誉状况不良、还款能力差的借款人参与借贷交易,还可以判断是否存在一人多贷的情况。从而丰富网络借贷平台提供借款与否及借款规模大小的参考指标,提高借款效率与风控能力。另外,尽快推动央行征信系统接入互联网金融企业中来,将极大降低网络借贷机构在审核贷款上的成本,提高审核贷款的质量和服务效率。其次,建立针对投资人合规性的审核机制,有效防控违法洗钱的风险。目前网络借贷平台并不注重对投资者的合规性审核,这使网络借贷极易成为不法分子进行洗钱等违法犯罪活动的场所和工具,故平台亟须加强针对投资者的合规性审核工作。该工作可从以下方面着手:一是建立对大额资金的合法性调查机制。以相关法律规定和监管要求为依据,对进入网络借贷平台的大额资金,网络借贷企业应对其来源进行合法性的调查,及时发现、处理可能存在的问题和风险,从源头上对投资者可能进行的洗钱等违法犯罪活动的风险把控;二是强化对业务过程中的投资者洗钱风险的甄别技术。对于贷款业务过程中出现的资金流水异常,利用大数据挖掘技术、特征识别技术进行分析和研究,提高网络借贷中投资者对洗钱风险的识别水平。

第二,提高平台风险控制能力。当前网络借贷平台存在的风险主要是道德风险、资产管理风险、信用管理风险等。就道德风险而言,通过完善网络借贷交易流程和制度可有效降低;而对于信用管理风险,首先,网络借贷平台应尽可能采取小额、分散的投资方式。其次,构建征信数据共通机制。由于中介型网络借贷机构属于非金融机构,目前我国银保监会也并未许可任何一家中介型网络借贷平台开展信贷业务,故这些平台收集的个人信用信息未能上传到数据库,导致各平台间个人征信数据不能共通。所以对网络借贷而言,风控的重点还是在线下。然而线下的尽职调查又不能完全脱离线下的物理条件,全部转移至线上进行操作。因此,针对现实中网络借贷平台自己制造项目进行"自融"的现象,平台在借出前的尽职调查中应对借款人身份、借款缘由的真实性以及资信状况等资料进行严格审核,拒绝虚假借款人以及无还款能力的借款人进入。借出后还应对借入方进行实时跟踪监管等。当然,优化全民征信体系、严格失信惩戒制度也是大势所趋。

第三,优化平台风险分散能力。既然网络借贷发展中的风险不能完全消除,在风险产生后可以通过有效的化解和转移措施在一定程度上缓释风险。在屡见不鲜的平台倒闭和跑路事件背后,平台对风险发生处置不当、处置不力起关键作用。对此,网络借贷平台应从逾期借款支付机制、坏账风险的转移机制着眼。其一,提高逾期借款支付机制的科学性、有效性。从平台风险的产生到爆发过程,投资者对平台公信力的认可程度起决定性作用。在逾期借款支付机制缺失的情况下,一旦影响平台公信力的事件出现,投资者便会滋生恐慌情绪并在投资者间蔓延开来,最终导致"挤兑"行为的发生。投资者的这种羊群行为会加速平台风险的扩大并使其以倒闭、跑路等极端形式爆发。[1] 与之相比,科学有效的逾期支付机制能够最大限度上维护平台的公信力。平台可通过设计合理的账款催收机制、按贷款比例拨备风险准备金等方式建立起应对逾期风险的机制。其二,还应强化坏账风险转移机制。一旦坏账发生,网络借贷平台应在客观分析原因的基础上,综合运用诸如与保险公司、担保机构合作等方式进行坏账风险的转移。[2]

---

〔1〕 黄迪:《我国 P2P 网络借贷平台风险控制体系的构建研究》,浙江工商大学 2014 年硕士学位论文。

〔2〕 闫春英、张佳睿:《完善我国 P2P 网络借贷平台风险控制体系的策略研究》,载《经济学家》2015 年第 10 期。

第五节 后监管时代网络借贷法律治理的基本原则

我国互联网金融仍处于快速发展阶段,倘若法律治理过于严格,虽然可以有效地降低金融体系的风险,但容易扼杀行业发展的积极性;如果放任其发展放任发展,无疑会造成金融市场秩序的混乱。故良好的法律治理尺度需要兼顾“效率”与“安全”之间的关系。如何在互联网金融发展与法律治理尺度的动态博弈中实现平衡,把握适度的尺度,是互联网金融风险治理,尤其是监管的难点问题。

一、普惠与小额分散原则

网络借贷是普惠金融战略的重要一环,通过“小额化”和“分散化”缓释行业风险,促进普惠金融的发展。

(一)普惠原则

普惠金融概念肇始于2000 年孟加拉国努尤思教授所创立的小额信贷扶贫模式,并逐渐由这种金融扶贫实践衍生出普惠金融理念和方式,2005 年由联合国正式提出。为有金融服务需求的社会各阶层和群体提供金融服务是普惠金融存在的目的,小微企业等弱势群体及“长尾人群”是其重点服务对象。我国在 2015 年发布的《推进普惠金融发展规划(2016—2020)》(国发〔2015〕74 号),首次提出实施普惠金融的战略。

网络借贷和普惠金融在理论上具有内在的一致性。首先,网络借贷服务的主要对象和普惠金融服务的对象相同。普惠金融认为金融应服务各个阶层和群体,包括各种弱势群体及小微企业。网络借贷服务的恰恰主要就是此类人群,网络借贷利用大数据、云计算等技术控制小微信贷风险,降低小微企业融资门槛,被传统金融机构拒之门外的小微企业因此获得了融资渠道;利用互联网的时空优越性及模式人性化,最小化小微企业的融资成本,减少融资等待时间,提高融资效率。其次,网络借贷和普惠金融协调发展,互相促进。网络借贷依托互联网而发展，存在规模效应，这种规模效应具有边际成本递减和边际收益递增的特点，这两种特点会促使网络借贷不断地扩大服务人群，提高服务能力，促使网络借贷不断深入未得到有效金融服务的人群，包括小微企业以及其他弱势群体，因而会促进普惠金融的发展。网络借贷还存在外部经济效应，根据麦特卡夫定律（Metcalfe's law），网络价值同网络用户数量的平方成正比，伴随互联网客户数量的增加，互联网的收益成指数倍上升。随着普惠金融的深入发展，网络借贷的价值就会更加体现，通过网络借贷平台进行交易的人会得到更多的效用，这也就会促进网络借贷的进一步发展和壮大。最后，普惠金融作为一种金融发展理念对网络借贷发展产生引领作用，而网络借贷创新金融服务形态，满足小微企业以及其他弱势群体金融需求，是对普惠金融的实践。

（二）小额分散原则

大额借贷模式是以传统银行机构为主的，机构资金实力雄厚、风控完善、客户质量好，具有显著的优势，整体运营较为成熟稳定。因而，出于对成本与收益的考量，大额借贷模式很少适用于烦琐且量大、资金回笼慢的业务。为此，针对资金实力一般、对借款金额需求较低且迫切的小微客户，小额借贷应运而生，并利用网络渠道得以发展壮大。起初，小额借贷是以 P2P 网络借贷、网络小额贷款等非银行网络借贷为主，然而监管的缺位导致行业发展风险丛生，随着监管的收紧，银行类网络借贷的发展备受关注。网络借贷市场主体多元化背景下，市场竞争逐渐走向规范化。

风控是借贷行业稳定运营的核心。在大额借贷中，由于借款数额大且交易次数少，本来资金、信息和管理实力就较强的出借人也就有动力投入更多的资源对贷款人进行风险管控。小额借贷囿于交易金额、交易次数以及平台实力等现实考量，无法对风险管控投入过多精力。分散原则有利于小额借贷中风控成本最小化，同时提高风控中基础模型的普适化、科学化。所谓分散，是指单个借款主体之间要保持独立，体现在不同的地域、行业、年龄、学历上借款主体不能过于集中，这样可以减少因某个借款主体违约对其他主体造成的影响，有效地降低违约概率。

小额分散原则在我国网络借贷行业中主要体现在以下两方面：一是小额出借人在网络借贷行业中所占比例较高，借款人对借款金额的需求较低，在网络借贷平台上单一借款人的借款额度小；二是出借人往往选择小额分散的投标方式，将出借风险分散到不同的借款项目上〔1〕，借款人覆盖面广、涉及类多、周期性不同。〔2〕

"小额分散"原则，一方面是由网络借贷服务对象和市场定位决定的，另一方面"小额分散"可以通过有效降低对网络借贷行业的风险。网络借贷服务的对象其实就是传统商业银行为主的金融机构所不能覆盖的部分，与传统商业银行的借贷模式共同组成整个借贷体系。另外，网络借贷平台总体资产质量面临行业周期性风险，地域突发性风险等诱发的重大系统性风险。通过"小额分散"的原则，网络借贷平台上的借款人分布在不同的行业、生活在不同的区域，那么一旦某行业不景气或者区域性的风险事件发生，影响的只是网络借贷平台整体资产质量的很小一部分，避免了集中的、链式反应的风险。现如今的网络借贷行业，平台想要获得长期可持续发展，就必须做好充分应对各类突发性状况的准备，坚持"小额分散"原则。〔3〕

二、金融安全与金融创新相平衡原则

金融监管中如何处理金融安全和金融创新的关系是金融监管理念的核心内容，在有效监管的前提下，金融创新可以很好地推动金融发展。追溯美国金融法的发展历史可以看到，金融监管法的核心价值是由完全的自由竞争变为单一的金融安全，再转向有安全保障为前提的自由竞争。金融监管制度的变迁就是处理金融安全和金融创新制度的变迁。近年网络借贷行业"爆雷潮"严重影响我国金融安全和社会稳定，监管部门从一开始的包容观望到第三阶段的快速整顿和从严规制，

---

〔1〕 李苍舒：《中国新金融业态的风险源及防控对策》，载《东南学术》2019年第1期。

〔2〕 参见贷财行：《网络借贷行业中"小额分散"的重要性》，载一点资讯，http://www.yidianzixun.com，最后访问日期：2021年3月7日。

〔3〕 参见网络借贷小微：《网络借贷行业中的"小额分散"到底是什么?》，载《网络借贷聚焦》，http://www.wangdaijujiao.cn/article-29343-1.html，最后访问日期：2021年4月3日。

这正是金融监管理念从侧重创新到侧重安全的转变过程。未来网络借贷的法律治理，需要通过制度的规划和安排平衡金融安全与金融创新。

（一）安全与创新相平衡的必要性

一方面，金融安全与金融创新的平衡，是普惠金融原则的必然要求。改革开放后，我国经济快速发展的同时，贫富差距不断扩大引发各种社会矛盾，在金融领域尤其明显。在此背景下，国务院 2015 年发布《推进普惠金融发展规划（2016—2020 年）》，旨在推动在金融领域有融资需求的小微企业以及弱势群体得到公平的对待，享受充分的金融服务。网络借贷这种金融创新会使社会平均融资成本下降，总体融资规模上升，资源配置效率提高，是金融供给侧结构性改革的深化，有助于普惠金融向纵深发展。同时，因为普惠金融服务的对象普及大众，尤其是包含小微企业、广大农村地区等弱势群体，风险承受能力弱，制度安排不当容易引发系统性风险，对金融安全和社会稳定产生不利影响，网络借贷的“爆雷潮”充分说明没有金融安全，金融创新毫无意义。在普惠金融理念的引领下，正确处理创新和安全的关系，在制度设计中避免过度刚性，为金融创新保有空间；同时建立合理的法律治理体系，保证体系内各个工具合理有效配合，实现在制度设计和安排时必须兼顾安全和效率，二者均不可偏废。

另一方面，金融安全与创新相平衡，是基于国内外网络借贷监管的教训。在我国，长期以来国家金融占绝对垄断地位，民间金融一直游离在正规金融体系之外，主要法律制度并未作出及时的更新和回应，实践中规制不足和监管过度并存，监管措施完全沦为简单粗暴和消极单一的取缔和禁止，根本谈不上规范和引导。[1] 在民间金融发展的这种传统路径和宏观背景下，对于 P2P 网络借贷，我国政府先是消极应对，随着行业风险暴露，政府监管强势介入，确立的监管架构以刚性的、粗疏的约束和控制为主基调。尤其是当前的网络借贷整治，金融监管的政策主导趋势突出。各种基于监管套利的金融创新不仅让监管部门应付

〔1〕 康玉梅：《政府在 P2P 网络借贷中的角色定位与制度回应》，载《东方法学》2015 年第 2 期。

不暇,而且使投资者利益容易受到各种良莠不齐的平台和融资方的严重损害。[1] 面对网络借贷的风险问题,要转变狭隘的监管理念,而引入更包容、更全面、更多层次的治理理念,促进监管与创新的平衡。既要对网络借贷进行规范、约束和控制,防范金融风险、维护行业的安全和稳定;也要对网络借贷实行引导、激励和扶持,提高金融效率,推动金融创新。

以美国为例,2008 年 11 月,美国证券交易委员会(Securities and Exchange Commission, SEC)通过援引最高法院"SEC v. W. J. Howey Co."关于投资合同和"Reves v. Ernst & Young"关于票据的判断标准,认定 Prosper 发行的收益权凭证(payment – dependent notes)[2]属于证券,应纳入 SEC 的监管范围,须向 SEC 履行形式主义登记和严格的信息披露义务。严格的监管制度极大地增加了平台的运营成本,不少公司不堪重负,Prosper 每年除了花费 500 万美元完成登记程序外,还要另行增加 100 万美元以执行 SEC 的监管规则。[3] 这些成本无疑将转嫁给投资者和借款人。而且,行业门槛的提高,使英国的 Zopa 等竞争对手退出了美国市场,行业准入壁垒已经形成,金融创新受到制约。由此可见,严监管不一定能产生积极效果。在网络借贷立法、执法和司法中,应当在风险治理的理念下,规范与引导、约束与激励、控制与扶持并举,通过相互协调和配合促进网络借贷行业的发展。

(二)安全与创新相平衡的监管理念

与传统借贷相比,网络借贷行业的实质在于技术进步推动了金融中介、金融产品、金融市场的创新,呈现技术化、数据化、智能化的特点。在安全与创新的协调上,须坚持以下两方面监管理念。

一是"适应性"监管理念。2015 年后,互联网金融呈现爆发增长的

---

[1] 张斌:《互联网金融规制的反思与改进》,载《南方金融》2017 年第 3 期。

[2] Prosper 等网络借贷平台出借人并不直接发放贷款给借款人,而是先由出借人向平台购买收益权凭证,然后由一家名为 WebBank 的银行进行审贷和放贷,WebBank 将贷款债权转让给平台,平台以出售收益权凭证所收到的资金作为交易对价。

[3] See Robert Schmidt & Jesse Westbrook, *An Online Lender Takes on the SEC*, Bloomberg Business Week, 2010.

态势,但由于缺乏系统的监管,以“昆明泛亚”“e 租宝”“钱宝”“上海快鹿”等为代表的 P2P 网络借贷平台跑路、裸贷等恶性事件频发,一些互联网金融机构更是打着互联网金融的旗号行金融欺骗之实,偏离金融技术创新之本,违反法律的强制性规定。“伪创新”严重破坏金融市场秩序,由此滋生“劣币驱逐良币”效应,损害金融消费者的权益。在此背景下,互联网金融整治进入密集期,2015 年 7 月十部委联合发布《关于促进互联网金融健康发展的指导意见》,这是我国互联网金融领域第一个官方纲领性文件。此后一系列监管法规相继出台。2016 年,国务院印发《互联网金融风险专项整治工作实施方案》,17 部委联手公布“1 + N”整治方案,该方案分别聚焦于互联网金融行业的重要风险隐患,拉开了我国金融监管史上新一轮的强监管大幕。由于 2014 年、2015 年的肆意生长,以 P2P 网络借贷为典型的网络借贷平台自 2016 年开始便爆雷潮不断,侵犯用户隐私、暴力催收的现象更是屡见不鲜。2019 年,陆金所、信而富等头部网络借贷企业更是接连宣布退出 P2P 网络借贷,被第三方评级网站评为 A 级的“团贷网”在网络借贷领域运营 6 年后竟发生资金链断裂。这些都表明金融监管不仅仅要密切关注新技术、新模式对金融行业带来的变化、结构性影响以及替代潜力,还要根据金融行业发展动态及时调整既有监管政策和监管制度,从以往的“命令—控制型监管”向“适应性监管”转变,也是从静态监管向动态监管转变,实现统筹规则监管与原则监管的相机适用。

二是“包容性”监管理念。网络借贷行业的兴盛在解决“企业及个人融资难”“追求高回报的公众投资者投资难”[1]的问题上取得了不可磨灭的成绩,同时也形成了相应的风险控制机制。这在一定程度上得益于我国早期金融监管对创新的鼓励及包容。早在 2015 年,十部委联合发布的《关于促进互联网金融健康发展的指导意见》就已明确互联网金融业发展的主基调,即“鼓励创新,支持互联网金融稳步发展”,提出“要制定适度宽松的监管政策,为互联网金融创新留有余地和空

[1] 冯辉:《金融整治的法律治理——以“P2P 网络借贷风险专项整治”为例》,载《法学》2020 年第 12 期。

间”，遵循“依法监管、适度监管、分类监管、协同监管、创新监管”的原则，对互联网金融监管采取分类监管的政策。然而随着爆雷事件频现、社会影响恶劣，2018 年年底，央行联合银保监会组成网络借贷风险专项整治工作联合工作办公室发布《关于做好网络借贷机构分类处置和风险防范工作的意见》，明确提出了网络借贷整治工作的主要原则："坚持以机构退出为主要工作方向，除部分严格合规的在营机构外，其余机构能退尽退，应关尽关，加大整治工作的力度及速度；对于‘僵尸机构’，引导其尽快退出，并将名单对外公告，要求其限期内办理工商登记注销等。"2019 年 1 月，发布《关于进一步做实 P2P 网络借贷合规检查及后续工作的通知》（1 号文），对“表示不愿意进行实时数据接入、不进行全面信息披露或者不实披露的机构”进行坚决清退。此外，深圳市、厦门市、大连市、广东省、江西省等 12 个省市也相继发布了网络借贷机构良性退出的指引，为网络借贷平台的清退之路提供清晰的方向。由此，网络借贷机构的清退工作拉开序幕。[1] 然而网络借贷行业“一刀切”的监管转向，产生了很多不良的社会影响，甚至抑制网络借贷行业的发展创新。在网络借贷平台的清退工作结束后，该行业的金融监管将进入常态化。如果此时金融监管能秉持包容性监管的理念，回应金融创新及金融市场的关切，积极探索网络借贷领域监管规则及制度创新，将能为未来网络借贷乃至其他金融创新的良性发展提供强有力的制度支撑。

三、科技与金融相结合原则

网络借贷是科技与金融结合的方向，对其所产生的新型风险和新型问题应注重运用监管科技，实现监管模式的转型。而法律框架的构建是监管科技运用的基础和保障。

（一）金融科技与监管科技

Fintech（金融科技），是指技术带动的金融创新。广义上的金融科技先后经历了金融科技 1.0 时代（金融电子化）、金融科技 2.0（互联网

---

〔1〕《P2P 清退持续推进　正常运营平台数跌破千》，载网络借贷观察，https://www.sohu.com/a/313083656_329000，最后访问日期：2021 年 4 月 13 日。

金融)、金融科技3.0三阶段(多技术驱动金融创新与监管创新)。金融科技1.0时代的标志是金融机构内设IT部门,用于压缩成本,提高经营效率;金融科技2.0是指互联网金融和移动互联网,本质上是金融渠道的变革;金融科技3.0的特点是新兴技术与金融机构的紧密结合,金融服务向长尾客户普及,大幅提升传统金融的效率。[1] 以巴塞尔银行监管委员会(Basel Committee on Banking Supervision,BCBS)金融所覆盖的范围与领域为标准对科技引领金融领域创新的产品或服务进行分类,金融科技可分为存贷款与融资服务、支付与清结算服务、投资管理服务、市场基础设施服务四大领域。按此分类,网络借贷属于存贷款与融资服务领域。不可否认,金融与科技的深度融合极大地提高了创新金融产品、再造业务流程的效率,提升金融服务的质效。但同时,也改变了金融运行机理,加大了风险防控难度,金融创新发展面临新形势与新挑战。2014年,原银监会推出EAST大数据检查分析系统。2017年,中国人民银行成立了金融科技委员会,《中国金融业信息技术"十三五"发展规划》出台。2018年,证监会着手探索监管科技在证券市场监管中的应用实践,成立监管科技专家咨询委员会,印发《中国证监会监管科技总体建设方案》。2019年,中国人民银行印发《金融科技(Fintech)发展规划(2019—2021年)》。同年12月,北京市在全国率先启动金融科技创新监管试点,探索构建包容审慎的中国版"监管沙箱"。2021年1月4日央行召开工作会议强调2021年工作中要"持续防范化解金融风险,加强对互联网平台公司金融活动的审慎监管。"金融科技已经成为金融创新的主导力量,它一方面深刻改变金融服务供给体系,另一方面又给金融创新与金融监管的平衡带来难题。

金融科技具有技术非竞争性、低端破坏创新和新市场破坏创新三个特点,这要求监管者必须善于识别金融科技带来的新风险和新挑战,准确评估和预测金融科技创造的"新产品"或"新价值"的风险替代和结构性冲击。此时,监管科技(RegTech)由于其技术中性、智能自动化、大数据处理等优势脱颖而出,旨在提高监管部门的监管效能,降低

---

〔1〕 邢会强:《人工智能时代的金融监管变革》,载《探索与争鸣》2018年第10期。

金融机构的合规成本，应对全球范围内监管和法律业务不断增加的复杂性和紧迫性[1]。实际上，金融科技（Fintech）和监管科技（Regtech）是同类技术在不同需求场景下的应用，其兴起动因具有同源性。[2] 早在2018年证监会印发《中国证监会监管科技总体建设方案》"监管科技"一词就已出现在我们的视野中。该方案标志着我国监管科技建设工作顶层设计已经完成并进入了全面实施的阶段，然而三年过去，关于"监管科技"具体实施细则却迟迟没有落地。

（二）金融科技监管的法律架构

监管科技实际上是金融监管过程的自动化、智能化、科技化。监管科技的运用主体是国家金融监管机构。监管科技既是以新兴技术为核心的智能化监管工具，更是与金融科技相适应的新型监管模式，是金融科技监管模式转型的目标。技术标准化是监管科技应用的必备前提，而法律框架的构建是其应用的关键。为此，首先，要统一合规报告的标准。统一各P2P网络借贷平台、网络小额贷款平台、商业银行互联网贷款平台的合规标准，有利于解决网络借贷机构合规报告所面临的难题，为网络借贷行业宏观审慎政策的制定提供高质量数据。其次，要建立监管合作与选择性数据共享机制。鼓励包括不同的金融监管机构、网络借贷平台、网络借贷行业协会等多方监管者之间建立监管合作机制，并进行有选择性的数据共享。在金融科技3.0时代，仅凭单一的监管主体的努力难以取得理想的效果，发挥网络借贷行业自律以及平台自身的内控作用，从而使单一监管转为多元协同监管，方能为网络借贷行业乃至金融科技的健康发展保驾护航。目前，我国金融领域的数据共享主要依靠API接口技术。金融市场，特别是网络借贷行业"信息孤岛"现象相当常见。这种现象一方面会导致创新产品同质化概率加大，削弱金融创新的有效性，浪费社会资源。另一方面也将阻碍金融监管的革新，放大了监管滞后性的固有缺陷，极易诱发金融领域的系统性

[1] 尹振涛、范云朋：《监管科技的理论基础、实践应用与发展建议》，载《财经法学》2019年第3期。

[2] 费方域：《金融科技与监管科技：生态的视角》，载《新金融》2018年第5期。

风险。最后，建立监管科技应用的技术标准体系。监管科技应用的前提与基础是“技术标准”的统一、兼容。因此，监管科技技术标准体系的建立应从基础标准、技术标准、管理标准以及应用标准等方面寻求突破。为实现监管合规要求的自动化处理，应制定监管制度数字化的数据元标准和数据交互标准。这里的标准不仅限于监管政策、监管的实施要求和运行数据定义等方面的统一，还对监管科技自身的技术应用规范的统一。[1] 监管部门与技术部门应加强沟通协作，共同研发基于云计算、应用程度接口等技术的新型监管工具和监管平台，将传统监管规范转换化为数字化的系统接口，通过合规性评估手段与数字化监管协议的应用，极大地提高金融监管的效能。

金融科技监管法制的构建，重点关注的是金融科技有哪些特殊性，譬如它有哪些新变化，可能引发哪些新问题、新风险。由于人工智能、算法以及数据在金融科技中的重要性越发突出，传统金融监管法律制度却并未涵盖这些内容。因此，金融监管的内容必须进行扩展。首先，应强化对算法的监管。算法并非其表面看起来那么“技术中立”，在毫无防备的情况下，任一人群都可能就成为算法“歧视”或“偏见”下的受害者。算法设计应符合人类的基本伦理规范，秉持包容的理念，遵循合理、公平、安全的原则。明确算法审查的主体以及程序，设置算法设计歧视的认定标准，建立算法歧视的责任制度。其次，应强化对数据的监管。数据治理的核心是确保数据安全，治理目标是实现数据的选择性共享。就数据的安全规则而言，可通过访问控制、认证技术、密码技术、数据安全性检验、数字签名技术、病毒查杀技术、密文检索技术等手段来实现数据安全。此外，还需要明确数据生命周期过程各个阶段中不同数据的使用权限，确保不同主体只能够获取与其权限相对应的数据。就数据保护规则而言，应当细化金融机构对用户数据的具体使用权限，构建数据二次使用和交易的法律规则。通过法律规则的构建规范相关机构使用涉及用户个人信息以及企业对用户的个人信息进行收集的行为，确定个人信息保护的“红线”。同时还应当明确用户对自身相关信

---

〔1〕 李伟：《监管科技应用路径研究》，载《清华金融评论》2018 年第 3 期。

息享有的权利，譬如赋予用户遗忘权或删除权，在不危及社会利益、公共利益时允许用户删除自己的部分信息。此外，还需强化对人工智能的监管。对人工智能进行监管，应充分发挥立法者、监管者和司法者各自的特点及优势，明确各自权责，通过合理分工共同规制人工智能。立法方面依据监管与司法实践，适时制定《人工智能发展法》，设立专门机构来管理并确认人工智能系统中的安全性问题。

四、金融消费者保护原则

网络借贷参与者中，金融消费者处于弱势地位，其知情权、财产安全权、信息安全权等权利仍缺乏保障。网络借贷的金融消费者保护，有必要完善立法，并适当调整监管重心。

（一）网络借贷领域的金融消费者

在金融市场发展的同时，金融消费者群体受到更多关注。“金融消费者”这一概念最早在2006年原银监会颁布《商业银行金融创新指引》中提出并使用。其后《金融消费权益保护工作管理办法（试行）》、《中国人民银行金融消费者权益保护实施办法》（2016年版、2020年版）也陆续出台。与2016年版的《中国人民银行金融消费者权益保护实施办法》相比，2020年版的“办法”法律位阶更高，适用范围更大，对金融消费者的知情同意权与自主选择权的保护更全面。该办法中明确金融消费者是指“购买、使用银行、支付机构提供的金融产品或者服务的自然人”。随着金融与互联网的深度融合，传统金融市场交易的时间和地域限制被打破，金融交易更灵活和亲民。然本质上，借助互联网交易的形式并未能改变金融交易的本质和特性。作为一种依托互联网平台开展的借贷活动，网络借贷是金融市场的创新。互联网金融消费者的出现是金融消费者在互联网时代下的延伸，但其本质上仍是金融消费者的下位概念。

在商业银行互联网贷款、网络小额贷款这类自营型网络借贷中，由商业银行、小额贷款平台自身充当出借人一角，为借款人提供借贷服务。出借人与借款人之间的借贷关系为最主要的法律关系。在此情形下，出借人也即平台自身不存在购买、使用金融服务的消费行为，不符合金融消费者的定义。而在中介型网络借贷中，平台独立于借贷双方，为借贷双方的交易提供撮合服务,平台当然也不能纳入金融消费者的范畴。毫无疑问,无论是自营型网络借贷抑或中介型网络借贷,借款人都属于金融消费者。需要注意的是在中介型网络借贷中,平台与出借人作为两个独立的个体。以法人或其他组织形式存在的出借人所作出的购买、使用金融产品和服务的金融消费行为与自然人无异,应属于金融消费者的范畴。同时《网络借贷信息中介机构业务活动管理暂行办法》第2条明确自然人、法人及其他组织均属于网络借贷中的个体范畴。故《中国人民银行金融消费者权益保护实施办法》对自然人以外的个体不属于金融消费者的规定欠缺合理。在中介型网络借贷中,金融消费者包括借款人与出借人。

但从法律的保护目的来看,"增加强者义务,保障弱者权利"是法律保护的方式之一。在网络借贷的参与者中,法人、其他组织与自然人相比,在经济实力、风险防控能力、交易信息的掌控等方面具有先天优势。网络借贷领域金融消费者保护的天平自然应当向自然人一侧倾斜。

(二)网络借贷领域金融消费者的主要权利

互联网平台技术性与虚拟性强、信息发布与更新速度快等特征决定了互联网金融消费者与普通金融消费者之间存在差异。加之网络借贷具有专业性、存在环境隐形性的特点,该领域的金融消费者权益更易受到侵害。普通金融消费者享有知情权、隐私权、安全权、自主选择权、公平交易权等多项权利。与其相比,互联网金融消费者具有自己的特色,但对其权利的界定尚停留在理论层面。尤其是在"连环爆雷潮"中,金融消费者的知情权、财产安全权、信息安全权等权益在网络借贷领域的保障缺漏越发凸显。

第一,知情权是指金融机构应当为金融消费者提供可能影响其决策的信息,并确保其知悉。网络借贷的兴起与发展,一方面依托的是现实环境下金融市场信息的不对称,另一方面则由于金融行业自身的技术性和专业性,普通金融消费者对此难以知悉、正确理解。正因如此,网络借贷金融消费者交易安全也置于多重风险之中。为此,借助技术手段优化交易流程,提高语言使用的直白性、可理解性,并将交易全程录音录像；辅之以人工客服的方式应对突发事件或技术局限情形下消除交易障碍，保障交易顺利进行。如此一来既有助于金融消费者更好地了解金融市场，作出妥当的决定，同时也有助于自由选择权和公平交易权等其他权利的实现。

第二，财产安全权是指金融消费者在购买金融产品和接受金融服务过程中的财产安全应受保障。金融的目的是更好地财富积累及收益。相较于普通金融交易的风险性而言，借助互联网的网络借贷不仅没能消除金融活动固有的风险，同时叠加了网络交易的技术性和虚拟性等特点，使金融消费者的财产安全处于一种“可视却不可控”的状态，显著加大了网络借贷领域金融消费者权益保护的难度。为此，严格事前准入，提高网络借贷企业的准入门槛；优化事中监管，强化监管部门之间的信息共享与沟通协作，及时发现与处置财产风险；强化事后追责，构建多元化的纠纷解决机制，以诉讼为最后防线。

第三，信息安全权是指金融机构对金融消费者在交易过程中产生的个人金融信息应当进行必要保护。借助互联网进行的金融交易，提高了网络借贷金融消费者个人信息、交易记录、浏览痕迹等信息被窃取的可能性。为落实对互联网金融消费者知情权的保障，网络借贷平台被苛以及时纰漏相关信息以及部分金融消费者个人资料及信用的义务，同时对参与到网络借贷交易中的金融消费者的信息安全又要给予必要的保护。对此，首先应明确个人信息的内涵与外延。其次，将平台收集、存储的个人信息按一定标准进行分类，对不同类别的个人信息施以不同的保护措施。最后，社会征信机制的建立与完善、个人信息的利用和保护之间的取舍也具有现实意义。

（三）网络借贷领域的金融消费者保护

第一，可通过出台专门的《网络借贷法》或相关操作细则，针对网络借贷平台易发生跑路由此引发的财产安全问题、互联网时代频发的信息安全问题和信息不对称滋生的知情权等问题，制定相应办法来保护全面保障金融消费者权益。以知情权的保障为例，首先应当明确知情权的权利主体是自营型网络借贷中的借款人及中介型网络借贷中的出借人与借款人。权利内容是消费者有权要求平台经营者充分告知其购买或意欲购买产品的真实状况，当平台经营者拒绝提供或者提供虚假、不完整信息，消费者有权要求他们提供完整、真实情况的权利。义务主体是经营者，包括自营型网络借贷平台、中介型网络借贷平台，以及中介型网络借贷平台这类第三方平台。这一权利的实现是基于经营者和第三方平台信息披露义务和格式条款提示义务的履行。同时，规定经营者违反上述义务需承担诸如惩罚性赔偿、举证责任倒置等不利后果及明确金融消费者权利受损的救济路径。

第二，监管重心应当从行为监管向产品、服务监管转变，更注重金融科技创新商品的风险控制。虽然传统金融消费者保护也强调对复杂金融产品进行风险管理，但该风险实际上局限于传统领域的金融风险。主要是通过对金融经营者进行合规审查以降低或排除欺诈可能。然而，金融科技时代金融创新产品和服务的风险更聚集和复杂。以往重点关注金融经营者的不当行为以及不当行为对金融消费者权益所产生的不良影响的行为监管模式存在遗漏其他风险、放任风险滋生的可能。金融科技创新应用中消费者保护难度增大的原因主要是创新商品本身的复杂性和专业性。典型的表现是一个创新项目的推出通常需要集结多方的力量才能实现，这就增大了创新失败的内生性风险。如一款新的网络借贷产品需要金融机构与金融科技公司等金融经营者之间通力合作，充分利用金融机构的客户资源和金融科技公司的技术优势连通产品创造到市场投放的多个环节，最终实现产品与消费者的个性化匹配。这其中存在多方主体，也就存在多种经济利益纠缠。任一环节出现风险隐患都可能致使整个项目失败，消费者权益受损。因而，对金融科技创新项目的具体风险进行直接管理更能提高监管有效性，也有助于实现金融消费者权益保护的监管目标。

第二章　网络借贷法律治理的一般问题

网络借贷法律治理涉及多方面问题，有些是各类网络借贷存在的共性问题，有些是某些网络借贷所特有的问题。本章主要针对几个一般性问题进行探讨，包括监管、征信、个人信息保护和纠纷解决。诚然，由于发展基础和运营特点的不同，各类平台在这些方面的风险状况有所区别，但总体来说共性多于个性，因此本章一并进行分析。

第一节　网络借贷的监管体制

网络借贷的跨区域性和金融创新性，给金融监管带来挑战，加上在我国金融监管体制改革的大背景下，网络借贷监管体制的完善更要慎之又慎。既要处理好中央与地方的关系，又要在分业监管与混业监管的模式中作出恰当的选择。

一、我国网络借贷的监管现状

目前我国广义上的网络借贷主要包括商业银行、P2P 网络借贷与网络小额贷款。随着金融科技的日益革新，网络借贷也乘着这股东风迅猛发展，但法律规范固有的滞后性导致了行业“野蛮生长”的局面，所暴露的问题迫切等待监管机构的回应。在上述三种网络借贷中，商业银行的监管机制较为完善，P2P 网络借贷与网络小额贷款仍在不断试错中摸索更好的监管模式。

（一）商业银行互联网贷款的监管现状

商业银行开展互联网贷款业务主要有直接、间接两种途径，直接途径为商业银行直接设立网络信贷部门开展网络信贷业务，间接途径则为与网络小额贷款平台合作的联贷途径。

鉴于我国对银行业的监管由来已久，因此其监管机制也比较成熟，商业银行作为银行业金融机构，历来受到银行业监管机构强有力的持续性监管，早已打造了覆盖贷前、贷中、贷后全流程的链条风险管理体系。网络借贷业务的开展虽然对其监管带来了挑战，但也只是业务场景发生了改变。尤其是自营模式下的商业银行网络借贷业务，其全流程基本都是由商业银行独立完成，因此监管机构对于其传统贷款业务的监管规定也能适用于网络借贷业务。

联贷模式下的监管也较为完善，银保监会在2020年7月颁布的《商业银行互联网贷款管理暂行办法》中，在合作机构的准入、信息披露、负面清单、各方权责等方面作出了具体规定；在《商业银行互联网贷款管理暂行办法》的框架下，银保监会于2021年2月继续下发了《关于进一步规范商业银行互联网贷款业务的通知》，该通知细化了联贷模式中关于出资比例、放贷的限额指标、合作机构的集中度方面的要求。

在"央行—银保监会—地方银保监局"的框架下对商业银行网络借贷业务进行监管，能较好防范及化解系统性风险和互联网金融模式下带来的负外部性问题。

（二）P2P网络借贷的监管现状

2006年股市的火热以及央行连续五次提高存贷款基准利率促使人们解放了投资理财的思想枷锁，这为P2P行业在我国萌芽与发展提供了适宜的土壤，并由此于2007年诞生了以拍拍贷、宜信为代表的第一批P2P网络借贷平台。伴随经济复苏的需要以及金融脱媒的大潮，此后数年内大量P2P网络借贷平台喷涌而出，但监管的滞后性导致行业风险也持续累积，在频繁出现的兑付危机以及我国大量P2P运营模式演变为庞氏骗局内核后，以原银监会为代表的政府部门开始对P2P网络借贷进行整治。

中央层面，监管机构对P2P网络借贷的整治源于2015年10月中国人民银行、原银监会、证监会、原保监会等十部门联合颁布的《关于促进互联网金融健康发展的指导意见》《网络借贷信息中介机构业务活动管理暂行办法》《网络借贷信息中介机构备案登记管理指引》《网络借贷资金存管业务指引》《网络借贷信息中介机构业务活动信息披露指引》。至2018年年末，以互联网金融风险专项整治工作领导小组办公室和P2P网络借贷风险专项整治工作领导小组办公室联合发布的《关于做好网络借贷机构分类处置和风险防范工作的意见》为标志，监管部门对待P2P网络借贷的态度转变为"坚持以机构退出为主要工作方向""能退尽退、能关尽关"，并在2019年年末颁布的《关于网络借贷信息中介机构转型为小额贷款公司试点的指导意见》更新了P2P网络借贷平台的转型思路。

中央政策的落地少不了地方政府的配合，因此地方层面的监管方向是以中央文件为主导的，由各地政府的金融工作办公室负责，其内容主要是在整顿、清退、转型的不同时期围绕着中央文件的要求对辖区内P2P网络借贷平台的整顿工作进行落实、公告以及提供退出市场的指引。

根据上述梳理后我们不难发现，在P2P网络借贷的金融整治中体现的是中央集权的指导思想，地方没有调整规则的能动性和自主权。这种央地监管模式的整治效果是否达到最佳，在学界也是富有争议的。以冯辉教授为代表的观点则认为，不同地区之间P2P网络借贷行业的发展状况是不宜一概而论的，忽视区域之间的差异性，将其进行"一刀切"治理，是一种急于求成的治理心态，这对后续机构转型、债权债务清理等核心问题的处理均具有很大的不确定性和风险隐患。中央"一刀切"式的集权整治固然具有其立竿见影式的整顿效果，在此体现为实际运营的P2P网络借贷平台全部清零的结果，但是P2P模式作为一种融资工具本身并不存在天生的善恶之分，监管制度的缺位、失灵导致行业风险的累积才是其恶果的根源，我们不应该为某个行业的清退而感到骄傲，这会使我们误以为这是化解风险的良方，从而使更多的金融工具退出我国金融市场的舞台。真正的良策是处理好央地关系，完善央地之间的职权划分，利用地方政府在获取信息方面的天然优势，将具体的整治规则、整治期限、处罚标准等调整规则的能动权赋予地方政府。此外，需要注意的是行业的清退不代表治理的结束，打击逃废债、化解P2P网络借贷平台存量是今后监管的发展方向。

（三）网络小额贷款的监管现状

2008年原银监会与中国人民银行联合颁布的《关于小额贷款公司

试点的指导意见》后，拉开了小额贷款公司快速发展的序幕，而网络小额贷款是小额贷款公司得益于金融科技技术的发展而产生的，因此，小额贷款公司的一般性监管规则与网络小额贷款平台通用。

在现行监管制度下，网络小额贷款的监管主体有二：一是银保监会，二是地方金融监管机构。在中央层面，网络小额贷款的监管机关主要是原银监会与银保监会，颁布了包括《关于小额贷款公司试点的指导意见》《非存款类放贷组织条例（征求意见稿）》《网络小额贷款业务管理暂行办法（征求意见稿）》在内的一系列监管文件。在地方层面，地方政府的金融办公室是政策的主要制定主体。根据2015年发布的《非存款类放贷组织条例（征求意见稿）》中的规定，国务院银行业监督管理机构（现银保监会）、中国人民银行在金融监管协调部际联席会议制度的框架内，依据本条例制定公布非存款类放贷组织监督管理规则，指导省、自治区、直辖市人民政府对非存款类放贷组织进行监管和风险处置，协调国务院有关部门解决非存款类放贷组织监督管理及发展中的重大问题。简单来说就是中国人民银行和银保监会负责宏观方面制度的设计，各地地方金融监督机构负责微观层面网络小额贷款平台的设立审批和日常管理。

与P2P网络借贷行业的监管中地方政府只起到配合作用不同，在行业中，基于上述职权配置，地方政府在中央政策的框架内作出了许多有益的尝试。例如，江西省吉安市的《网络小额贷款公司监督管理暂行办法》就将网络小额贷款的出借人细致区分为主发起人、一般发起人企业、自然人参与发起与外商投资发起四种类型，并分别对他们提出了具体的准入要求；针对网络小额贷款平台可能出现的“套路贷”问题，福建省地方金融监督管理局颁布的《关于规范小额贷款公司等五类地方金融组织经营行为的通知》中就对“套路贷”的行为模式进行了仔细的描述。此外，该通知还对贷款催收行为进行了详细规定，明令禁止了一些采用严重扰乱借款人生活、利用黑社会力量进行暴力催收的手段，规范了被人们诟病已久的催收行为。

虽然在行业的监管体制中，央地的分权模式有了改进，但是仍然存在模糊的地带：在传统小额贷款公司的监管中，日常监督管理权力由省级人民政府继续进行分权，具有三种形式：一是以各省金融办作为监管主体；二是成立由市金融办、公安局、工商局、银保监会等机构成员组成的领导小组；三是由县级政府来承担日常监管。既然网络小额贷款的监管要遵守传统小额贷款公司的一般性监管规定，则上述规则也固然适用于网络小额贷款平台。地方部门之间的权限划分不一使得异地监管套利有存在的可能性，也容易导致部分监管过度、部分监管缺位的局面，存在行政资源浪费或成本增加的问题。

二、网络借贷对我国金融监管体制的挑战

我国金融监管体制呈现中央集中统一监管和以分业监管为主的特点，网络借贷的兴起与发展，改变了我国的金融生态，给我国金融监管体制带来各种挑战。

（一）网络借贷对中央集中统一监管体制的挑战

1. 中央集中统一的金融监管体制

自1994年分税制改革后，我国中央与地方形成了“财政分权与金融集中”的财政金融关系模式。财政分权实际上强化了地方政府对金融资源的现实需求〔1〕，地方政府在动员金融资源过程中强化了金融业的财政作用，使金融业扮演了“第二财政”角色，金融功能财政化。〔2〕在这种模式下，我国地方政府对金融资源的争夺持续不断，例如，P2P网络借贷平台曾经是地方政府的重要融资来源。在“地方经济发展迫切需要资金而法律又不允许地方政府直接举债的情况下”，“中央政府、地方政府与银行等债权金融中介在经济发展过程中，经过利益博弈和公共选择而产生的暂时的、过渡性均衡状态”。〔3〕

与分税制改革相配套的金融监管体制，主要由中国人民银行、原中国银监会、中国证监会及原中国保监会等组成，即“一行三会”。它们是直属于国务院的组成部门，在地方设立派出机构，履行金融监管和调

〔1〕 阳建勋：《我国P2P网络借贷平台非法集资风险的法律规制研究》，法律出版社2020年版，第111页。

〔2〕 参见周立：《渐进转轨、国家能力与金融功能财政化》，载《财经研究》2005年第2期。

〔3〕 张建伟：《地方债治理的宪政经济学分析》，载《法学》2012年第10期。

控职能,各级地方政府无权干预。2018 年,中共中央《深化党和国家机构改革方案》规定,将原银监会和原保监会的职责整合,组建银保监会,作为国务院直属事业单位,依照法律法规统一监管银行业和保险业,保护金融消费者合法权益,维护银行业和保险业合法稳健运行,防范和化解金融风险,维护金融稳定等。至此,我国金融监管体制由"一行三会"转变为"一行两会"。

2014 年 8 月,《国务院关于界定中央和地方金融监管职责和风险处置责任的意见》进一步确立中央和地方分级监管,提出完善中央和地方金融监管工作协调机制的要求,明确地方政府要承担对部分金融活动的监管职责,包括引导和规范民间借贷、新型农村合作金融组织的行为,防范和打击金融欺诈、非法集资等行为。2017 年第五次全国金融工作会议进一步明确"强化地方属地风险处置责任"之后。2018 年 3 月,中共中央《关于深化党和国家机构改革方案》出台,各地方政府纷纷将原有地方金融工作办公室改革成为"金融监管局"。然而地方金融监管仍存在诸多障碍,与中央集中统一监管还存在不协调之处。

2. 网络借贷对中央集中统一监管体制的冲击

近年来,网络借贷,尤其是 P2P 网络借贷和网络小额贷款成为地方争夺金融资源的突破口,甚至有的地方政府通过地方政府融资平台设立网络借贷平台公司,为发展地方经济筹集资金。网络借贷平台监管存在的争议问题,实际上暴露了中央与地方的金融监管权力配置的矛盾。目前各类网络借贷平台监管权力的配置并不统一。商业银行作为传统金融机构,其互联网贷款业务的监管权主要归属于银保监会,《商业银行互联网贷款管理暂行办法》第 11 条对此进行了规定。而 P2P 网络借贷和网络小额贷款的监管权则在不同程度上下放到地方。

《网络借贷信息中介机构业务活动管理暂行办法》第 4 条以"行为监管"和"机构监管"划分中央与地方之间的 P2P 网络借贷监管权,即原中国银监会(机构改革之后的中国银保监会)负责实施行为监管,制定 P2P 网络借贷监管制度、指导和配合地方政府对 P2P 网络借贷机构的监管和风险处置、建立监管协调机制;地方金融监管部门实施机构监管。然而,地方金融监管部门对 P2P 网络借贷平台实施的机构监管本身，就包括了对金融机构或准金融机构机会主义行为的合规监管和对金融消费者权益的保护，与中央的行为监管势必产生冲突。此种冲突源于行为监管和机构监管之二分法的逻辑错误。行为监管相对应的并非机构监管，而是审慎监管，机构监管则与功能监管、目标型监管相对应。我国对 P2P 网络借贷的二分法监管不仅没有将 P2P 网络借贷风险纳入宏观审慎监管体系，还存在对系统性风险的监管真空。针对这问题，中国人民银行发布的《中国区域金融运行报告（2017）》已经要求将规模较大、具有系统重要性特征的互联网金融业务纳入宏观审慎监管框架。另外，在中央和地方的具体监管权限分配上还存在不合理之处，由于网络借贷平台日常行为监管事务繁杂，国务院银行业监管部门及其派出机构事实上无力对其实施行为监管。

在网络小额贷款方面，《关于加强小额贷款公司监督管理的通知》规定：省（自治区、直辖市）人民政府负责对辖内小额贷款公司进行监管和风险处置，地方金融监管部门具体落实。除设立、终止等重大事项外，省级地方金融监管部门可以委托地级、县级地方金融监管部门开展非现场监管、现场检查、违法违规行为查处等部分监管工作。由此可见，这类网络借贷的监管权力都落在地方。但是，地方金融监管的薄弱，直接影响监管绩效。在 2018 年中共中央《关于深化党和国家机构改革方案的决定》实施前，地方政府并没有设立专门的地方金融监管部门，而是通过设立“金融工作办公室”“金融工作局”等履行监管职责，但是，这些部门并没有行政执法权，只属于协调机构，既缺乏法律授予的金融监管权，也缺乏能有效实施金融监管的专业人才。而其后各地成立的金融监管局，监管职能更为突出，承担着行政执法职能，但具体职能的边界和行使方式仍有待进一步明晰。

（二）网络借贷对分业监管体制的挑战

1. 金融分业监管体制

基于我国金融分业经营的现状，我国金融监管体制呈现分业监管的特点。所谓分业经营，是指不同类型的金融机构从事不同类型的金融业务，不能跨业经营，以防止金融风险在不同金融行业之间相互渗透。所谓分业监管，是指根据从事金融业务的不同主体及其不同的业务范围，由不同的监管机构分别实施监管。自2003年以来，我国“一行三会”（后来为“一行两会”）在“分业经营、分业监管”原则的指导下，分别在各自行业内行使统一的管权，而中国人民银行则行使对金融市场的宏观调控职权。

随着我国近年来金融市场化改革的推进，分业经营的限制性规定在实践中逐渐被打破，这是由于法律上的但书规定——“但国家另有规定的除外”——为金融机构打破分业经营限制和实行混业经营提供了制度空间。所谓混业经营，是指银行、证券、保险等不同种类的金融业务交叉渗透的经营。混业经营是顺应金融全球化的趋势和回应国外金融竞争冲击的选择。按照我国加入WTO的承诺，我们需要开放银行、保险、证券和其他金融服务领域。但当时我国金融行业不管是资本实力还是发展规模都比不上国外竞争对手，因此中国人民银行与中国证券监督管理委员会（以下简称证监会）先后发布《证券公司进入银行间同业市场管理规定》和《基金管理公司进入银行间同业市场管理规定》，在一定限度上允许了混业经营，混业经营与分业监管的矛盾凸显。2017年，为了加强金融监管协调和补齐监管短板，国务院金融稳定发展委员会成立。2018年，原银监会和原保监会合并，这标志着我国开始进入分业监管与混业监管并存的时代，“一委一行两会”的监管架构形成。

2. 网络借贷对分业监管体制的冲击

如前所述，分业监管体制在应对线下混业经营实践中已力不从心，在互联网金融时代，将面临着更严峻的挑战。这是因为互联网金融产品体现互联网技术与金融业务的相互融合，跨区域、跨行业、跨领域经营特征尤其显著，更容易突破线下金融的分业经营限制。例如，前几年大量异化的P2P网络借贷平台变相从事银行、证券等金融业务，实质上突破了分业经营的限制，造成风险的跨行业传导，然而金融监管部门由于分业监管的限制而难以实施有效监管，这种监管缺位导致系统性风险，进而影响社会稳定。

在互联网金融时代，对金融市场进行系统、全面的监管已迫在眉睫，目前分业监管的模式存在以下问题：一方面，分业监管是一种碎片化监管模式，虽然有利于监管的精细化，但监管主体之间的信息共享和一致行动存在较大障碍，难以实现监管的系统性与连续性。另一方面，分业监管是依据监管对象来确定监管主体，监管主体对于监管职责外的事务缺乏监管激励。而互联网金融业务的边界日渐模糊，P2P 网络借贷野蛮生长过程中曾经集居间、借贷、担保等众多业务于一体，而且商业银行互联网贷款与非银行网络借贷存在多种合作，在分业监管模式下，要么出现监管真空，要么造成监管重复，严重影响监管成效。

三、网络借贷监管体制的完善

要完善网络借贷监管体制，须根据网络借贷的性质和监管经验，对中央与地方监管权作适当配置，并调整监管模式，赋予银保监会统一的监管权。

（一）中央与地方监管权的配置

在中央和地方监管权的配置上，应当进一步理顺对非金融机构网络借贷的监管职责。

首先，不再以“二分法”来划分中央与地方的监管权。毕竟行为监管与机构监管并非严格的法律概念，只是金融监管理论中的概念，其内涵与外延并不具有确定性，不宜直接在金融监管立法引入这种可能存在争议的概念，以免导致法律适用的困难。

其次，完善中央监管部门的监管职责。P2P 网络借贷平台和网络小额贷款平台都具有准金融机构属性，中央应强化其监管。《网络小额贷款业务管理暂行办法（征求意见稿）》相比于《关于加强小额贷款公司监督管理的通知》，更进一步完善了中央与地方的分级监管。中央监管部门的职责主要体现在：一是制定监督管理制度和经营管理规则；二是督促指导省级人民政府确定的金融监管部门对所属行政区域内的网络小额贷款业务进行监督管理和风险处置；三是对于小额贷款公司跨省级行政区域开展网络小额贷款业务进行审查批准、监督管理和风险处置。这对 P2P 网络借贷的监管也具有一定参考价值。

最后，强化地方金融监管部门的监管职责。地方政府对于本地金融行业的监管有内在动力，也有获取信息的天然优势，可以与中央监管相辅相成。有必要制定地方监管法规，并从以下方面强化地方金融监管部门的权责:一是对网络借贷机构的市场准入与退出监管;二是对网络借贷机构日常经营行为的合规性监管,维护金融消费者的合法权益;三是建立本地区的跨部门协调机制;四是防范和处置网络借贷风险,监督网络借贷机构依法依规提供行业统计或行业报告、报告重大风险和处置情况。

(二)监管模式的选择

网络借贷监管模式上,学界争议颇多。有学者主张"网监会"监管,通过新设网监会专门负责网络金融监管,对网络借贷实施专门监管。然而网络金融的范围难以认定,将银行业、证券业、保险业通过互联网进行的金融业务都归于网监会监管范畴并不具有现实性。毕竟互联网金融的"金融"本质并没发生根本改变,网监会定位模糊,其监管难免与原有的"两会"发生重叠,增加监管成本,影响监管成效。还有学者主张由"一行两会"共享对网络借贷的监管权,但这种分业监管难以形成统一的监管措施和统一的监管执法标准,监管机构之间职权难以协调和平衡,无法实现对网络借贷的有效监管。

网络借贷监管模式的选择,应结合网络借贷的性质和监管的实践经验。我国的金融机构按照地位与功能可分为以下四类:第一类是中央银行,第二类是各类银行,第三类是非银行金融机构,第四类是在境内开办的外资金融机构。基于上述界定,目前P2P网络借贷平台和网络小额贷款平台并不属于金融机构范畴,但从实际的商业运作模式中可以看出这两者具有金融工具的某些性质,可称为准金融机构。

从P2P网络借贷来看,目前立法已经明确平台的金融信息中介定位,但这类平台并非单纯的民事居间机构,其经营与金融活动密切相关,而且在金融风险防控上发挥着关键作用,有必要把该类机构纳入金融监管范畴。在监管实践中,P2P网络借贷归银保监会的普惠金融部监管,银保监会在P2P网络借贷监管上拥有大量经验,通过明确行业性质、监管原则、准入门槛等手段遏制P2P网络借贷行业的乱象。

从网络小额贷款来看,其监管主要下放到地方,可是随着其经营风险的不断暴露,加强中央监管势在必行。2020年11月银保监会和中国人民银行联合发布的《网络小额贷款业务管理暂行办法(征求意见稿)》第4条规定,银行业监督管理机构有监管制度和经营管理规则的制定权,对跨省业务有全面监管职权,对不涉及跨省的业务则负有对地方监管部门的督促指导职责。与《关于加强小额贷款公司监督管理的通知》相比,该征求意见稿强化了银保监会的监管权。

综上,相较其他监管模式,银保监会的监管虽未臻理想,但仍属于目前最合适的权宜监管模式。由银保监会对各种类型的网络借贷统一行使监管权,有以下两方面要点:一方面,将网络借贷规则制订权力统一由银保监会行使,提高制度的协同性和统一性,细化风险防控制和处置的具体要求,强化对平台的监管要求和法律责任。另一方面,对地方监管部门进行监督和协调,防止由于各地监管政策差异所导致的监管套利。银保监会对地方的监督包括而不限于市场准入与退出、日常经营合规标准、金融消费者权益保护、风险防范和处置和信息披露,等等。此外,银保监会应建立跨地区协调机制,促进地区合作以有效防范和控制风险。

第二节 网络借贷的征信机制

各类网络借贷信用风险,主要体现为借款人的信用风险,集中反映在贷款审核、贷后催收、不良资产处置等方面。信用风险的高低,与本台本身的实力直接相关,商业银行互联网贷款平台在信用风险防控方面具有较为明显的优势,而P2P网络借贷平台和网络小额贷款平台则仍较为薄弱。本节主要从征信机制角度展开分析。

一、网络借贷征信概况

征信是网络借贷信用风险控制的重要环节,我国业已建立起包括多种模式和类型的征信框架,相关立法也不断完善。

(一)网络借贷征信的界定

中国人民银行在《中国征信业发展报告(2003—2013)》中将征信界定为“依法收集、整理、保存、加工自然人、法人及其他组织的信用信息,并对外提供信用报告、信用评估、信用信息咨询等服务,帮助客户判断、控制信用风险，进行信用管理的活动”[1]。2013年颁布的《征信业管理条例》中，征信活动是指“对企业、事业单位等组织的信用信息和个人的信用信息进行采集、整理、保存、加工，并向信息使用者提供的活动”[2]。笔者认为，网络借贷征信，是指在网络借贷过程中，对借款人的信用信息进行采集、整理、保存、加工和披露，帮助资金出借方对交易进行判断、控制信用风险的过程。

（二）网络借贷征信的价值分析

第一，降低交易费用。网络借贷平台在自征信模式下开展信用风险管理，需要额外投入高昂的系统开发成本及运营成本，平台唯有将这些额外的成本通过隐性的方式转嫁到投资者身上才能产生利润空间。投融资成本的上升，致使网络借贷失去其与传统借贷所具有的独特优势，最终使投资者在同等条件下并不优先考虑通过网络借贷进行借贷活动。完善的信用体系有助于降低内生交易费用，促进交易。

第二，减少信息不对称。信用风险的根源在于信息不对称，网络借贷平台和出借人对借款人信用状况缺乏了解，借款人恶意违约的事件频频发生。这不仅造成特定平台和出借人的利益受损，还导致网络借贷参与人陷入“次品市场”困境——信息不对称带来信用风险，坏账率和逾期率增加，网络借贷利率上升，其结果就是，资信良好的借款人借款成本增加而倾向于不愿意接受贷款条件，愿意接受贷款条件的借款人往往更具有违约的可能性。完善网络借贷征信体系，有助于降低信息不对称程度，维护各参与人的利益平衡。

第三，降低逆向选择与道德风险。征信机构通过专业化和标准化的信用评估机制，对出借人过往的履约情况及个人基本信息进行分析与评估。网络借贷平台及出借人在借出资金前，可以通过向征信机构获取借款人信用评估报告，了解借款人的信用等级，为信贷审核提供依

[1] 参见中华人民共和国中央人民政府网：《人民银行发布〈中国征信业发展报告（2003—2013）〉》，载 http://www.gov.cn/gzdt/2013-12/12/content_2546739.htm，最后访问日期：2021年2月21日。

[2] 参见《征信业管理条例》（国务院令第631号）第2条第2款。

据，将借款人违约风险降低至平台可控范围内。

（三）网络借贷现行征信框架

我国的征信体系建设起步较晚，现已搭建起以人民银行征信中心为主导，市场性质的民营征信机构为补充的征信框架。网络借贷的征信体系则主要包括三种模式。一是央行征信模式，其主要通过两种方式来获取征信服务：一种是接入上海资信有限公司建成的网络金融征信系统（NFCS），另一种是接入中国人民银行旗下的支付清算协会的互联网金融风险信息共享系统。二是自征信模式，此模式主要是指网络借贷平台结合大数据，利用自身资源，对用户的行为等进行分析，从而来判断其信用等级。三是第三方征信模式，第三方商业征信机构以合作制或会员制的方式与网络借贷平台开展合作进行信用数据的共享。

我国征信机构分为个人征信和企业征信两类，均由央行征信局管理。目前个人征信只有两家——百行征信和朴道征信。2018 年 4 月，中国人民银行批准成立了由“中国互联网金融协会”牵头，腾讯征信、芝麻信用等 8 家机构联合组成的中国百行征信有限公司，这是我国第一家获得个人征信业务经营许可的市场化公司。截至 2020 年 5 月 22 日，百行征信已拓展金融机构 1710 家，签约信贷数据共享机构近 1000 家，百行个人征信系统收录个人信息主体超 8500 万人，信贷记录 22 亿条，累计收录 P2P 借款人 4000 余万，基本实现网络借贷人群全覆盖。[1] 朴道征信于 2020 年 12 月 28 日成立，并于 2021 年 2 月 2 日在北京正式揭牌。这是继百行征信后，目前我国的第二家个人征信机构。为加强社会监督和个人信息保护，朴道征信还设立了独立于董事会的公信力委员会，在国内外征信机构中亦属首创。

对于企业征信而言，截至 2020 年 12 月末，全国共有 23 个省（市）的 131 家企业征信机构在中国人民银行分支行完成备案。[2] 其中，北

---

〔1〕 参见《百行征信两周年：收录 8500 万个人信息　累计收录 P2P 借款人 4000 余万》，载网络借贷天眼，https://news.p2peye.com/article-561115-1.html，最后访问日期：2021 年 2 月 21 日。

〔2〕 参见《全国企业征信机构备案数量》，载 http://www.pbc.gov.cn/zhengxinguanliju/128332/128352/2875623/index.html，最后访问日期：2021 年 2 月 21 日。

京注册公司最多，有 34 家；其次是上海，有 26 家；广东有 10 家，3 个区域合计占比 53.4%。同时，截至 2020 年年末，我国共有 41 家企业征信机构已注销，其中有 25 家因业务调整，主动申请退出企业征信业务备案，有 6 家因连续六个月以上未实质开展征信相关业务而注销，其他原因注销公司有 10 家。

总的来说，目前我国网络借贷征信的基础设施逐步完善，行业发展初具规模。

（四）网络借贷征信的立法现状

网络借贷征信法律法规方面，大致见表 2－1 所示：

表 2－1　我国网络借贷征信相关法律法规

时间	法律法规	主要内容
2013 年 3 月	《征信业管理条例》	我国首部征信法规，为征信经营活动确立基本的制度规范和监管体制
2013 年 12 月	《征信机构管理办法》	细化和补充《征信业管理条例》，规范征信机构设立、变更和终止
2016 年 8 月	《网络借贷信息中介机构业务活动管理暂行办法》	规定网络借贷平台须加强与金融信用信息基础数据库运行机构、征信机构等的业务合作，依法报送、查询和使用有关金融信用的信息
2020 年 7 月	《商业银行互联网贷款管理暂行办法》	规定商业银行在互联网贷款业务中收集、使用借款人风险数据应当遵循合法、必要、有效的原则，不得与违规收集和使用个人信息的第三方开展数据合作（第 33、34 条）
2020 年 11 月	《网络小额贷款业务管理暂行办法（征求意见稿）》	规定经营网络小额贷款业务的小额贷款公司应当接入金融信用信息基础数据库等征信系统，也可以接入中国人民银行批准设立的个人征信机构和备案的企业征信机构，依法报送、查询、使用相关信用信息（第 16 条）

续表

时间	法律法规	主要内容
2021年1月	《征信业务管理办法(征求意见稿)》	以征信机构为核心,对信用信息采集、整理、保存、加工、提供、使用、安全等进行了具体规定,强化征信监督管理

在征信监管机构方面,《征信业管理条例》第4条明确规定,中国人民银行及其派出机构有权对征信业进行监督管理。《征信机构管理办法》第4条以及《征信业务管理办法(征求意见稿)》第39条也明确中国人民银行及其分支机构的监管地位。显然,中国人民银行及其派出机构依法对我国网络借贷中信息提供者、信息使用者和征信机构等征信行为进行监督管理,保护信息主体的合法权益。

二、网络借贷征信面临的现实困境

网络借贷征信在立法上仍有缺失,在监管上存在薄弱之处,有关的行业自律机制具有局限性,加上大数据的应用,增加了网络借贷征信的现实困境。

(一)网络借贷征信法律规范缺失

1. 信用信息数据界限模糊

《征信业务管理办法(征求意见稿)》第3条规定,信用信息是指为金融经济活动提供服务,用于判断个人和企业信用状况的各类信息,包括但不限于:个人和企业的身份、地址、交通、通信、债务、财产、支付、消费、生产经营、履行法定义务等信息,以及基于前述信息对个人和企业信用状况形成的分析、评价类信息。

显而易见,本次《征信业务管理办法(征求意见稿)》从适用场景、信息类型两个方面,明确了信用信息的法定内涵与外延。但值得注意的是将"分析、评价类信息"纳入信用信息范围是否合理,值得商榷。征信数据的核心在于信息的真实性,而对于分析、评价类信息来说,其背后的算法规制仍是难题,不同机构形成的分析、评价类信息也具有差异性,难以保障征信结果的合理性和保障信息主体的知情权。况且如此广泛的信用信息种类维度,将会与"最少、必要"原则存在内在冲突。通信信息采集涉及隐私等人格权问题，交通信息纳入征信则让其背负社会管理职责，显然不太合理。

另外，在实践中存在不少平台在未经用户授权同意的情况下采集其信用信息，也有不少平台虽通过格式条款约定用户授权平台收集其信息，但该等授权条款大多较为笼统、概括，并未明确平台收集信息的类型、使用的目的、方式等。由此可见，我国现行法律法规对信用信息范围的界定仍存在问题，还无法起到保护被征信人权益的作用。

2. 征信机构服务界限存在争议

《征信业务管理办法（征求意见稿）》概括列举了常见的征信业务，分别是信用信息查询服务；画像、评分、评级等信用评价类服务；欺诈类服务。[1] 可见当前市场主流的数据助贷业务等评价类业务都纳入征信业务的范畴。

基于此，助贷机构如果只是纯粹提供技术支持和获客场景和客户画像，不存储个人信用信息，那么就不属于征信服务范畴，仍然可以继续现在的助贷模式；如果助贷机构类似大型互联网科技平台，自身存储加工个人信用信息，再向金融机构提供服务，那么就落入央行的“征信”业务范畴。[2] 笔者认为，该规定可能存在以下问题：一是难以界定非法从事个人征信业务的行为范围。《征信业务管理办法（征求意见稿）》并没有明确这三类服务类型的范围和边界。二是该分类方式是否科学，是否符合征信活动的本质，是否有利于整个金融行业的发展，

---

[1] 《征信业务管理办法（征求意见稿）》第 27 条规定：“征信机构提供信用信息查询、信用评价、反欺诈服务，应当向中国人民银行或其省会（首府）城市中心支行以上分支机构（以下统称分支机构）报备下列事项：

（一）信用报告的模板及内容；

（二）信用评价类服务的主要维度要素、评价含义、评价的应用场景以及对信息主体权益的保护；

（三）反欺诈服务的数据来源、欺诈信用信息认定标准、主要服务场景。”

第 44 条规定：“以‘信用信息服务、信用服务、信用评分、信用评级、信用修复’等名义对外提供征信功能服务，适用本办法。”

[2] 参见《助贷业务颠覆性洗牌？〈征信业务管理办法〉征求意见稿对科技平台助贷影响几何？》，载 21 世纪经济报道，https://finance.sina.com.cn/tech/2021-01-14/doc-ikftpnnx7113863.shtml，最后访问日期：2021 年 2 月 21 日。

仍有待商榷。

3. 信用评级评估缺乏统一标准

我国的信用评估尚处于起步状态，信用评估法律法规缺失。信用评估主要包括借款人和平台两方面的信用评级。对借款人来说，《网络借贷信息中介机构业务活动管理暂行办法》规定由网络借贷平台自行对借款人进行资信评估和根据评估标准进行分级管理但未对信用评估的标准进行统一。正因如此，各网络借贷平台对用户信用评级的评价标准不尽相同，如此前拍拍贷运用魔镜个人信用评级系统进行信用评价，陆金所则运用 FICO 评分系统进行信用评级。同时，对平台本身所做的信用评估也缺乏具体评估标准，《网络借贷信息中介机构业务活动管理暂行办法》规定地方金融监管部门有权根据本办法和相关监管规则对备案登记后的网络借贷信息中介机构进行评估分类，网络借贷信息中介机构评估分类等具体细则另行制定，而反观各省市细则也没有对具体评估标准进行规定，如广东省《〈网络借贷信息中介机构业务活动管理暂行办法〉实施细则（征求意见稿）》第 7 条规定网络借贷信息中介机构备案登记、评估分类按照国家相关具体规定执行或由省金融办会同相关部门根据国务院银行业监督管理机构相关规定另行制定。对平台的评估标准迟迟没有明确规定，影响着出借人判断网络借贷平台的可信度，致使出借人不敢贸然投资，约束了网络借贷行业的发展。

对小额贷款客户来说，其对于资金的需求比一般的客户更加迫切。小额贷款相对于其他贷款的优势就在于它高效、便捷等特点，申请信用额度时间过长将会使小额贷款丧失优势。为此，完善的信用标准体系和评级程序就显得尤为重要。然而，目前网络小额贷款尚未形成统一的审查标准，评级程序也尚不严谨，尚未形成成熟完备的审查、信用评级规范机制。甚至出现有些贷款公司为追求短期利益，急于将手上的资金变成利润，不进行严格审核，贷前没有尽职调查，贷中没有合理评估，贷后没有监控和催收，大大增加了经营风险。

4. 信用信息安全保障制度不完善

信用信息数据作为征信的基础，在征信过程中如何保护一直备受关注。征信系统的发展与个人信息的保护,两者存在一定的对立和矛盾,需要立法进行协调和平衡,特别是在央行二代征信系统运行的背景下如何进行协调和平衡更凸显重要。目前央行二代征信系统已接入了数千家放贷机构,包括商业银行、消费金融公司、信托公司等。央行征信中心主任张子红表示,截至2020年12月底,二代征信系统共收录超过11亿人,6902户企业及其他组织(2017年才收录了9亿人,3年增加了2亿人)。可见,网络借贷接入征信乃是大趋势。此背景下,完善信用信息安全保障制度尤为重要:既能有效维护金融消费者的合法权益,又能保障信用信息安全。

5. 失信惩戒制度缺失

全面共享经济和普惠金融对社会信用体系和个人信用提出了更高的要求,因此在法律法规体系建设中设立信用审查制度,建立失信"黑名单",完善失信制裁制度尤为必要。2018年互联网金融风险专项整治工作领导小组办公室下发《关于报送P2P平台借款人逃废债信息的通知》,要求各地根据前期掌握的信息上报恶意逃废债的借款人名单,并将上述逃废债信息纳入征信系统和"信用中国"数据库。但因此前P2P网络借贷平台仍未纳入央行征信系统,也未构建黑名单共享机制,未取得较好整治效果。完善网络借贷行业失信联合惩戒制度以及推动市场性惩戒措施的落实落地有助于促进网络借贷行业健康有序发展。

(二)网络借贷征信缺乏有效的监管

在监管主体方面,央行作为监管部门,对各项征信活动进行监管,但基于网络借贷行业以互联网为载体,征信形态更加复杂,单一的监管主体尚不能达到全面有效监管的目的。央行或许只能对个人征信机构的准入进行事前监管,而对于信用信息采集、信用评估等事中事后监管显然力度不足。

在监管手段方面,《征信业管理条例》主要规定了现场检查和定期汇报两类,它们对传统金融业行之有效,但移植至具有网络基因特性的互联网金融业上,则缺乏针对性与时效性。

在监管内容方面,主要存在两方面的问题:一是相比于传统征信机构,网络借贷行业的征信存在于互联网中,具有自身特有属性,原监管规定是否能达到有效监管目的仍存在疑虑；二是此前监管规定都主要侧重于征信机构的准入和退出方面，而对于其他征信活动具体规定较少。本次《征信业务管理办法（征求意见稿）》以征信机构为核心，对信用信息采集、整理、保存、加工、提供、使用、安全等进行了具体规定，强化征信监督管理，但仍存在诸多问题，如第38条规定征信机构应当将下列事项向社会公开，接受社会监督：(1)采集的信用信息类别；(2)信用报告的基本格式内容；(3)信用评分的主要要素及占比；(4)反欺诈服务中的欺诈认定标准；(5)异议处理流程；(6)中国人民银行认为需要公开的其他事项。

对用户来说，相关法律虽规定了社会监督，但用户本身并没有能力判断信用评分因素、欺诈认定标准的合理性；对征信机构来说，信用评分、反欺诈模型乃是其征信业务的核心竞争力，属于不能公开的商业机密，也是立法应当保护的法益之一。鉴于此，应该进一步明确征信机构公开的内容范围，否则该监管措施很可能会形同虚设。

当今世界各国或地区主流的征信业监管模式中，主要存在公共征信模式、市场导向模式和会员制模式。其中，以欧盟为典型的公共征信模式，又称为政府主导型征信模式，由政府主导的中央银行或金融管理部门带头建立的“中央信贷登记系统”作为主体，私营征信机构处于辅助性地位。我国的征信制度接近于这种模式，强调政府的主导性，市场“看不见的手”的作用空间在一定程度上被挤压。如果采用以美国为典型的市场导向型征信模式，就我国目前现实而言，很可能在个人信息保护上力不从心。

针对网络小额贷款平台的专项监管来说，对征信活动的规制极少涉及，并且所规范的也只是宏观层面的原则性规定，缺乏可操作性。比如《赣州市网络小额贷款公司监督管理暂行办法》第6条规定各县（市、区）监管部门组织、协调、督促网络小额贷款公司接入人民银行征信系统[1]，但是对如何接入、接入的限制条件等没有相应的规定。《网络小额贷款业务管理暂行办法（征求意见稿）》也仅第16条提出经

---

〔1〕 参见《赣州市网络小额贷款公司监督管理暂行办法》第6条。

营网络小额贷款业务的小额贷款公司应当接入金融信用信息基础数据库等征信系统,但对具体如何操作仍缺乏相关规定。

(三)网络借贷行业自律机制尚不完善

相比刚性立法和行政监管而言,行业自律更有利于维护网络借贷行业的活力与张力。近几年来,各地方的互联网金融行业协会逐步成立,但其存在一个明显不足——基于各地方行业协会所出台的行业规范各不相同,行业协会的自律规范规制作用较弱。近年来,P2P 网络借贷平台跑路、借款人逾期不还、倒闭等信用风险问题频频发生,这在很大程度上与 P2P 网络贷行业自律规制不强有关。

值得注意的是,中国互联网金融协会于 2016 年 3 月 25 日在上海正式成立,这是互联网金融行业的重大标志性事件,意味着国家级协会已经成立。其职责主要是制定行业自律规范并强制其会员遵守,鼓励本行业内各机构之间广泛开展业务交流,助推本行业内的信用信息实现共享。[1] 2016 年 7 月 21 日,中国互联网金融协会出台了《自律惩戒管理办法》,以规范对协会会员违规行为的惩戒。[2]

不难发现,虽然行业协会自律规制作用近年来有加强的趋向,但基于当前全国性的互联网金融行业自律协会成立的时间比较晚,所发布的各项协议的实施力度和效果难以达到理想预期,尚未充分发挥其应有的作用,也无法充分实现对网络借贷行业信用风险的防范。另外,就目前国内已建立的网络借贷行业协会而言,存在政府部门不同程度的行政干预的情况,各协会之间也缺乏有效的沟通机制,致使行业协会不能充分发挥其应有的作用。

(四)大数据应用于网络借贷征信中面临诸多挑战

以网络借贷为视角,大数据应用于网络借贷征信的功能预期存在于贷前、贷中和贷后三个阶段。从贷前来说,大数据手段有助于更全

---

〔1〕 参见中国互联网金融协会:《中国互联网金融协会介绍》,载 http://www.nifa.org.cn/nifa/2955644/2955646/index.html,最后访问日期:2016 年 7 月 21 日。

〔2〕 参见中国互联网金融协会:《自律惩戒管理办法》,载 http://www.nifa.org.cn/nifa/2955692/2955730/2957685/index.html,最后访问日期:2016 年 7 月 21 日。

面、广泛地采集用户数据信息，同时也更具时效性协助作出行政审批，依据信用评估模型判定信用等级，确定授予借贷额度。值得注意的是，大数据应用于网络借贷征信还有一个特别重要的功能就是反欺诈，即运用大数据金融科技手段交叉对比借款人的信息，识别借款人的欺诈行为。从贷中来说，利用大数据对用户进行实时监控，一旦发现有不正常行为则对平台发出预警信号。从贷后来说，是指对贷款的催收和惩戒机制，即通过大数据金融科技手段设计更为便捷的方式来促进网络借贷的发展，比如蚂蚁花呗设置提前还款来收借款并且自动调整其信用积分，倘若逾期的话则会降低信用，致使无法再行借款。

从行政部门视角看，大数据应用于网络征信有助于行政部门创新监管体制，实现协同监管和智能监管。一方面，基于网络借贷跨区域大、以互联网为媒介的特点，利用大数据促进各监管机构之间的信息共享与沟通就显得尤为必要，为此需要深度挖掘数字资源，构建行之有效的监管机制，实现各部门之间紧密联合、协同监管。另一方面，利用大数据实行人工智能监管。互联网、大数据、人工智能，这三者的结合是新时代的趋向所在，通过互联网收集信息，大数据进行综合分析，人工智能再予以调控监控，最后再运用于网络中。具体而言，就网络借贷行业来说，先是收集用户在互联网上的一系列行为所产生的信息，大数据依据用户的数据信息综合分析考量确定其授贷额度，再经过人工智能进行监管防控金融风险，最后反馈于网络借贷行业中，促进行业的持续健康发展。

近年来，大数据征信有效地促进了网络借贷行业的发展，诸如“京东白条”和“蚂蚁花呗”，它们通过对用户的消费记录、网购行为等进行综合考量，进而确定其授信额度；又如微贷网构建的智能决策森林评估机制，实现自动化审批。但与此同时也带来新的挑战。

在信息安全保护方面，面临的难题主要有：一是在大数据征信的背景下，网络借贷平台通过互联网采集用户数据信息，而采集信息的行为是否为用户所授权同意，采集信息的范围又是不是我国相关法律规定所许可的，采集的信息是否真实可靠还是有人故意诬陷他人等这一系列问题都不得而知，而我国对此也没有相关的法律规范予以规定；二是通过大数据手段海量的数据信息被存蓄于征信机构或者平台中，由此可能带来信息泄露的风险。同时，当前我国对于数据信息存蓄机构的法律责任也尚未明确规范，各类征信机构和网络借贷平台也较少主动考虑构建客户信息安全保护机制，这都在很大程度上加剧了用户信息泄露的风险。用户数据信息在行业内被征信机构或者平台人员进行售卖也成为一种潜在风险。

在权利救济方面，征信机构或者网络借贷平台利用大数据技术对数据信息进行收集、分析的程序，倘若出现分析结果不准确或者用户对分析结果有异议，用户应当如何获得救济，也是大数据征信应用于网络借贷征信亟须讨论解决的难题。

三、国外网络借贷征信机制经验借鉴

在网络借贷征信方面，美国、欧洲、日本形成了不同的模式，有必要对三类模式展开比较研究，总结其中有益的经验。

（一）美国网络借贷征信机制

美国征信业已有一百多年发展历史，由下往上，经历了征信机构自由成长、层出不穷到兼并整合、巨头逐渐凸显的过程，现已构建起成熟完备的征信机制。其完全依靠市场化进行运作，政府和央行只是发挥协调的作用。其发展历程大致如图 2－1 所示。

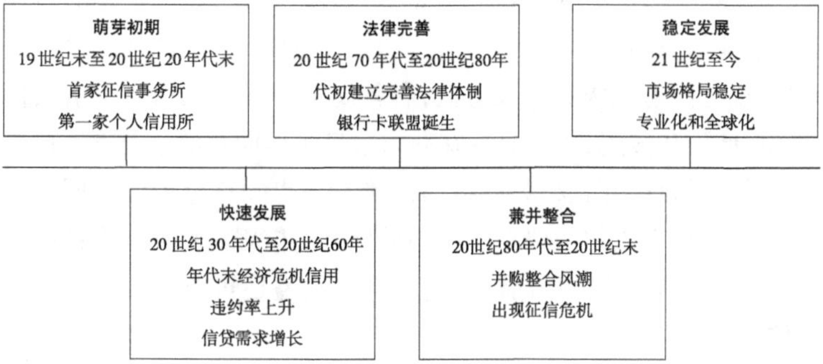

图 2－1　美国征信行业发展历史

资料来源：金融之家（www.jrzj.com）。

在法律监管制度方面，美国已建立以《公平信用报告法》为核心的一系列法律法规。具体包括:规范征信机构采集信用信息合法性的《信息自由法》;对信息主体的权益进行保护的《公平信用报告法》、《隐私权法》和《格雷姆－里奇－布莱利法案》;规范征信机构征信行为的《公平债务催收作业法》;惩戒失信者的《公平债务催收作业法》等。综观美国征信法律体系,可发现其法律法规已延伸到征信活动的各个环节,征信机制颇为完备。另外,美国行业协会自律也是其征信监管机制的重要组成部分,对法律制度的规范和政府行政的监管形成必要的补充,进而推动征信行业的健康发展。

针对美国网络借贷征信,以 Lending Club 和 Prosper 公司为例。一方面,两平台以商业征信公司为基础来获得借款人的信用信息,完全依靠市场化操作,而平台一般不介入征信业务;另一方面,网络借贷平台依据借款人的信用信息进行信用评级,从而来进行借款人的筛选,例如,Prosper 公司规定只有个人信用超过 520 分才符合借款资格,Lending Club 要求借款人的 FICO 信用评分在 660 分以上且债务收入比小于 35% 才符合资格。另外,两平台都规定按照不同的信用评级制定差异化的借款利率,以此来进行风险定价。

(二)欧洲网络借贷征信机制

欧洲各国对于征信的立法体制具有趋同性,其都主要强调个人信用数据信息的保护。具体到英国而言,其征信业采取市场化的运作方式,关乎征信业的法律法规主要有《消费信贷法》和《数据保护法》。前者主要规范征信机构的准入门槛;后者规定了征信机构对于信用信息的采集、使用和披露,规定只有在获取信息主体同意的情况下征信机构才可采集其信息,并且将数据披露给第三人也须信息主体的同意。同时这两部法律还规定消费者有权知道自己的信用信息在何种范围内被采集,如果征信机构征信活动侵犯其合法权益还可要求其承担民事赔偿责任。

相较于英国市场主导型的征信机制,德国采用的是以中央银行为核心,民营征信机构和行业协会会员制为辅的混合型征信模式。其中依靠中央银行成立的公共征信系统收集的主要是企业和个人的基本信息;而民营征信机构信息采集的范围更加广泛,涉及企业和消费者的所有信息；另外，行业协会会员制也是德国征信机制中很重要的部分。德国征信行业协会采用会员制模式，为会员间构建信息共享机制，避免了信息孤岛效应，大大降低了信用风险。在征信监管机制层面，一方面，德国出台了《联邦数据保护法》《信贷法》等法律，具体规范征信机构采集、使用信息主体信息的行为。值得注意的是德国还规定了设立数据保护专员的制度。按照《联邦数据保护法》的规定，任何公共和私营监管机构（开业1个月内）都必须任命一名数据保护专员，[1]其职责主要就是监督征信机构履行职责。另一方面，德意志联邦银行和联邦金融服务监管局依法对征信活动进行监管，同时联邦政府下各州均设监管局，依法对相关机构进行监督管理。

欧洲网络借贷平台，以英国 Zopa 和德国 Smava 为例。Zopa 在决定是否提供借款的根据是英国个人信用评分制度。英国具有相当成熟的个人信用评分制度，Callcredit、Equifax 和 Experian 机构拥有大多数英国公民的信用信息，并由英国信息专员办公室负责监管，而 P2P 网络借贷平台只是纯信息中介，并不承担任何信用风险。德国 Smava 利用权威性的征信机构提供的信用信息来为个人和企业提供贷款中介服务，网络借贷平台自身也只是发挥信息中介的作用。

综上，可以发现诸如 Zopa 和 Smava 网络借贷平台得以迅速发展的原因就是国家具备成熟的征信机制，而完善的法律规范体系是网络借贷平台生存发展的力量支撑。

（三）日本网络借贷征信机制

与上文所阐述分析的美国、欧洲的征信机制不同，日本征信模式所采取的是会员制模式。一方面，日本颁布《贷款业规制法》《个人信息保护法》《政府信息公开法》等多部法律来规范征信市场，保护消费者合法权益；另一方面，通过行业协会会员制构建信息共享机制，打破信用信息的共享壁垒。值得注意的是日本通过制定行业协会章程来规范征信机构的征信行为，惩戒违规行为。行业协会的章程和全国性法律法规相辅相成，共同构成日本的征信机制。

---

[1] 参见德国《联邦数据保护法》第4f条。

（四）网络借贷征信机制比较：美国、欧洲、日本与我国

征信机制是网络借贷得以健康运行的基础，也是维护互联网金融稳定发展的基本前提条件。美国、欧洲、日本基于国情的不同，分别形成不同的征信机制模式。图2-2就美国、欧洲、日本的征信机制进行对比，以便我国借鉴国际经验，进一步完善我国网络借贷征信机制，促进我国网络借贷的健康发展。

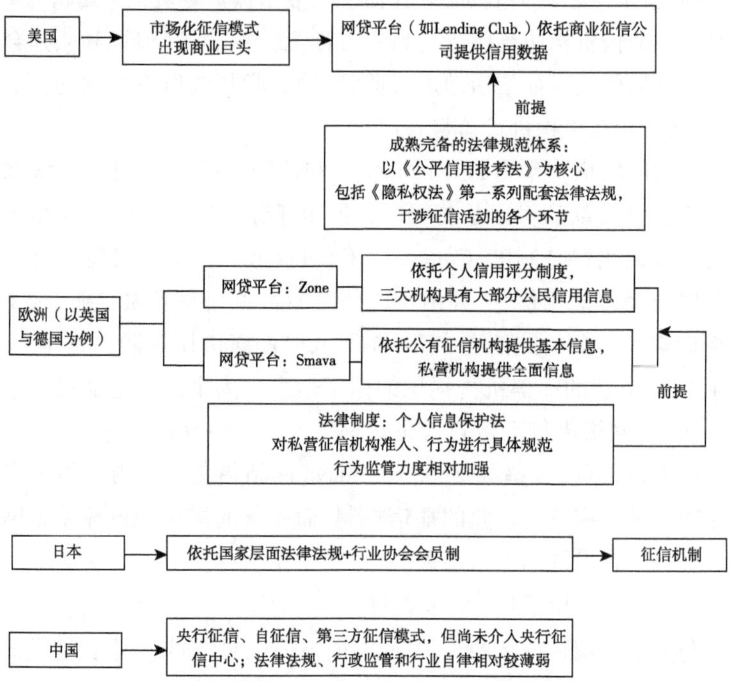

图2-2　网络借贷征信机制比较（美国、欧洲、日本与中国）

从图2-2对比可知，美国、欧洲（以英国、德国为例）和日本在网络借贷征信机制方面比较完善，无论是从法律机制，行政监管还是行业自律方面。然而，法律移植须考虑本土因素，因为无论从征信发展历史、社会信用基础还是网络借贷行业发展现状而言，我国都有其自身的特殊属性，因此我国应当有针对性地学习借鉴域外相关经验。

为此，可借鉴美国的做法，构建以综合性法律为核心，并辅之以对

征信各环节进行规范的配套性法律制度，使征信的具体运作有法可依。在网络借贷方面，借鉴 Lending Club 和 Prosper 公司信用评级体系概念，利用信用等级与贷款利率挂钩，从而量化平台信用风险，这也是网络借贷征信机制中一个重要组成部分。

就欧洲网络借贷征信机制而言，对我国的启示主要有：其一，注重个人信用信息的保护，加快对涉及个人信用信息保护的立法；其二，明确规定民营征信机构的准入机制，对民营征信机构的征信行为作出更具体的规定，是对我国征信行业很好的补充，尤其是对我国还尚未成熟完备的网络借贷来说更为重要；其三，针对行政监管制度方面，可借鉴英国的数据保护专员制度、德国各州设立监管局等，进一步强化对征信活动的监管。

而日本网络借贷征信机制对我国的启示主要是注重行业协会的参与。未来行业协会应当在代表网络借贷行业利益的基础上进一步发挥自律监管作用，以弥补正式立法的滞后和不周延之处。

四、完善我国网络借贷征信机制的路径

网络借贷征信机制是一个多方协同作用的系统工程，域外各国既重视将征信所关乎的各个环节置于法律框架之内，同时强调行业自律。我国网络借贷征信机制也应以建立完备的法律制度为首要任务，辅之强调行业自律的作用。通过创新我国网络借贷征信机制的理念原则和系统化的法律治理思路来推进我国网络借贷征信机制的成熟完善。

（一）完善我国网络借贷征信法律机制

第一，准确界定信用信息范围。《征信业务管理办法（征求意见稿）》对信用信息的界定范围仍有待商榷，信息来源并非越多越好，替代数据欲发挥其功能效果，也必须要满足真实性的要求。建议应当删除第 3 条中将分析、评价类信息以及交通、通信等纳入信用信息的范围，对信用信息的界定应更准确。

第二，明确征信业务的应用场景。征信业务的场景应主要局限于信贷领域，对数据服务商与征信机构应区分对待。分析、评价类服务与征信业务具有不同的底层逻辑：一是征信业务就是根据个人过去的信贷信息进而判断其未来的履约能力，两者具有很强关联性，但分析、评价类

服务并非如此,根据不同的算法可能导致结果不同;二是征信业务负有信息共享的属性,一旦金融机构将分析、评价类信息纳入征信义务范畴,必然会影响金融机构本身的展业需求,不利于整个金融行业的发展。

对于助贷业务来说,倘若纳入央行征信范畴,未来央行征信业务能发放多少张牌照则成为关键,如果发牌照过少,将导致大部分助贷平台无论与金融结合,还是只能依附已拿到牌照的征信机构(如百行征信、朴道征信)——此种依附就是自己不收集和存储个人数据,将自己辛苦创造的数据提供给别的机构,明显不可行;如果牌照发放多,有利于行业发展,但这对于央行的监管来说可以说是一大挑战。

第三,加快制定《网络借贷平台信用量化评估细则》,制定统一信用评估标准。在制定评估细则时应当注意以下几点:其一,在评估方式上,采用量化分级的方式,对借款人和平台的各项信息进行评分,依据各项分数的总和进行信用评级,使信用信息以分数的形式直观呈现出来,加强信息的透明度;其二,在评估主体上,由平台对借款人进行信用评估,行业协会对平台进行信用评估,同时鼓励行业协会信用评估信息共享,防止借款人转移平台规避信用监管;其三,应对借款人和平台分别设置评估标准,分别满足不同的需求。

第四,完善信用信息安全保障制度。网络借贷行业征信活动主要包括信息采集使用、信用评估和信息共享三方面,三者都要注重保障信息安全。要特别注意规定信息主体享有的以下权利:

一是知情权。知情权是指信息主体不仅享有知道自己信用状况的权利,还享有知情自己信用信息被征信机构采集的时间、地点、范围以及方式等。尤其是在网络借贷中互联网征信虚拟的状况下更应该强调信息采集知情权的重要性。因此,应当完善对信息主体知情权的保护,可通过以下几种方式:其一,在法律法规中明确规定信息主体享有知情其信用信息采集使用的时间、地点、方式和范围的权利,并且在整顿前期将其规定为征信机构的法定义务,以此通过硬法来进一步保护信息主体合法权益。其二,明确规定信息使用者应严格遵循其与个人信息主体的约定,在双方约定的范围内使用其个人信息。适度借鉴美国《公平信用报告法》中规定的消费者报告可允许达到的目的的做法,明确规定信息查询者和使用者严格依照法律规定的用途使用信用信息，否则要承担相应的法律责任。其三，细化格式合同条款的相关规定，对于敏感信息、不良信息应当采取特别注意的提醒方式来说明，侧重保护信息主体的利益，明确规定格式条款中免除征信机构责任、加重信息主体责任的合同条款归于无效。

二是异议权。异议权是指信息主体对于侵犯其合法权益的征信机构以及其他单位提出异议，要求其停止侵害、排除妨害等的权利。在网络借贷中则具体表现为征信机构采集信息有误、网络借贷平台对出借人的信用状况作出错误判断等情况。特别是网络借贷这种新兴的行业中更要强调异议权的行使，保障信息主体的权益。因此，应当完善异议权的法律保护，特别注意以下几点：其一，如果属于网络借贷平台自身的错误则由信息主体向平台提出异议，平台应当在 5 个工作日内依法处理；若平台没有在法定期限内依法作出处理或者信息主体对平台作出的决定有争议的情况下可以向行业协会提出异议，由行业协会进一步作出处理；其二，如果属于征信机构的错误，则由征信机构进行处理；其三，信息主体无论向网络借贷平台还是征信机构哪方提出异议，任何一方都不得以不属于其管理范围而推脱责任，而应根据其错误根源分别管理，不属于其自身更正范围的转交异议申请；其四，增加信息主体表达异议的方式，可以通过电话、信息、邮件等方式提出异议，方便当事人维护自己合法权益。

三是删除请求权。我国法律仅规定了征信机构对于不良信用信息保存 5 年后的删除义务，并未赋予个人删除请求权。国外涉及信息删除的情形包括收集途径不当或已完成特定目的的信息的删除，此类信息事实上因程序违法或目的达标而失去了保存的意义，若继续保留此类信息反而会存在信息被泄露而侵犯金融隐私的风险。赋予个人删除请求权能够更好地监督征信机构对信息的管理，使信息的保存更合理，亦减少信息的泄露风险。[1] 值得注意的是《江苏省网络借贷平台个人

〔1〕 岑莉媛：《大数据下金融隐私保护与信用开放的冲突与平衡》，载《互联网金融法律评论》2018 年第 2 期。

信息安全保护规范指引(草案)》规定“网络借贷平台破产或解散时,若无法继续完成承诺的个人信息处理目的,需删除个人信息”,这是规定了网络借贷平台清退时删除个人信息的法定义务,有利于防范信息泄露、非法买卖信息等风险事件,形成对个人信息的有效约束。

第五,完善失信惩戒制度。失信惩戒制度的完善既有利于提高全民信用意识,也有助于网络借贷企业提高风险管控的水平和效果。主要包括两方面内容:一方面是加大力度打击逃废债行为和处罚失信执行人力度;另一方面是信息主体本身必须确保其提供的信用信息真实、准确,不会制造、提供虚假信用信息。其中针对制止“老赖”行为,全国各地陆续不断采取各种方式,诸如北京市互联网金融行业协会在其发布的《关于公示北京市网络借贷机构逃废债借款人及机构名单的公告》中称,为落实相关工作,于 2019 年 1 月发起成立互联网金融资产管理联盟;河北省高级人民法院开发“老赖地图”APP,进入该程序后,可以定位和找出 500 米范围内的逃废债借款人信息;2018 年年底,苏州市虎丘区人民法院在地铁上曝光了一批失信被执行人名单,失信被执行人的信息被赫然曝光在了地铁抓手上;以及宜宾市叙州区人民法院的创新举措“执行悬赏保险制度”等。

不难看出,各地方已不断推进完善失信惩戒制度,构建联合惩戒备忘录,但这力度仍然不够,应当循序渐进地构建起系统化的失信惩戒制度,主要包括以下几个方面:其一,加快顶层设计,完善网络借贷失信惩戒法律制度。网络借贷多元化的市场需求和对征信极高的社会要求迫切需要完善网络借贷失信惩戒法律制度。但基于网络借贷行业处于起步阶段,制定专门的网络借贷失信惩戒法律仍不太可能,为此各地区应当以地方性法规或规章的形式出台网络借贷失信惩戒法律法规,明确规定网络借贷主体守信的权利和义务、失信惩戒的方式和措施等。其二,完善失信惩戒管理主体制度。一方面由网络借贷行业协会制定网络借贷行业失信惩戒规则,引导并规范行业发展;另一方面设立专门的失信惩戒监管部门,逐步实现集中监管,打破多头管理、职能交叉、职责不清的制度困境,维护我国网络借贷行业安全。其三,确立一定的程序机制,允许失信者在限期内改正其错误行为,倘若是轻微失信行为且未造成严重危害结果则可以不纳入个人信用状况记录，反之，如果没有在限期内予以改正则处以严厉惩罚。其四，完善失信惩戒"黑名单"制度。由行业协会牵头，促使网络借贷"黑名单"在行业之间进行共享，提高失信违法成本，形成对失信主体的全面有效约束。

（二）加强我国网络借贷行业征信的监管

网络借贷行业虚拟性、开放性和创新性的属性致使传统的征信监管机制已经远远不能适应现实需求。采取智慧监管，即指一种包含灵活性、富于想象力和创新性的社会控制形式的监管多元主义[1]，明确监管原则，创新监管手段，明确监管内容，形成一种多元化的监管机制。其框架和规则设计大致如下：

第一，明确监管原则。转变传统监管理念，运用创新理念来指导网络借贷征信监管机制的完善。在其理念的指导下明确监管原则，确保网络借贷征信平稳健康运行。首先是坚持依法监管原则，网络借贷的监管主体应当在其职权范围内履行相应的职责，采取的监管手段也应符合法律规定，否则将承担相应的法律责任；其次是适度监管原则，要妥善处理好监管主体职权、网络借贷行业健康发展和信息主体三者的关系，既要避免由于监管主体职权过大、监管手段不合理等制约网络借贷行业的发展，又要避免由于监管不到位致使网络借贷行业出现空白监管地带，甚至侵犯信息主体利益的情况发生；最后是监管合作的原则，网络借贷存在于互联网内，呈现虚拟性的特点，极具复杂性，应当多方机构进行合作。目前我国网络借贷机构的日常监管由银保监会担任，其中包括对征信行为的监管。在监管中，银保监会一方面应加强跨地区的监管协调，另一方面应加强与财政、税务部门、公安部门等公共管理部门的监管合作，形成以央行监管为中心、横向纵向合作的监管模式。

第二，创新监管手段。我国的监管形式仍处于以现场检查为主，各机构定期汇报为辅的方式，但基于网络借贷具有即时性、数据复杂、涉

---

〔1〕 See Neil Gunningham & Darren Sinclair, *Regulatory Theory*: *Foundationsand and Applications*, ANUPress, 2017, p. 133 – 148.

及的领域广的特点,此类监管模式具有一定的局限性,因此创新适应互联网特点的监管手段势在必行。一方面,监管方式应该亦采取除现场检查和自主申报之外的非现场监管机制。同时依托中国人民银行成立的金融科技(FinTech)委员会,运用大数据、云计算等技术手段探索建立互联网征信行业的特有的监管模型,动态、及时地监控征信活动行为,提升风险识别的准确性和风险防范的有效性。另一方面,随着网络借贷的发展,信用信息的流通逐渐加强,我们可以借鉴英国成立 FCA(国家金融行为监管局)的做法,构建一个统一的监管机构,让其独自负责对 P2P 的监管,规范监管的标准。

第三,明确监管内容。英国 FCA 发布《关于网络众筹及通过其他媒介推销不易变现证券的监管方法》,加强对借贷型众筹平台和投资型众筹平台的监管。而美国虽未制定网络借贷平台专门的征信监管法律,但是在已有的金融监管体系内根据新兴金融形式调整政策和法规,形成符合网络借贷平台发展的监管需要,规定网络借贷平台监管主要由证券交易委员会及各州证券业监管机构负责。应当进一步明确央行及其派出机构作为征信机构的监管部门的职权范围,以及监督方式和范围,通过规范的监督行为完善网络借贷征信机制建设。

(三)强化我国网络借贷行业自律的作用

除了传统的政府监管模式外,行业自律监管同样重要。行业自律主要包括征信行业自律和网络借贷行业自律两方面。征信行业自律而言,主要是制定征信行业原则性规定,将责任等内化为行业意识,从内部推动行业的规范化,同时不断推进各地区各具体领域征信行业协会的建设,如广东省互联网金融协会、北京市网络借贷行业协会。在网络借贷行业自律层面上,一方面行业协会可作为国家监管的补充,在政府监管和网络借贷平台之间充当上下级沟通桥梁的作用;另一方面在征信行业协会制定的行业规则之下结合网络借贷行业本身的特点制定行业征信规则,规范征信活动,同时在各地方相应的法律法规中明确规定行业协会的职责,合理分配好政府监管和行业协会的职权界限,规定行业协会必须接受国务院征信业监督管理部门即中国人民银行的监督和指导,中国人民银行对征信行业协会违反法律的行为进行处罚。

网络借贷行业协会可从以下几方面强化自律监管：第一，制定行业自律规范，控制平台的资质，约束平台的行为，对不当行为进行惩戒，促进行业规范发展；第二，促进行业征信标准体系的建立，促进相关信用信息的互通互联，并统一行业信用评级标准，避免同一个借款人在不同机构的不同评级标准下的不同信用等级现象；第三，建立信用信息共享交换平台，打破平台之间的信用信息壁垒，实现各平台信用信息系统的互联互通与数据共享，实现线下线上、传统金融与互联网金融信用信息的有效融合，以及“黑名单”的共享与沟通。可借鉴日本行业协会模式，对业内的数据交流进行自律约束。

（四）有效应对大数据应用于网络借贷征信的挑战

2016年，国务院颁发《促进大数据发展行动纲要》，明确了大数据发展是国家发展的重要战略之一。大数据应用于网络借贷征信顺应了时代的发展趋势，是未来的前进方向。这种应用的创新既有正面效应，也难免有负面影响，因此有必要以“外部规则”（人为制定的、服务于统治目的的规则）来予以强制规制。[1]

在信息安全保护方面，明确大数据征信的用户知情权、采集信息范围等规定，全方位规制征信机构或者网络借贷平台设计大数据征信系统的行为。同时建立用户信息保护机制，减少用户信息泄露的风险。

在权利救济方面，一方面要求相关主体应当主动披露自己所运用的大数据系统并予以公开说明，监督与维护自身大数据征信系统的运行。与此同时，行政部门也应当严格监管大数据系统和信用评分模式，确保公平性和合理性。另一方面完善用户的权利救济机制，厘定利用大数据征信系统应当承担责任的法律主体。若是网络借贷平台自身利用大数据进行征信，那么出现错误后毫无疑问承担责任的主体就是网络借贷平台；若是征信机构出现错误，则基于平台未尽到合理注意义务，应与征信机构共同对用户承担责任。探索构建行之有效的权利救济模式对于大数据应用于网络借贷征信来说至关重要。

---

〔1〕参见［英］弗里德利希·冯·哈耶克：《法律、立法与自由》（第一卷），邓正来等译，中国大百科全书出版社2000年版，第52－78页。

第三节　网络借贷的个人信息保护机制

根据《民法典》第 1034 条、《个人信息保护法》第 4 条以及《网络安全法》第 76 条对个人信息的定义,结合《中国人民银行金融消费者权益保护实施办法》对金融消费者的个人金融信息之列举,并结合《网络借贷信息中介机构业务活动管理暂行办法》第 27 条对出借人和借款人信息管理的要求,可将网络借贷个人信息作广义和狭义的区分。[1] 广义的网络借贷个人信息是指网络借贷平台在进行放贷活动中或提供信息中介服务时,以及出借人、借款人在网络借贷活动中产生或可能产生、使用或可能使用的与该自然人有关的一切信息,其中包括:第一,原生信息,即确定自然人真实身份的基础信息,包括个人身份信息,如姓名、身份证号、通信方式等,也包括网络借贷活动必需的账号密码、电子签名等;第二,衍生信息,主要是指网络借贷活动,比如会产生的征信信息和个人交易记录等,这些信息可反映个人信用状况和网络借贷规律等;第三,弱相关信息,主要是指网络借贷活动中可能产生的信息,这些信息只对网络借贷起辅助作用,如指纹等生物识别信息;第四,无关信息,是指与网络借贷活动完全无关的信息,如借款人的手机通讯记录等。狭义的网络借贷个人信息仅指原生信息和未匿名的衍生信息。以下讨论的个人信息为广义的网络借贷个人信息。网络借贷消费者的个人信息除了在一定要求下应当公开而具有公共性的特征外,其因与人格和隐私的密切关联而具有高度的私密性,但这些信息的收集和使用

---

[1] 《民法典》第 1034 条第 2 款规定,自然人的个人信息受法律保护。个人信息是以电子或者其他方式记录的能够单独或者与其他信息结合识别特定自然人的各种信息,包括自然人的姓名、出生日期、身份证件号码、生物识别信息、住址、电话号码、电子邮箱、健康信息、行踪信息等。个人信息中的私密信息,适用有关隐私权的规定;没有规定的,适用有关个人信息保护的规定。

《网络安全法》第 76 条第 5 款个人信息,是指以电子或者其他方式记录的能够单独或者与其他信息结合识别自然人个人身份的各种信息,包括但不限于自然人的姓名、出生日期、身份证件号码、个人生物识别信息、住址、电话号码等。

等环节都潜藏着各种风险,网络借贷的个人信息保护机制亟须完善。

一、网络借贷个人信息存在的风险

网络借贷活动中,在个人信息的收集、使用、共享、披露、退出、清理等环节,都在不同程度上存在平台对用户个人信息权益的侵害风险,此外还存在外部安全风险。

(一)网络借贷个人信息收集使用环节的风险

一方面,网络借贷个人信息存在过度收集的现象。根据《网络安全法》的要求,出借人、借款人必须通过网络借贷平台的网站、APP 应用进行注册和实名认证,才能进行网络借贷活动。很多网络借贷平台将同意勾选《平台服务协议》《用户隐私协议》或允许以概括授权的方式获取信息作为注册的先决条件。由于网络借贷消费者受教育水平、认知能力和投资经验的限制,面对烦冗复杂的用户协议,通常不会仔细阅读而直接勾选同意,且作为注册的必要条件,消费者不得不接受这些协议,才能参与网络借贷。另外,部分平台在提供产品和服务协议的过程中,通过各种方式向用户过度索取个人信息,如收集行踪轨迹信息、收集运营商信息、手机通信录信息等。2021 年 3 月 21 日国家网信办等四部委发布的《常见类型移动互联网应用程序必要个人信息范围规定》将网络借贷类 APP 基本功能服务明确为“通过互联网平台实现的用于消费、日常生产经营周转等的个人申贷服务”。“必要个人信息”包括注册用户移动电话号码、借款人姓名、证件类型和号码、证件有效期限、银行卡号码。除此之外“不得因为用户不同意提供非必要个人信息,而拒绝用户使用其基本功能服务”。然而,在国家网信办第一期专项通报的 84 款 APP 中,有 48 个违法违规收集使用个人信息 APP 均为网络借贷类,且问题多集中在“违反必要原则,收集与其提供的服务无关的个人信息”和“未经同意收集使用个人信息”两类,由此可见在网络借贷个人信息收集环节的治理有待进一步加强。[1]

---

〔1〕 参见《关于腾讯手机管家等 84 款 App 违法违规收集使用个人信息情况的通报》,载中华人民共和国国家互联网信息办公室,http://www.cac.gov.cn/2021-05/10/c_1622225924090817.htm,最后访问日期:2021 年 5 月 10 日。

另一方面,网络借贷平台对于所收集信息存在不当使用的问题,尤其是在催收时,由于法律只对涉嫌犯罪和违反治安管理规定的催收手段作禁止性规定,对诸如跟踪、频繁发送催收短信等其他相对平和的催收手段并无明确限制,平台所收集的信息可能被用于不合规催收行为中。例如,"和 X 贷平台"在其服务协议中直接声明对因逾期向借款人近亲属催收索债的行为免责,即便这种声明在法律上可能无效,也间接反映借款人信息被不当使用的风险。

(二)网络借贷个人信息共享环节的风险

实践中,网络借贷平台会将其收集的消费者个人信息进行共享,共享对象主要包括第三方服务商、同业经营者、第三方数据商和政府机关等。第三方服务商主要是与网络借贷平台合作的资金存管银行、外包营销公司等。以外包营销公司为例,通过共享获得网络借贷消费者个人信息后,会开展电话营销或发送电子广告,时常会变成过度推销甚至误导网络借贷消费者投资与其能力或水平不相符合的网络借贷产品。同业经营者,是有合作关系的各类网络借贷平台,当网络借贷消费者前笔债务到期时,会介绍其他网络借贷平台给债务人提供再次借贷的机会以偿还前笔债务。特别是游离在监管边缘的网络小额贷款平台,往往在巨额收益诱惑下与其他网络借贷平台勾结发放被明令禁止的"714 高炮"贷款。第三方数据服务机构,主要是央行的金融信用信息基础数据库、民营征信机构、数据分析公司等。以数据分析公司为例,这类公司能够通过加工个人信息进行个人画像、风控建模、习惯分析等,并且对二次加工后的个人信息具有极大的自由支配权,信息上游难以对下游行为进行有效控制。

(三)网络借贷个人信息披露环节的违规披露风险

《网络借贷信息中介机构业务活动管理暂行办法》第 5 章规定 P2P 网络借贷平台应当真实、准确、及时、完整地履行信息披露义务。根据《互联网金融信息披露个体网络借贷》团体标准,P2P 网络借贷平台披露的内容主要有从业机构信息、平台运营信息、项目信息,在项目信息的披露内容中还包括对自然人借款人的披露要求,其中对姓名、证件号码、收入及负债情况应当通过隐去部分关键字节作脱敏处理。但是由于行业协会和各网络借贷平台之间尚未建立集中统一的信息披露中心,各平台仍有较大的披露自主权。若同一借款人在数个平台同时借贷,即使信息被匿名处理,也有可能通过各平台披露的信息相互印证从而推导出完整的个人信息。

(四)网络借贷个人信息退出清理环节的风险

《网络安全法》只规定网络运营者在违反法律法规和约定收集、使用个人信息时,个人才有权要求删除。《中国人民银行金融消费者权益保护实施办法》和其他网络借贷立法都未对金融消费者退出使用平台服务时的信息处理作出强制性要求。目前退出删除机制已成为数据和个人信息治理的广泛共识,有些平台在用户协议中约定,当网络借贷消费者终止使用时,原则上会停止收集和使用其个人信息,作匿名化或删除处理。由此看来,删除并非平台的唯一选择,况且在缺乏有效监督的情况下,面对个人信息蕴藏巨大价值的诱惑,平台能否履行删除约定也不可知。

除了上述四个主要环节的内部风险,网络借贷个人信息还存在极大的外部安全隐患。比如,在传输和存储环节,存在木马注入、DDoS或撞库的外部安全隐患,可能导致大规模的数据信息泄露。

二、我国网络借贷个人信息保护的现状

目前我国已初步建立起以《个人信息保护法》为核心的个人信息保护制度体系,但在网络借贷领域,仍缺乏具有针对性的具体立法,软法标准不统一,责任追究乏力。

(一)立法分散,体系性不强

网络借贷作为互联网金融的典型形式,除了受到金融领域法律的规制,也受到互联网领域法律的规制。当前,对金融消费者的个人信息保护散见于法律、行政法规、部门规章和规范性文件中,出于法律层级和立法目的的不同,各种立法的内容和重点也有差异。

在法律层面,《民法典》将个人信息纳入保护范围,对个人信息进行定义和列举,并规定了个人信息保护的原则和条件;《个人信息保护法》以《民法典》所确定的个人信息民事权益为基础,强化了相关部门的监管职责,具体细化、落实个人信息的民事权益保障措施。但该法在

金融消费者个人信息保护，特别是网络借贷方面未作专门规定，金融监管部门的职责仍有待进一步明确；《网络安全法》将“网络信息安全”单独成章，规定网络经营者应当依法收集使用个人信息，但这些规定较为笼统，且侧重于网络传播的信息规制；《数据安全法》则着重从宏观角度对数据安全保护和开发利用进行规制。

在行政法规和部门规章层面，《征信业管理条例》对涉及征信的个人信息制定了业务规则。尽管与网络借贷消费者关系最紧密的《中国人民银行金融消费者权益保护实施办法》第 27 条至第 34 条对金融消费者个人信息的收集、使用、授权、安保策略和管理等作出规定，然而对金融消费者个人信息的删除规定仍然缺位。

在规范性文件层面，国务院《关于促进大数据发展行动纲要的通知》、《关于促进互联网金融健康发展的指导意见》等也对个人信息保护作了指导性规定。

综合来看，保护网络借贷消费者个人信息方面的专门法律尚未出台，现有的规范多是原则性规定。继 2021 年 6 月《数据安全法》颁布实施后，同年 8 月《个人信息保护法》得到表决通过，并于 2021 年 11 月 1 日施行。对个人信息进行闭环监管的现实基础已具备，接下来可开展具针对性的专门立法，将个人金融信息保护乃至网络借贷消费者个人信息保护纳入个人信息保护的法律体系之中。

（二）软法参差，缺乏统一标准

《互联网企业个人信息测评标准》在知情同意、合法必要等原则的基础上对个人信息保护进行了细化规范。2014 年小额信贷联盟在发布的《P2P 行业自律公约》第 9 条禁止使用客户信息进行骚扰并禁止向第三方提供客户信息，这被认为是专门约束网络借贷平台对个人信息使用的专门规范。2017 年江苏互联网金融协会发布了首个《个人信息安全保护规范指引》，对责任主体、安全规范、操作指引等作出规定。该指引将最低安全保护等级要求设定为二级，而当时全国至少有 85 家平台达到要求更高的三级信息系统保护。2018 年 8 月 13 日，P2P 网络借贷风险专项整治工作领导小组办公室发布《关于开展 P2P 网络借贷机构合规检查工作的通知》，并发布《网络借贷信息中介机构合规检查问题清单》，其中第 40 项至第 45 项列举了违反信息安全保障相关管理要求的违规情形，第 61 项至第 65 项列举了未能合法、安全地采集、处理及使用借款人、出借人信息的情形。综上，各种组织对个人信息保护的专门规定无论是体例还是内容都存在较大出入，各种标准和规范甚至存在冲突，地方互联网金融协会缺少统一的指引，不利于实现对网络借贷消费者个人信息保护的集中监管。

（三）责任追究机制薄弱

目前，对网络借贷消费者个人信息保护的责任追究主要集中在行政责任方面。《网络借贷信息中介机构业务活动管理暂行办法》第 40 条第 1 款按照比例原则区分三个层次对违反该暂行办法的行为进行处罚，包括出具警示函、通报批评和罚款。《中国人民银行金融消费者权益保护实施办法》第 47 条则规定了约谈、责令整改、通报等追责机制，还规定可依照《消费者权益保护法》对违规平台进行处罚。在刑事责任层面，根据《刑法》对侵犯公民个人信息罪的相关规定，非法获取、出售、提供个人信息的网络借贷平台或义务人，以及违反信息安全管理义务的网络借贷平台导致个人信息泄露造成严重后果的，应当承担相应的刑事责任。另外《数据安全法》第 32 条规定："任何组织、个人收集数据，应当采取合法、正当的方式，不得窃取或者以其他非法方式获取数据。法律、行政法规对收集、使用数据的目的、范围有规定的，应当在法律、行政法规规定的目的和范围内收集、使用数据。"违反该规定的，可能会受到行政处罚或刑事处罚。在民事责任方面，依据《民法典》第 111 条规定："自然人的个人信息受法律保护。任何组织或者个人需要获取他人个人信息的，应当依法取得并确保信息安全，不得非法收集、使用、加工、传输他人个人信息，不得非法买卖、提供或者公开他人个人信息。"若不履行防止信息泄露的义务，则可能构成不作为的侵权行为，需承担相应的侵权责任。《个人信息保护法》第 69 条规定："处理个人信息侵害个人信息权益造成损害，个人信息处理者不能证明自己没有过错的，应当承担损害赔偿等侵权责任。"此外，第 70 条规定，侵害众多个人的权益的，人民检察院、法律规定的消费者组织和由国家网信部门确定的组织可以依法向人民法院提起诉讼。第 71 条中还作出"违反本法规定,构成违反治安管理行为的,依法给予治安管理处罚;构成犯罪的,依法追究刑事责任”的规定。

然而,在目前个人信息侵权纠纷的司法实践中,关于个人信息权益侵权责任的认定尚未形成统一的标准,且较为常见的救济方式主要是停止侵害、消除危险、赔礼道歉、消除影响、恢复名誉以及赔偿损失,这对于个人信息保护来说远远不够。在网络借贷领域,消费者个人信息保护的责任追究机制仍很粗糙,难以对泄露或滥用个人信息的违规平台形成有效震慑。

三、我国网络借贷个人信息保护制度的完善

要完善我国网络借贷个人信息保护制度,须以明确其保护范围为基础,针对网络借贷的特点对各环节风险进行防控,并严格责任追究机制。

(一)明确个人信息保护范围

实现对网络借贷消费者个人信息的有效保护,首先应当明确个人信息保护的范围。将网络借贷所可能涉及的身份信息、交易信息和借贷征信信息进行区分,强调对借贷身份信息的保护,即前文所述的广义上的个人信息。但是针对网络借贷平台所收集、使用、共享、披露的原生信息和衍生信息应当作出一般限制,对弱相关信息应当严格限制,对无关信息的收集使用、共享披露应当予以明确禁止。其次,要制定行业标准。对网络借贷消费者个人信息的术语进行解释,对具体子项作出列举,需要匿名化的个人信息应采取统一的匿名处理办法,在具体的信息收集、使用、共享、披露以及退出删除环节中引入统一规范并作出示例。最后,针对外部安全隐患,可借鉴俄罗斯的做法。俄罗斯中央银行发布的 328 – P 信息安全法案对包括金融消费者个人信息在内的金融领域信息进行信息安全评级,而且各金融机构也应当依据 328 – P 法案结合自身特点制定符合该法案所有要求的内部规范。另外,对于信息安全的日常保护,还应制定日志制度、完善硬件安全并实现定期检测。我国也该制定动态的安全评估机制,对各网络借贷平台信息安全进行等级评定,并结合金融信息保护要求和计算机信息保护规范制定完整而可靠的外部安全保护系统。

（二）完善个人信息保护规范

其一，收集环节应遵循绝对必要原则和最小影响原则。所谓绝对必要原则，是指平台所收集的金融消费者信息必须与其进行的网络借贷活动存在密切关联，每一信息子项都能与网络借贷活动的某一环节建立联系。例如，除非网络借贷类 APP 不收集某类信息会导致 APP 无法运行或借贷活动无法进行，否则不得进行收集。所谓最小影响原则，是平台在收集信息时尽可能减少对网络借贷金融消费者以外的自然人的干扰。禁止“一揽子”授权，不得将允许信息收集作为提供服务的前提，也不得采用“视为同意”等推断性表述。

其二，使用环节须遵循“知情＋严格同意”原则。美国《金融服务现代化法案》（GLBA）将“客户”与“金融消费者”区分，以“知情—同意”为信息使用原则，信息使用者须定期向客户告知隐私政策变更情况和政策执行情况，隐私政策内容须明确具体且易于理解。英国的《数据保护法案》将“知情—同意”进一步严格为“知情—明确同意且在必要时可以撤销”，当个人信息为敏感数据时，若想取得信息使用授权，“同意”须更加明确具体，允许通过算法对用户进行画像，但用户具有自决权。这些立法经验值得借鉴，我国网络借贷平台对用户画像或通过算法推荐时，必须允许用户自决；在利用算法推荐时，应当对算法进行合理的解释，证明其流程的规律性和内容合法性。同时，还应当事先告知网络借贷消费者可能的信息使用场景，当网络借贷消费者质疑平台对信息使用的合理性和必要性时，平台负有说明解释义务，否则应当及时停止使用并告知网络借贷消费者。

其三，共享环节原则上从严授权、从严管理，可采用“用户授权＋平台授权＋用户再授权”模式，出于非必要目的向第三方共享时必须获得三重授权。当网络借贷消费者要求停止共享时，共享提供方应立刻停止向第三方的共享，共享使用方应立刻停止使用并及时删除已获得的个人信息。另外，法律可对无须网络借贷消费者授权同意的情形予以明确。

其四，披露环节应根据《网络借贷信息中介机构业务活动信息披露指引》等规定和 T/NIFA1—2017 标准对征信信息、个人姓名、证件号码、借款人收入及负债情况等进行脱敏匿名化处理。在探索成立统一信息披露平台和征信平台的基础上,对涉及信息披露和征信的网络借贷消费者个人信息实行集中共享,减少不同平台的重复收集,也有利于提高信息查询效率。

其五,退出环节,当网络借贷消费者停止使用平台时,平台应对该消费者的个人信息进行归档,原则上应当及时删除。如果为了统计、研究、分析等,必须匿名化处理且达到足以无法精准定位到个人的程度,并定期公开上述信息的使用状况。

其六,清理环节,在消费者使用网络借贷平台过程中,对于个人信息保护标准外的非核心数据,平台应当核实后一次性彻底删除。网络借贷消费者停止使用平台服务达到一定年限时,除了信息披露强制性规定保存期内的信息外,平台应对历史个人信息进行定期清理,禁止对过期个人信息进行回滚操作。

(三)严格责任追究机制

从国外的责任追究机制看,欧盟对违反 GDPR 的企业处以 2000 万欧元或上年度全球营业总额 4% 两者中较高的行政罚款。英国《数据保护法案》通过 ICO 进行刑事处罚和民事追责,最高还可对违规者施以 1700 万英镑或全球营业额 4% 的罚款。美国加州对违反州金融信息隐私规定的金融机构,最高可处以 50 万美元的罚款,若涉及更为敏感的身份信息,还可在此基础上加倍处罚,有效地起到震慑作用。我国应建立更完善的责任追究机制:一是确定网络借贷平台的董事或高级管理人员作为个人信息保护的责任人,对个人信息的合规性和安全性负责,形成准数据保护专员机制,定期进行个人信息保护复盘和优化。二是对于违反网络借贷消费者个人信息保护要求的平台和责任人,除涉嫌刑事犯罪的移交有关司法部门外,按照比例原则,对平台和责任人实施通报、责令整改、停业整顿、强制退出等行政手段,此外,还可处以远超过其违法违规收集使用、披露共享个人信息可能获得的收益之数倍的罚款。三是明确民事赔偿的具体赔偿标准,以弥补对网络借贷消费者个人信息受侵害所造成的损失。

第四节　网络借贷的纠纷解决机制

网络借贷的纠纷类型多样,与传统民商事借贷纠纷相比,呈现不同的特点,纠纷的高效和公平解决,影响着网络借贷行业的发展和未来。目前各种纠纷解决机制都存在缺陷,有必要构建起一套更为完善的多层次纠纷解决机制。

一、网络借贷纠纷的现状

近年来网络借贷在蓬勃发展的同时,纠纷不断增多,尤其是 P2P 网络借贷平台的相继“爆雷”,引发大量纠纷,在一定程度上影响社会稳定。

(一)网络借贷纠纷的类型

首先,借款人违约是最主要的纠纷来源,借款人不愿意或无能力按照约定进行还款的情况下,作为放贷机构的商业银行或网络小额贷款平台往往会跟借款人产生纠纷。对于 P2P 网络借贷平台,借款人的违约可能导致平台无法按时回笼资金,进而无法按期对出借人返还本息,引发平台跟出借人的纠纷。

其次,网络借贷平台违规违法经营也导致大量纠纷。例如,平台在经营中没有履行保障借款人信息安全、资金安全等方面的义务,给当事人带来损失;又如,P2P 网络借贷平台的实际控制者挪用或侵吞出借人资产,非法集资后“跑路”等,就引发大量纠纷。

最后,网络借贷平台和其他机构也会产生各类纠纷。网络借贷涉及多个业务环节,平台运作中会与第三方支付机构、存管银行、其他网络借贷平台等机构产生业务联系,在此过程中可能会由于违约或其他问题产生纠纷。例如,P2P 网络借贷平台和存管银行建立合作以后,由于行业爆雷,风险蔓延,大部分存管银行选择主动违约,放弃从事此类资金存管业务。这类纠纷一般不涉及普通金融消费者权益,以下不作讨论。

（二）网络借贷纠纷的特点

网络借贷是互联网和金融的深度结合，金融方式的创新使网络借贷纠纷明显区别于传统的借贷纠纷，具有以下特点：

1. 纠纷的涉众性

网络借贷具有“金融脱媒”和“去中心化”的特质。借助互联网技术与大数据可以迅速撮合借贷双方完成交易或者直接在线上实现放贷，降低交易成本，提高融资效率，满足“长尾人群”的融资需求，具有普惠性。但网络借贷涉及的人数往往众多，一旦发生纠纷，影响面广，危及金融安全和社会稳定。例如，2015 年年末的“e 租宝”事件，涉及受害人高达 78 万余人，侵权金额超过 745 亿元；2018 年以来 P2P 网络借贷平台集中“爆雷”，频繁出现的“跑路”以及提现困难，导致金融消费者的恐慌，此类系统性风险影响了我国金融秩序和社会稳定。另外，通过虚拟网络而非面对面的方式，会降低网络借贷当事人沟通的顺畅程度，不仅增加纠纷产生的可能性，还增加纠纷处理中的取证以至后续执行的困难，这使网络借贷纠纷解决更为复杂。

2. 纠纷数量多且数额少

由于监管制度薄弱、征信制度不健全等原因，网络借贷，尤其是非银行网络借贷的风险暴露严重，成为纠纷的“重灾区”，据统计，2017 年北京市第三中级人民法院受理的网络借贷案件超过 15000 件，数量超过前两年受理数量总和，并且数量还在不断快速增加。[1] 这些网络借贷纠纷中，小额纠纷占据绝大部分。随着监管部门将网络借贷定位在小额的相关制度落地，以及投资者适当性制度的完善，预计单笔网络借贷纠纷的金额会持续下降。由于案涉标的额太小、维权投入成本不匹配等原因，权益受损的金融消费者往往无法有效保护自身的合法权益。

3. 纠纷法律关系复杂

从主体上看，传统民间借贷往往是涉及借贷双方主体，以及担保

---

〔1〕 参见《P2P 网络借贷纠纷案已收案 15000 件呈集中爆发趋势》，载财经头条，https://cj.sina.com.cn/article/detail/3958636400/533385，最后访问日期：2021 年 4 月 1 日。

人，网络借贷则基于平台属性的不同——中介型平台抑或自营平台——有不同的主体，且主体具有多重性，涉及出借人、借款人、P2P网络借贷平台、网络小额贷款平台、商业银行互联网贷款平台、存管银行、担保机构、助贷平台等合作机构，以及第三方支付机构之间的关系。从涉及的法律关系上看，传统民间借贷仅存在借贷和担保关系，网络借贷基于业务经营模式的多样性，在这两种基础的法律关系之外，还存在委托、居间等其他法律关系，当事人权利义务的认定和责任的具体划分会面临更多困难。

4. 纠纷当事人地位不平等

网络借贷作为普惠金融，服务对象大多是传统金融无法覆盖的“长尾人群”。这些人群不同于金融机构或者专业的出借人，金融知识、经验和技能较为匮乏；加上信息不对称，这些人群容易受到网络借贷平台的误导和欺骗，难以掌握全面和真实的信息，导致其在纠纷中处于弱势地位。此外，网络借贷信息电子化使受损害方保存证据困难，在举证中往往陷入劣势。

二、网络借贷纠纷解决机制的不足

《关于促进互联网金融健康发展的指导意见》中明确提出，构建在线争议解决、现场接待受理、监管部门受理投诉、第三方调解以及仲裁、诉讼等多元化纠纷解决机制，《网络借贷信息中介机构业务活动管理暂行办法》也规定通过自行和解、行业调解、仲裁、诉讼的方式解决各方当事人之间的纠纷，但仍缺乏具体的实施办法。现实中多以诉讼方式处理各类网络借贷纠纷。

（一）网络借贷平台内部纠纷解决机制的缺失

网络借贷平台内部纠纷解决制度是指在平台内部设立用以解决金融消费者和平台之间纠纷的制度，具体包括以下方面内容：其一，在纠纷产生初期，网络借贷平台主动介入，协调解决纠纷，以降低社会负面影响；其二，在纠纷产生之后，平台和其他当事方通过交涉和妥协解决争议，如网络借贷平台允许借款人延期还款或减免利息、出借人允许网络借贷平台延期支付本息但要提高收益率，等等；其三，平台内部纠纷解决属和解方式，对于仍无法解决的纠纷，提交给第三方依法解决，主要通过非诉和诉讼的方式解决。

网络借贷平台内部纠纷解决机制由于其便捷性和有效性而广受重视。世界上主要发达国家都鼓励将金融纠纷在进入第三方非诉程序和诉讼程序之前先实行内部纠纷处理,主要包括英国、澳大利亚以及加拿大等英联邦国家,其内部和外部的纠纷处理制度健全,且客户投诉机制经法律认可。[1]

当前我国网络借贷内部纠纷处理制度仍比较粗糙。2020年《商业银行互联网贷款管理暂行办法》提出"构建安全有效的业务咨询和投诉处理渠道",并将"投诉及处理情况"纳入为商业银行向银行业监督管理机构报送上一年年度评估报告的内容。《网络借贷信息中介业务活动管理暂行办法》规定纠纷可以使用自行和解的方式,但是未对各P2P网络借贷平台内部纠纷解决提出要求,也未发布细则形成统一的标准。而网络小额贷款平台方面,对于内部纠纷解决机制并无统一规定,各地仅有少量规范性文件涉及。如《广州市小额贷款公司逾期债务催收操作规范指引(试行)》第五章"纠纷处理"第23条规定的借款人与小额贷款公司因息费、催收问题发生纠纷时,可与小额贷款公司协商。上述规定过于粗略,网络借贷平台建立内部纠纷解决机制的合规要求并不明确,更无相关责任规定。实践中,各网络借贷平台并不积极探索纠纷内部解决制度,大部分平台除了象征性地留下投诉电话以外,并无其他具体内部纠纷解决流程和安排。此外,由于互联网金融纠纷具有涉众性、专业性、涉案金额小、当事人分散以及诉求复杂等特点,仅通过消费者投诉方式难以高效化解纠纷,因此当纠纷出现时,通常无法通过平台内部解决机制解决问题。

(二)第三方非诉讼纠纷解决制度不完善

当前我国第三方非诉讼纠纷解决制度包括调解和仲裁两大类,其中调解包括行业调解、行政调解和人民调解等方式。

行业调解即行业协会的调解,目前面临制度缺失的困境。我国非

---

[1] 邢会强:《金融消费纠纷的多元化解决机制研究》,法律出版社2012年版,第174页。

银行网络借贷行业接受互联网金融协会规范和指导,而《中国互联网金融协会章程》规定该协会负责建立行业消费者投诉处理机制,但是截至目前此制度尚未出台,该领域的行业调解无从谈起。行政调解主要是指银保监会的调解,但目前这种调解效果有限。由于网络借贷纠纷数量庞大,而银保监会属于国家机关,工作人员不足,难以应对大量纠纷的调解。当前,我国消费者解决纠纷的组织主要是消费者协会和人民调解委员会,但两者都具有地域属性,在处理涉众、分散、跨区域的网络借贷纠纷时显得力不从心。

仲裁具有专业性、保密性、高效性、灵活性以及经济性的特点,适应商事纠纷的需求,在传统金融领域一直发挥重要作用。随着网络和通信技术的不断发展,近年来仲裁也从线下延伸到线上,网络仲裁发展迅速。2019 年,中国互联网仲裁联盟十余家会员单位共同推出《中国互联网仲裁联盟网络仲裁示范规则说明》,网络仲裁不断走向规范化。网络仲裁和互联网金融有着天然的契合性,然而在实践中,仲裁或者网络仲裁在网络借贷纠纷中应用仍不多,主要源于几方面:第一,大部分网络借贷的金融消费者对仲裁及仲裁制度缺乏了解和信任,在产生纠纷之时不会主动申请仲裁。第二,仲裁适用于平等主体之间的财产权益纠纷,而网络借贷纠纷双方地位实质上并不平等,且仲裁员在仲裁过程中要求保持中立,这种被动的特点无法适应网络借贷金融消费者的纠纷解决诉求。第三,启动仲裁程序须以有效的仲裁协议作为必要条件,实践中网络借贷平台在与金融消费者订立协议时通过格式条款规定以仲裁方式解决纠纷并指定仲裁机构,在这种情况下金融消费者的"同意"很多时候并未经过深思熟虑,并非真正的自主选择,不符合仲裁协议自愿性的要求,很容易引起争议,所以网络借贷平台很少在合同里约定仲裁条款,因此仲裁在网络借贷中的应用受限。

综上,非诉解决机制虽然具有简便性和高效性,但因欠缺权威性和可操作性,并且救济体系不完整导致实践中利用率较低,作用的发挥相当有限。

(三)诉讼制度具有局限性

在平台内部纠纷解决机制缺失以及非诉纠纷解决制度不完善的情

况下,诉讼因其权威性和强制性等特点,成为网络借贷纠纷解决最主要的方式,然而诉讼制度的缺点也是明显的:一是成本高。基于网络借贷的小额化,高额的诉讼费用和律师费往往会使消费者选择放弃。此外,无论是刑事司法救济还是民事救济,时间成本都很高。刑事司法救济从经侦介入法院裁判再到受害人获得赔偿往往历经多年,而民事救济受制于审理期限的规定,一审普通程序审理期限为6个月,简易程序审理期限也有3个月,若案件进入二审还有相应的审理期限,中间还可能存在公告、鉴定以及管辖权异议等的期间,最终判决的时间相当漫长。二是不适用于处理涉众型案件。此类案件中,司法裁判很可能被非理性的大众所俘获,当判决不符合大部分纠纷当事人的预期的情况下,很可能激化社会矛盾,最终演变成群体事件,对经济和社会造成冲击。三是司法容量难以负荷。虽然我国目前已成立专门的金融法院对金融案件进行裁判,但是金融专门法院有限,具有专业知识的法官储备不足,面对数量日益增长的网络借贷纠纷案件,我国司法资源更加紧张,纠纷解决的效率进一步降低。因此,单一的诉讼机制无法使网络借贷纠纷得到有效解决。

三、网络借贷多层次纠纷解决机制的完善思路

网络借贷从产生伊始就成为互联网金融的宠儿,行业迅速扩张,进而风险积累而被整顿治理,行业整体走向低谷,缺乏完善的纠纷处理制度是其中一个关键因素。未来有必要以建立网络借贷多层次的纠纷解决制度为目标,完善平台内部解决制度,推动第三方非诉机制为主要解决方式,并以诉讼制度构筑最后一道防线。

(一)网络借贷纠纷内部纠纷解决制度的构建

网络借贷平台内部纠纷处理,应当作为纠纷解决的首要安排,原因在于以下三方面:第一,网络借贷平台在纠纷解决上具有便利条件,不仅易于获取相关资料,而且有方便的途径接受消费者投诉或者主动介入纠纷解决。第二,针对其中大量简单的网络借贷纠纷案件,平台内部可以进行分类,并通过标准化流程进行快速处理。第三,网络借贷平台出于维护信誉以及应对监管要求的考虑,有尽快解决纠纷的动力。目前各平台的纠纷解决情况已纳入定期报告范畴,若纠纷问题严重,可能

面临监管机关的处罚。

我国网络借贷平台监管机关以及网络借贷行业协会应尽快建立规则，规范各平台的内部纠纷解决制度，主要包括：第一，规定细致明确的纠纷解决流程，尤其要明确纠纷处理期限；第二，明确内部纠纷处理机构及其职责，建立内部监管机制，促进纠纷的有效解决。

（二）第三方纠纷解决机制的完善

第三方调解和仲裁，应当作为网络借贷纠纷解决的核心制度，其原因在于：首先，第三方调解机构或者仲裁机关具有客观中立性，且纠纷处理的经验丰富，有利于高效解决争议；其次，第三方非诉解决制度尊重纠纷双方的意思自治，与诉讼制度相比更具有柔性，有利于减轻对金融稳定和社会秩序的冲击；最后，第三方非诉纠纷解决制度与诉讼相比，具有容错的空间，更有利于促进金融创新与发展。

具体而言，一方面，应鼓励出借人采取仲裁形式与违约借款人解决纠纷。在网络借贷合同中加入仲裁条款，约定针对网络借贷中多重法律关系和事项一并由同一仲裁机构进行仲裁，这样便于明确裁判尺度以高效解决纠纷。值得指出的是，网络借贷实践中发展出“先予仲裁”的模式，即网络借贷合同当事人在签订、履行合同且纠纷尚未发生前签订和解或调解协议，仲裁机构依据此类协议直接作出仲裁裁决或调解书。但最高人民法院于 2018 年 5 月通过的《关于仲裁机构“先予仲裁”裁决或者调解书立案、执行等法律适用问题的批复》，否定了“先予仲裁”的合法性。可见，网络借贷仲裁的机制创新仍应在既有的法律框架内。2015 年广州仲裁委员会发布的《中国广州仲裁委员会网络借贷纠纷网络仲裁专门规则》将现场仲裁环节互联网化，并将仲裁时间缩短至 30 个工作日，适应了网络借贷纠纷解决的现实需要，是网络借贷领域网络仲裁机制的有益探索。未来，应当大力发挥网络仲裁在互联网金融纠纷解决过程中的作用，通过互联网技术搭建网络仲裁平台，将传统仲裁工作转移到线上。

另一方面，应积极引入第三方调解。第一，构建非诉处理机制（Alternative Dispute Resolution，ADR），通过金融 ADR 的调解，解决消费者与金融机构之间的消费纠纷。例如，欧盟跨境金融消费纠纷解决机制实际上是以众多的金融 ADR 机构为基础的，而我国还缺乏专注于金融领域的非诉纠纷解决机构。[1] 第二，进一步建立区域化的专业网络借贷纠纷调解组织，对网络借贷纠纷实行区域分流，再由相应的调解组织根据统一的调解规则开展调解。

据世界银行和国际金融消费者保护组织 2012 年的统计，在全球 114 个参与调查的国家当中，75% 的国家已经建立了金融消费纠纷的非诉讼替代性争议解决机制。我国也应当尽快设计倾斜保护金融消费者的纠纷解决机制，探索互联网金融多元化纠纷解决机制。[2] 英国金融纠纷解决中的金融申诉专员服务机制（FOS）和欧盟的在线争议解决机制（ODR）值得借鉴。FOS 和 ODR 这两种机制结合了调解和仲裁各自的优势，但是又不同于调解和仲裁，在线上可直接作出有单方约束力的裁判，高效快速地解决纠纷，在申诉专员作出裁定之后，金融机构必须接受，而消费者还可以再起诉。

（三）诉讼机制的完善

诉讼制度是多层次纠纷解决制度的最后底线和最终保障。2017 年 8 月以来，我国在杭州、北京和广州相继成立了互联网法院，化解涉网纠纷，这为维护网络安全、促进互联网和经济社会深度融合等提供司法保障。2018 年我国在上海成立首家金融法院，这体现了我国金融专业化审判的发展趋势，为更好地处理复杂的金融纠纷拓宽了渠道。

要完善诉讼制度以适应网络借贷纠纷，可从以下几方面着手：首先，完善举证规则，在一定程度上增加网络借贷平台的举证责任，纠正网络借贷纠纷双方的不平等地位。毕竟消费者处于天然弱势地位，在证据的收集方面存在困难，如果仍按照传统的“谁主张，谁举证”，往往无法实现纠纷的公平解决。其次，通过网络借贷纠纷示范性诉讼制度，提高纠纷解决的效率和质量。这种制度的具体模式是：某一诉讼在事实上或法律上其他诉讼具有相似性，法院对该诉讼所作的判决对其他

---

〔1〕 肖见光、徐文德：《欧盟金融消费纠纷解决机制》，载《中国金融》2015 年第 10 期。

〔2〕 李有星、侯凌霄、潘政：《互联网金融纠纷案件法律适用与司法裁判规则的反思与完善》，载《法律适用》2018 年第 13 期。

诉讼的当事人具有约束力,此诉讼判决是示范判决。我国现行法律虽未没规定该制度,但有类似的"系列案件"的拆案处理、分批审判制度。最后,应完善代表人诉讼制度,通过多样化群体诉讼的解决方式,更妥善地处理网络借贷纠纷中的群体事件。

此外,公益诉讼是解决网络借贷纠纷的一条重要思路。互联网金融消费纠纷不同于传统意义上个别化的、两造对立的、点对点的封闭式纠纷模式,而是属于一种具有外部性的、超越个别性社会争执性质的现代型纠纷。[1] 在P2P网络借贷平台"爆雷潮"引发的大规模风险事件中,如果引入公益诉讼机制,将会更加有利于从整体上保障金融消费者的基本权利,而且,也必将具有更强大的制度建设推动力,更有利于促进该领域立法和监管的进步。具体而言,可通过法律规定或者全国人民代表大会及其常委会授权,由有关机关和社会组织针对侵犯不特定互联网金融消费者权益的行为提起公益诉讼。起诉主体可以包括金融监管部门的消费者保护机构和省级以上传统的消费者保护协会,未来还应当组建并逐渐将公益诉权转移到专门的互联网金融消费者保护组织。

最后,还应加强诉讼制度与第三方非诉纠纷解决机制的衔接。在立法层面,一方面,规范调解前置程序,对于在诉前调解中当事人提交的证据、双方确认无异议的事实,以及调解员归纳的争议焦点等,可以在调解程序结束时予以固定。如果调解达不成协议,前述内容还可以在后续诉讼程序中继续有效使用,以减轻当事人和法院双方的诉讼程序压力。[2] 另一方面,应扩大调解协议的司法确认范围,除原来的人民调解,还应将消费者协会的调解涵盖进去。在司法层面,完善审裁对接机制。2018年6月,广州市中级人民法院与广州仲裁委员会联合设立了全国首个裁审对接电子卷宗共享平台,大大提高了仲裁司法审查案件的审理效率,这个成功经验值得推广。

---

〔1〕 林越坚、岳向阳:《互联网金融消费者保护的制度逻辑与法律建构》,载《国家检察官学院学报》2020年第3期。

〔2〕 龙飞:《论多元纠纷解决机制的衔接问题》,载《中国应用法学》2019年第6期。

第三章　P2P 网络借贷法律治理的特殊问题

P2P 网络借贷,是指个体和个体之间通过互联网平台实现的直接借贷,它是将小额资金聚集起来借贷给有资金需求人群的一种借贷模式。P2P 网络借贷通过互联网平台来发布借款人的借款信息,包括借款金额、利率、期限等,出借人根据这些信息来选择是否借款。在这个过程中,由互联网平台来审核借款人提供的信息,对资金出借人和借款人进行匹配,匹配成功之后为借贷双方签署有效的法律电子合同,并收取手续费和服务管理费。P2P 网络借贷不同于一般的民间借贷和银行借款,它是借助网络技术平台来实现的民间借贷。同时,P2P 网络借贷通常将多个出借人的小额度的资金聚集起来,借贷给有资金需求的借款人。相比于银行借款及一般民间借贷,网络借贷模式具有信息成本和交易成本低、闲散资金利用率高等优点,缓解了中小企业以及个人融资难的问题。

第一节　P2P 网络借贷的法律属性和风险样态

P2P 网络借贷自引入我国以来,由于立法的滞后,长达 8 年处于监管的空白。这段“野蛮生长”期,固然充分激发了金融创新,但平台性质的异化也带来了一系列风险。对 P2P 网络借贷平台进行恰当的法律定位,是法律监管的逻辑起点,据此才能确定各方当事人权利义务,才能确定行之有效的监管策略。2016 年 8 月,原中国银监会等四部门发布《网络借贷信息中介机构业务活动管理暂行办法》;随后一年内,针对备案登记、资金存管和信息披露，相关部门相继出台了三个业务规范指引。这一系列文件改变了该行业无法可依的状态，明确了网络借贷平台的信息中介属性，排除其涉足信用中介职能所带来的风险，但由于立法的粗疏、法律属性上仍有模糊之处，可能带来各种法律风险。

一、P2P网络借贷平台的法律定位

P2P网络借贷平台作为联系借贷双方的枢纽，在交易过程中承担什么角色，影响着风险治理的方向和效用。在"前监管时代"，网络借贷平台存在诸多类型，通过多种方式介入借贷双方的交易，且法律性质存在争议，因此制约着行业的发展创新。将网络借贷平台定位为信息中介机构，这为构建网络借贷的监管体系奠定了基础，但平台的合法性仍存疑，且平台的法律属性仍需进一步研究。

（一）P2P网络借贷平台的合法性问题

尽管《网络借贷信息中介机构业务活动管理暂行办法》将P2P网络借贷平台纳入监管范畴，在一定程度上给平台正式的"名分"，但其合法性仍未得到明确，非法经营的风险仍存在，给行业发展带来不稳定因素。

根据2011年最高人民法院《关于审理非法集资刑事案件具体应用法律若干问题的解释》第3条[1]的规定，单位非法吸收或变相吸收公众存款的数额达到100万元，非法吸收或者变相吸收公众存款对象

---

〔1〕最高人民法院《关于审理非法集资刑事案件具体应用法律若干问题的解释》第3条：非法吸收或者变相吸收公众存款，具有下列情形之一的，应当依法追究刑事责任：（一）个人非法吸收或者变相吸收公众存款，数额在20万元以上的，单位非法吸收或者变相吸收公众存款，数额在100万元以上的；（二）个人非法吸收或者变相吸收公众存款对象30人以上的，单位非法吸收或者变相吸收公众存款对象150人以上的；（三）个人非法吸收或者变相吸收公众存款，给存款人造成直接经济损失数额在10万元以上的，单位非法吸收或者变相吸收公众存款，给存款人造成直接经济损失数额在50万元以上的；（四）造成恶劣社会影响或者其他严重后果的。具有下列情形之一的，属于刑法第一百七十六条规定的"数额巨大或者有其他严重情节"：（一）个人非法吸收或者变相吸收公众存款，数额在100万元以上的，单位非法吸收或者变相吸收公众存款，数额在500万元以上的；（二）个人非法吸收或者变相吸收公众存款对象100人以上的，单位非法吸收或者变相吸收公众存款对象500人以上的；（三）个人非法吸收或者变相吸收公众存款，给存款人造成直

150人以上的,应当依法追究刑事责任。从P2P网络借贷平台的实践来看,平台吸收出借人资金的行为,能否纳入"非法吸收或变相吸收公众存款"的范畴仍不明确,而单从吸收的数额和对象来看显然已经逾越非法集资的红线。

P2P网络借贷平台陷入非法集资的合法性风险,主要源于原银监会颁布的《网络借贷信息中介机构业务活动管理暂行办法》与最高人民法院上述司法解释存在的不一致。前者属于部门规章,在效力层级上低于最高人民法院对刑法的司法解释,因此暂行办法有违反上位法之嫌疑。

从维护金融安全的角度来看,刑法仍有必要对P2P网络借贷进行适当干预,但这种干预应当具有谦抑性。为支持金融创新、顺应行业发展需要,非法集资的刑事立法应当为P2P网络借贷平台的发展留下制度空间,原则上承认P2P网络借贷平台的合法性。刑法对P2P网络借贷平台非法集资行为的规制应当从以下几个方面着手:其一,优先发挥金融市场机制的调节作用,充分尊重P2P网络借贷市场主体的意思自治,最大限度发挥民法对网络借贷平台经营活动的规制功能。其二,刑法对P2P网络借贷平台非法集资行为的规制,应当局限于超出民法与行政法等部门法的调整范围之外的领域。其三,在既有经验和理性无法判断某种行为是否应受刑法规制时,应当遵循市场基础和优先原则,刑法暂不进行规制,优先发挥民法的规制功能。[1]

(二)P2P网络借贷平台的双重属性

从P2P网络借贷实践及《网络借贷信息中介机构业务活动管理暂

接经济损失数额在50万元以上的,单位非法吸收或者变相吸收公众存款,给存款人造成直接经济损失数额在250万元以上的;(四)造成特别恶劣社会影响或者其他特别严重后果的。非法吸收或者变相吸收公众存款的数额,以行为人所吸收的资金全额计算。案发前后已归还的数额,可以作为量刑情节酌情考虑。非法吸收或者变相吸收公众存款,主要用于正常的生产经营活动,能够及时清退所吸收资金,可以免予刑事处罚;情节显著轻微的,不作为犯罪处理。

〔1〕 阳建勋:《我国P2P网络借贷平台非法集资风险的法律规制研究》,法律出版社2020年版,第108页。

行办法》的定性来看,P2P 网络借贷平台具有双重属性。其中居间属性较为明显,而准金融属性仍存争议。

1. 居间属性

根据《网络借贷信息中介机构业务活动管理暂行办法》第 2 条第 2 款的规定,P2P 网络借贷平台是“专门从事网络借贷信息中介业务活动的金融信息中介公司”。作为信息中介,P2P 网络借贷平台的职能主要体现在三个方面:一是审查职能,平台除了要审核借款人的资信状况,防控借款人的信用风险,还要对出借人的合格投资者身份进行评估和分级,避免出借人的投资超出其投资能力和风险承受能力。二是风险定价职能,平台需要根据市场行情确定项目的利率,并根据借款人资信情况以及项目风险状况,调整利率,最后对项目作出定价。三是交易撮合及管理职能,平台公开借款项目信息,出借人根据自身需求选择投资,继而平台通过与第三方支付平台的联动,实现结算资金的划拨。

概言之,平台独立于借贷双方,主要参与信息的审核、处理、传递和发布(具体业务流程见图 3－1),降低交易双方的信息不对称程度,这符合《民法典》第 963 条的规定,即“中介人促成合同成立的,委托人应当按照约定支付报酬”,体现了网络借贷平台与借款人和出借人之间的合同法律关系。

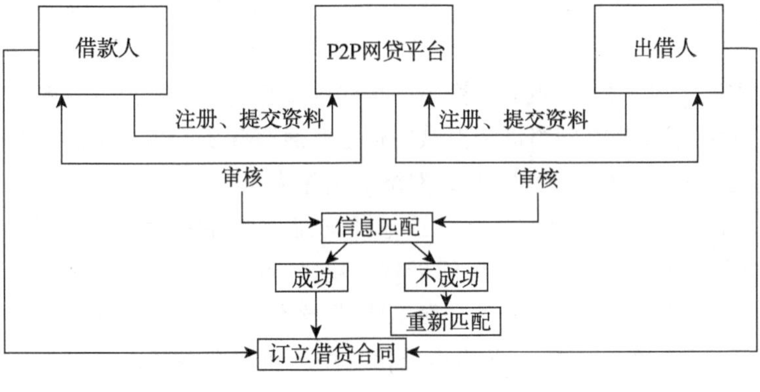

图 3－1　国内网络借贷平台办理借款业务流程

2. 金融属性

金融是货币资金的融通，金融业包括正规金融和民间金融，前者是政府颁发牌照并严格监管的银行、证券、信托、保险等行业，后者则从事游离在正规金融以外的资金融通行为。民间借贷是民间金融的常见类型，P2P网络借贷则是新型的民间借贷模式。《网络借贷信息中介机构业务活动管理暂行办法》已经排除了P2P网络借贷平台的信用中介职能，即此类平台不是真正意义上的金融机构。信用中介与信息中介性质迥异：信用中介是商业银行的传统职能，一方面通过负债业务吸纳社会资金，另一方面通过资产业务把资金投向有需求的产业；而信息中介仅涉及信息的传递，并不承担资本商品使用权流转中涉及的信用风险。但是，网络借贷平台的经营与金融活动相关，并可能产生和传导金融风险，其金融属性应该得到承认。

其一，在借贷交易中，网络借贷平台主要负责提供金融信息和数据，包括借款需求、融资项目、借款人信用信息、借贷利息等等。互联网交易环境和以平台为中心的交易模式，使借款人和出借人之间的信息不对称被进一步放大。这就需要严格平台的准入，在信息系统的安全性和稳定性，适当的风险防范、控制和隔离，业务人员和管理人员的专业性和诚信度等方面作出限定，才能保障交易的顺利达成。

其二，金融活动中蕴含着金融风险，金融风险是金融活动的内在属性。[1]《关于促进互联网金融健康发展的指导意见》指出，“互联网金融本质仍属于金融，没有改变金融风险隐蔽性、传染性、广泛性和突发性的特点”。P2P网络借贷提供的资金融通服务所产生的金融风险与传统金融并无根本区别。P2P网络借贷作为民间借贷的创新模式，在一定时期内满足了市场需要而遍地开花，但风险的积累导致了近年的“爆雷”，风险传染至整个民间借贷市场，导致整个市场的萎缩。堵不如疏，承认P2P网络借贷的金融属性，是此类金融风险防控的前提。

从目前的情况看，《网络借贷信息中介机构业务活动管理暂行办法》确定原银监会及其派出机构作为网络借贷平台的监管部门，在实

---

〔1〕 李山赓、李润发：《货币银行学》，北京理工大学出版社2016年版，第193页。

质上反映了网络借贷平台的准金融属性。然而,在正式法律文件中,对P2P 网络借贷平台的准金融属性采取回避态度。P2P 网络借贷平台游离于正式金融体系以外,却又未能得到适当的引导和治理,生存空间遭到挤压,风险防控面临重重困难。

二、P2P 网络借贷的风险类型

P2P 网络借贷“出借人—平台—借款人”的基本运作结构中,除了平台自身风险外,平台作为对接资产端和资金端的中介,使网络借贷具有二元性的特征[1],在资产端和资金端又形成两重风险。其中资产端的风险与其他网络借贷具有相似性,在前一章已经述及。以下主要从平台风险和资金端风险来进行分析。

(一)平台风险

在 P2P 网络借贷发展初期,平台为了吸引投资而直接或间接地承担其信用中介的职能。所谓信用中介,与信息中介具有明显的区别,实质是通过负债业务把社会上的各种闲散资金集中起来,再通过资产业务把资金投向社会经济各部门。商业银行是传统的信用中介,充当买卖“资本商品使用权”的商人角色。[2] 而准入门槛和受监管程度远低于商业银行的 P2P 网络借贷平台充当信用中介,其风险在于:一方面平台归集的资金安全缺乏保障,平台挪用资金、卷款跑路事件频发;另一方面平台承担刚兑保证使借款人的信用风险扩散至平台,进而酿成更严重的系统风险。《网络借贷信息中介机构业务活动管理暂行办法》将 P2P 网络借贷平台定位为纯粹的信息中介,并规定了资金存管制度,但资金存管制度仍不够细化,而且备案制无视了 P2P 网络借贷实践中反映出来的准金融属性,实施起来面临重重困难。

《网络借贷信息中介机构业务活动管理暂行办法》第 3 条第 1 款规定,网络借贷平台不得提供增信服务,该禁止性条款仍存在不明确之处,主要反映在风险保障金的合法性上。风险保障金是 P2P 网络借贷平台常用的用户保障措施,不少平台在每笔业务收入中提取一定比例

---

〔1〕 宋杰:《网络借贷风险控制与法律监管》,法律出版社 2016 年版,第 44 页。

〔2〕 鲍静海、马丽华:《商业银行经营与管理》,高等教育出版社 2013 年版,第 7 页。

的资金作为风险保障金，或者从每笔业务的借款人处收取一定比例的资金作为风险保障金，当债务人不能偿还时，平台从风险保障金中给予出借人一定比例的补偿。2016 年颁布的《关于做好 P2P 网络借贷风险专项整治整改验收工作的通知》禁止平台继续提取、新增风险保障金，逐步消化已经提取的风险保障金。北京、上海、深圳监管部门在 2017 年相继出台政策，明确不得设立风险保障金，目前 70% 以上平台已经下线风险保障金。但不少平台通过易名规避风险，如拍拍网将"风险备用金账户"变更为"质保服务专用账户"，团贷网将"质保服务专款"变更为"第三方担保专款"。这样，网络借贷市场上的增信形式多样，性质模糊，潜藏着法律风险。

（二）资金端风险

在网络借贷的资金端，面向广大社会投资者（出借人）筹资。投资者风险自负原则并非孤立地发挥作用，应当有与此相匹配的投资者保护措施，否则会在实际上背离契约自由精神，使在信息、资金和技术上处于弱势地位的投资者面临严峻的风险。他们的风险与两方面因素呈正相关：一是投资者对该投资的知情程度；二是该投资与投资者风险承受能力的匹配程度。

P2P 网络借贷中，出借人往往只能依赖网络借贷平台披露的信息来作出投资决策。真实、准确和完整的信息披露能为平台积累良好口碑，为平台长期健康发展奠定基础。但在网络借贷发展初期，由于市场缺乏良性激励，平台诚信披露的积极效用难以体现，平台往往不愿披露甚至主动造假，给投资者造成损失。而且，网络借贷的借贷合同采取格式合同和点击合同的形式，若平台缺乏引人注目的提示，出借人在点击之时，往往不了解格式合同条款和相关合同风险和责任，在实质上违背了合同意思自治原则。

另外，部分出借人沉迷于 P2P 网络借贷的高回报，往往不考虑自身的财务状况和风险承受水平而盲目出借。但投资者不适当造成的风险，不能笼统归咎于投资者自身。作为专门提供金融信息服务的网络借贷平台，有必要也有能力对投资者的风险承受能力进行评估并据此推荐合适的网络借贷产品。

综上,平台本身和资金端的风险叠加,使 P2P 网络借贷的风险治理面临巨大挑战。以下将从行业实践和立法机制,对风险治理问题进行检讨。

第二节　P2P 网络借贷平台本身的风险治理

虽然我国已经明确网络借贷平台的信息中介法律性质,但是相关的治理机制仍存在诸多不足之处,或是可操作性不强,或是尚留模糊灰色地带,或是有矫枉过正之处。

一、市场准入机制

P2P 网络借贷平台在市场准入方面,已建立起备案登记制度。然而该制度在实施过程中发生异化,导致各种负面影响。因此,有必要将备案制改革为审批制,完善准入条件,控制平台风险。

(一)P2P 网络借贷平台市场准入制度的现状

P2P 网络借贷平台的市场准入,经历了从包容放任到促进鼓励再到整顿治理的过程。2016 年 4 月《互联网金融风险专项整治工作实施方案》提出"严格准入管理"。在 2016 年 8 月《网络借贷信息中介机构业务活动管理暂行办法》出台之前,P2P 网络借贷平台仅需办理工商登记注册即可成立;而此后,P2P 网络借贷平台及其分支机构还要向工商登记注册地的地方金融监管部门备案登记,并向通信主管部门申请电信业务许可证。2016 年 10 月 28 日,原中国银监会、工信部及工商总局等发布了《网络借贷信息中介机构备案登记管理指引》,进一步细化了备案登记制度。该指引第 2 条第 2 款规定:"本指引所称备案登记是指地方金融管理部门依申请对管辖内网络借贷信息中介机构的基本信息进行登记、公示并建立相关机构档案的行为。备案登记不构成对机构经营能力、合规程度、资信状况的认可和评价。"该指引区分新设机构和已存续机构规定机构在备案登记时应提交的材料,并且不再要求网络借贷机构的分支机构办理备案登记。

依据《网络借贷信息中介机构备案登记管理指引》的相关规定,地方金融管理部门负责具体实施备案登记。具体而言，各地金融监管部门依据P2P网络借贷风险专项整治整改的工作安排，对已经存续的网络借贷机构进行分类处置，对合规类机构的备案登记申请予以受理；对整改类机构，在其完成整改并经有关部门认定后受理其备案登记申请；没有通过整改验收的机构可以逐步清退业务和退出市场，或者采取市场化方式，进行并购重组；对于违法违规行为严重甚至有经侦部门介入或失联的平台，予以取缔。P2P网络借贷风险专项整治工作领导小组办公室2017年12月发布的《关于做好P2P网络借贷风险专项整治整改验收工作的通知》要求各地在2018年4月底前完成辖内主要P2P网络借贷机构的备案登记工作、6月之前全部完成。其后，十几个省市在2017年年底至2018年陆续出台地方性P2P网络借贷机构备案登记规定，这事实上成为平台备案登记的主要依据。按《关于做好P2P网络借贷风险专项整治整改验收工作的通知》的要求，全国各地本应在2018年6月底前完成辖内网络借贷平台的备案登记，但由于在实际验收中存在诸多障碍，整治整改验收期限被推迟到一至两年后。然而截至2021年5月，尚未有P2P网络借贷平台能够通过备案。同时，由于P2P网络借贷平台转型门槛较高，只有少数大型平台能成功转为助贷平台；多数中小平台在业务清退后，依然难以找到转型生存的空间。

（二）P2P网络借贷备案制的实质

从实质上看，P2P网络借贷备案制在实施中已经异化为行政许可。

一方面，实施中的备案登记与《网络借贷信息中介机构备案登记管理指引》所确定的功能定位并不吻合。从该指引第2条第2款规定可以推知，P2P网络借贷备案登记只具有告知意义，其目的是向监管部门披露相关信息。然而，在我国P2P网络借贷风险专项整治中，备案事实上成为加强P2P网络借贷行业的规范化、扭转行业异化趋势的主要手段，本质上是对平台合规程度的认可。另外，根据《网络借贷信息中介机构备案登记管理指引》第13条的规定，备案登记是P2P网络借贷机构取得增值电信业务许可的前提，相当于一种前置性行政许可。这明显与《网络借贷信息中介机构备案登记管理指引》对备案登记的功能定位不符。

另一方面，大量的地方实践反映出 P2P 网络借贷备案登记具有行政许可的实质。我国《行政许可法》第 2 条规定，“行政许可，是指行政机关根据公民、法人或者其他组织的申请，经依法审查，准予其从事特定活动的行为”。行政备案是一种事实行为，对备案申请人不产生特定的法律效果。行政备案与行政许可的最大区别在于是否产生特定法律效果。各地方政府已经出台的 P2P 网络借贷平台备案登记规定显示，备案登记已经存续的 P2P 网络借贷机构继续经营的必要条件，也是新设 P2P 网络借贷机构的必要条件。这种备案“与审批制相比，备案制中政府干预的力度明显减小，当事人权利则明显扩大，但是，作为一项正式行政管理法律制度，这种类型的备案与行政审批并没有本质差别，只不过披了一层‘备案’的外衣，在性质上都属于行政许可”。[1]

（三）备案制实施的现实困境

目前《网络借贷信息中介机构业务活动管理暂行办法》缺乏备案条件的具体规定。根据《网络借贷信息中介机构备案管理登记指引》第 2 条第 2 款[2]的规定，备案登记对网络借贷平台资质、合规程度不作出评价，其作用仅在于登记建档；第 5 条至第 8 条[3]仅反对平台备案登记工作作概括性规定，但缺乏细化的规定，可操作性不强。平台备案的具体条件实质上取决于各地的验收标准。然而，各地的验收标准存在很大差异。以上海和深圳为例，《深圳市网络借贷信息中介机构整改验收指引表》全文共计六大项 106 条，《上海市网络借贷信息中介机构合规审核与整改验收工作指引表》全文共计七大项 168 条。在注册资本、高管任职资格、资金存管、监管信息系统接入等方面，各地都有不同要求。（见表 3－1）

---

〔1〕 朱最新、曹延亮：《行政备案的法理界说》，载《法学杂志》2010 年第 4 期。

〔2〕 参见《网络借贷信息中介机构备案管理登记指引》第 2 条第 2 款。

〔3〕 参见《网络借贷信息中介机构备案管理登记指引》第 5、6、7、8 条。

表3－1　部分地区的验收标准

验收项目	地区	具体要求
注册资本	浙江、广西	鼓励实缴注册资本达到5000元以上
高管任职资格	上海	提交高级管理人员的专业资质证明、信用报告及无犯罪记录证明
	深圳	从事金融业相关工作5年以上且具有大学本科以上学历的高级管理人员不少于3名，担任破产清算的公司、企业的董事、监事和高级管理人员，对企业破产负有个人责任的，自企业破产清算完结之日起3年内不得担任网络借贷机构的高级管理人员
资金存管	北京	网络借贷机构与本市监管部门认可的银行业金融机构签订资金存管协议
	深圳	网络借贷机构的主要资金结算账户开在商业银行在深圳市行政辖区内的分支机构，并且要求网络借贷机构与在深圳市设有分行以上级别的商业银行达成资金存管安排
	福建	网络借贷机构的存管银行属地化
监管信息系统接入	北京	将业务数据和信息接入本市网络借贷监管系统
	上海	网货机构在签订合规承诺书时，同意接入有关监管信息系统，并及时报送和上传相关数据
	福建（厦门市）	企业承诺自愿加入厦门市金融风险防控预警平台，同意并授权将业务数据按要求上传
	江西	网络借贷机构在取得备案登记后3个月内接入中国互联网金融协会信用信息共享平台、省互联网金融征信系统

各地对P2P网络借贷平台准入设置不同条件，主要基于经济发展程度与金融生态环境的差异，但这也为P2P网络借贷平台的监管套利提供了空间。平台设立者往往选择备案要求宽松的地域设立网络借贷机构，买壳、突击注册、转移备案等情形频发，从而使P2P网络借贷风险从市场准入门槛高的地域向市场准入门槛低的地域转移，这不利于

对此类网络借贷风险的统一防控。

(四)应当明确 P2P 网络借贷平台实行审批制

P2P 网络借贷应从行业的特质和特征出发来构建市场准入制度。其一,P2P 网络借贷市场风险具有现实性与虚拟性双重特征,风险传染在互联网环境下比传统金融市场更强,具有更广泛的社会影响力;其二,尽管 P2P 网络借贷平台被定位为信息中介机构,但它不是一般的信息中介机构,而是金融信息中介机构,为市场主体的信用活动提供中介服务,与信用活动联系密切。如果放任 P2P 网络借贷平台的准入,平台很可能从事或变相从事信用中介活动,危及金融安全,甚至损害社会稳定。

目前《网络借贷信息中介机构业务活动管理暂行办法》规定 P2P 网络借贷平台的备案制,强调了平台的居间属性,但却忽略其金融属性。即便是金融行业的居间人,也有采取审批制的必要和可能,如保险代理人、保险经纪人,各国都实行严格市场准入,从而推动保险行业的健康发展。P2P 网络借贷具有跨地域性、风险传导范围较广的特点,网络借贷参与者风险承受能力比较低,仅采取备案制不足以防范化解网络借贷风险,有必要设立更严格的准入门槛。

关于审批制的具体模式,一种思路是发放类银行牌照,另一种思路是发放网络借贷信息中介牌照,美国对前一种思路进行了探索。2016 年,美国货币署(Office of Comptroller of Currency, OCC)提出向金融科技公司发放银行牌照的草案,但是这一草案至今尚未通过。2017 年,美国有两家金融公司向联邦存款保险公司(FDIC)申请行业贷款公司牌照(Industrial Loan Companies, ILC)。ILC 应当获得存款保险,但是并不按照银行模式来监管。[1] 目前,国际上尚无想给网络借贷平台发放类银行牌照的先例。我国国情也决定了引入此种模式不具有可能性:一方面,发放类银行牌照,即赋予平台信用中介地位,这与其一直以

〔1〕 See Kevin Petrasic, Benjamin Saul, Helen Lee, *Max Bonici*: *Fintech Companies and Bank Charters*: *Options and Considerations for* 2018, https://www.whitecase.com/publications/alert/fintech - companies - and - bank - charters - options - and - considerations - 2018.

来的法律定位相冲突；另一方面，若 P2P 网络借贷平台获得牌照，有可能放弃普惠金融与补充正规金融的定位，与传统正规金融竞争，影响金融市场格局的稳定。

后一种思路，即让符合监管要求的平台持牌经营，作为撮合资金端和资产端的特殊信息中介。监管部门应该明确牌照发放条件（如实缴资本金限额、较强风险甄别能力等），给符合资质的平台发放牌照。资质审核中最核心的是网络借贷平台的风险定价、甄别能力，即风控能力。如果平台没有有效的风险控制部门、不足以证明自己的风控实力，就不应获得牌照。[1]

（五）P2P 网络借贷平台审批制的具体要素

如前所述，有必要改变目前分散而不协调的备案制度，对 P2P 网络借贷平台实行统一的审批制，确立恰当而具体的准入条件，尤其是财务类和公司治理类条件，以此降低平台运营风险。

一方面，平台的财务类准入指标，主要集中在资本金要求上。《网络借贷信息中介机构业务活动管理暂行办法》并未设置注册最低资本金的限制。诚然，P2P 网络借贷中的融资成本主要由出借人和借款人双方状况决定，平台作为信息中介并不直接影响融资成本。但平台注册资本的高低对平台运营的规范性和安全性具有一定影响。因此，应对我国 P2P 网络借贷平台设置最低注册资本要求，并且资本须实缴。此外，还应对净资产、专项业务营运资金等财务类指标进行统一规定。而且，这些准入标准每隔几年就要因行业发展需要作重新调整，保证平台质量。

另一方面，平台的公司治理类准入指标，主要是关于平台董事、监事和高级管理人员的要求。我国《公司法》对公司董事、监事和高级管理人员设定了负面清单，但并无积极条件要求，根据《商业银行法》《证券法》《保险法》等法律规定，各类金融机构的人员要求都比较严格。P2P 网络借贷平台作为具有金融属性的信息中介机构，董事、监事和高

---

〔1〕 沈艳、李苍舒：《网络借贷风险缓释机制研究》，中国社会科学出版社 2018 年版，第 56 页。

管的准入条件也应当参照金融机构作出规定，包括具备一定的金融知识，拥有一定金融从业经验，通过一定的背景审查，无不良从业记录。此外，还应对股东资格及其股权结构作出规定，降低股东的道德风险，维护平台的安全稳健。

二、市场退出机制

P2P 网络借贷平台退出市场，是指平台运营公司由于竞争压力等因素导致严重经营困难，由其自身或监管部门明令要求进行并购、转型、清算或破产，停止经营 P2P 网络借贷信息中介业务；也就是说，平台的市场主体资格归于消亡。随着 P2P 网络借贷进入监管时代，平台的发展受到更严格的约束，不适应市场竞争的平台主动或被动地寻求各种退出方式，但良性退出的比例并不高，由于良性退出不能而最终导致恶性退出的案例层出不穷。截至 2020 年年末，4676 家纳入专项整治的 P2P 网络借贷机构已全部停止开展业务，其中 3210 家 P2P 网络借贷机构存量业务已经清零。[1] 目前，全国实现全额兑付平台数量占累计转型、停业以及问题平台之和的比例只有 3% 左右。[2]

（一）我国 P2P 网络借贷平台市场退出的概况

1. 我国 P2P 网络借贷平台市场退出的原因

2016 年《网络借贷信息中介机构业务活动管理暂行办法》颁布以来，P2P 网络借贷行业开启了以平台备案为中心的整治进程，不少平台风险逐渐显露，进而通过不同方式退出市场。从市场退出的原因看，主要有以下几方面：

首先，平台经营涉嫌违法犯罪。在裁判文书网中以 P2P 为关键词进行检索，得相关判决书 18793 份，其中民事判决 17238 份，刑事判决 1530 份。对上述 1530 份刑事判决作进一步分析，有 1363 份涉嫌危害

---

〔1〕 参见《网络借贷风险整治将最大限度维护投资人合法权益》，载人民资讯，https://baijiahao.baidu.com/s? id = 1699407275425987827&wfr = spider&for = pc，最后访问日期：2021 年 5 月 21 日。

〔2〕 参见《官媒聚焦网络借贷清退：后 P2P 时代，平台转型面临重重困境》，载网络贷款之家，https://mp.weixin.qq.com/s/YI—Uwcymu46qIYVKEW7gQ，最后访问日期：2021 年 5 月 21 日。

社会主义市场经济秩序犯罪，其中，涉及集资诈骗罪的判决书有200份，涉及非法吸收公众存款罪的判决书有1087份之多。通过对上述数据分析可得，自2007年我国第一个P2P网络借贷平台诞生至今，虽全国将近6000家平台已实现退出，P2P网络借贷平台已清零，但P2P网络借贷平台涉嫌刑事犯罪的判决书却与日俱增，这些刑事案由中有约71%为非法吸收公众存款罪，另有约13%为集资诈骗罪。

其次，经营环境变化。近年来，受经济下滑的影响，央行多次下调存贷款基准利率，这使通过银行缓解资金压力的人数增加，通过P2P网络借贷平台融资的客户数量大幅减少。直销银行和典当行加入互联网理财行业中，成为新的竞争者，这对P2P网络借贷行业也构成了强劲的竞争压力。同时，P2P网络借贷投资的热潮逐渐退去，加上2018年下半年爆发的"雷潮"，关于P2P网络借贷平台的负面报道越来越多，不少社会投资者选择远离P2P网络借贷，转向其他投资理财方式。

最后，我国P2P网络借贷行业进入整顿时期，法律及政策对P2P网络借贷行业监管趋严。一方面，备案、资金存管等要求使P2P网络借贷平台的经营门槛提高，经营成本增加；另一方面，互联网金融监管切断基金、保险、信托等融资外援，导致不少平台陷入经营困境，选择退出P2P网络借贷市场。另外，P2P网络借贷平台风险管理能力不足。有些平台本身资金实力不足，稍稍有些负面新闻，就会招致挤兑潮，最终只能卷款跑路。还有不少平台由于存在不同程度的坏账，风险管理失当而选择退出。

2. 我国P2P网络借贷平台市场退出的方式及其影响

按照对投资者影响的不同，目前我国P2P网络借贷平台市场退出有良性与恶性之分。业务转型、并购和自行清算属于良性退出，失联跑路和经侦介入属于恶性退出。不同的退出方式会产生不同的影响（详见表3－2）。

表 3-2　P2P 网络借贷平台退出方式及影响

退出方式	主要表现	影响
业务转型	转型方向多与金融业相关：利用平台前期累积的人气转为导流平台；转入私募、融资租赁等传统金融行业；转为信息咨询平台；从事众筹、数字货币等其他互联网金融行业	实现 P2P 网络借贷业务的部分退出及弱化和平台功能升级，提升了平台的市场竞争能力，使平台获得新的生机
平台并购	有关企业法人之间通过协商，并购通过资源重新配置，但仍有不少因政策、经营双方意见不合等原因导致并购失败	以合同方式实现合并或分立，带来平台成交量正向增长；但仍因政策原因导致部分并购失败
自行清算	一些无法达到监管强制性标准、也无法实现整改转型的平台主动宣布停止运营并发布清算公告	这种方式退出市场较为温和，但若平台出现兑付困难，投资者的本金利息也难以收回
失联跑路	平台未出公告、高层直接失联、平台内部混乱、平台骤然人去楼空、出借人无法与平台实控人取得联系等	投资者追回投资资金的可能性大大降低，严重破坏 P2P 网络借贷行业的经营秩序，行业信用崩塌
经侦介入	就平台非法吸收公众存款和集资诈骗进行调查	平台被强制停业，投资者投资本息能否收回处于未知状态，平台甚至整个 P2P 网络借贷行业的声誉受损

3. 我国 P2P 网络借贷平台市场退出中投资者保护的困境

首先，目前我国 P2P 网络借贷平台恶性退出比例高。以深圳市 P2P 网络借贷风险专项整治为例，截至 2021 年 7 月 7 日，自愿退出且声明结清 P2P 平台名单累计为 220 家，失联 P2P 名单累计涉及 45 家平台。

其次，P2P 网络借贷平台的风险处置效率低。由于问题平台往往资金窟窿较大，资金流向复杂，清产核资等工作耗时长；加上投资者中弱势群体占比高，彼此之间不信任，债权人代表和债权人委员会难以形成，处置方案共识难以达成，这导致 P2P 网络借贷平台风险处置效率低,投资者权益难以及时得到切实保障。

最后,程序复杂漫长。以深圳"融资城"案为例,自2016年1月立案侦查到2018年8月24日深圳中院一审宣判,耗时整整2年8个月,却仍未完成涉案资产返还程序。程序耗时过长,可能会导致处理结果出来之时对于投资者保护已无实际意义。

归纳起来,我国P2P网络借贷平台市场退出对投资者的挑战在于两个方面:

一是信息不对称。乔治·阿克尔洛夫在其经典文献《柠檬市场:质量的不确定性和市场机制》中指出,市场上买方和卖方掌握的信息通常具有差异,卖方拥有比买方更多的信息,在这种情况下,市场的效率将会受到影响,甚至导致市场萎缩。由于互联网跨空间、隐蔽性的特点,加之征信体系不健全、管理机制不明确、平台披露的信息真实性存疑等情况存在,我国P2P网络借贷实际上是处于一种不完全市场化的环境之中,市场参与主体获取信息不一致,或对信息理解不一致,从而产生信息不对称现象。与传统直接借贷市场相比,P2P网络借贷的信息不对称不仅存在于出借人和借款人之间,也存在于出借人与P2P网络借贷平台。P2P网络借贷平台市场退出中,处于信息劣势的投资者会受以下方面影响:其一,投资者缺乏对平台风险状况的全面了解,由此无法回避那些存在巨大风险的平台,或者无法在平台出现问题的早期阶段及时止损;其二,在投资项目的选择上,由于信息不对称会形成"羊群效应",出借人很有可能受到影响而跟随大多数出借者投资某借款项目〔1〕;其三,在平台退出过程中,投资者缺乏对资产处置流程的了解和把握,无法充分行使作为债权人的权利。

二是行政干预过多。中国金融研究院副院长李祥林指出,要多从市场角度解决融资问题,过度行政干预可能引发市场扭曲〔2〕。然而,

---

〔1〕 喻意:《P2P网络借贷中的信息不对称及其解决方法》,载《现代经济信息》2017年第16期。

〔2〕 参见《李祥林:要多从市场角度解决融资问题,过度行政干预可能引发市场扭曲|财经大咖访谈》,载新浪财经,http://finance. sina. com. cn/roll/2018-12-03/doc-ihmutuec5698070. shtml,最后访问日期:2019年6月30日。

目前我国对 P2P 网络借贷行业的监管存在管制理性主义倾向[1]，各级政府金融监管部门规范、管理 P2P 网络借贷市场（干预市场）的常规做法是：组织一批人马，成立一个机构，对当前需要解决处理的问题进行对口直接强制管理，强制 P2P 网络借贷平台为或者不为某种行为，而不去考虑这种强制是否合法，是否侵犯了 P2P 网络借贷平台、投资者和借款人的权利。这种做法强调政府的作用，而忽略了市场和法律机制的主要作用，不利于 P2P 网络借贷行业的良性发展。

（二）P2P 网络借贷平台市场退出制度现状

1. 目前的规定

2016 年 8 月 24 日原银监会等四部门制定《网络借贷信息中介机构业务活动管理暂行办法》，从业务规则、备案管理等方面对 P2P 网络借贷平台经营提出具体要求。随后一年内，关于资金存管、信息披露和备案登记的工作指引相继出台，至此，P2P 网络借贷行业监管框架体系初步形成，该行业向合规发展又迈出了重要的一步。2018 年以来，P2P 网络借贷平台爆雷事件频发，行业对良性市场退出机制的呼声越来越大，政府和监管部门也意识到建立 P2P 网络借贷平台市场退出机制的紧迫性；在随后出台的相关政策中，多次提到要做好 P2P 网络借贷平台的良性退出工作。例如，2018 年 8 月 4 日，互联网金融风险专项整治办公室（以下简称互金风险专项整治办）与 P2P 网络借贷风险专项整治办公室给出的九点工作安排中提到，“允许合规机构继续经营、引导不合规机构良性退出，依法处理严重违法违规机构”。8 月 12 日，互金风险专项整治办联合 P2P 网络借贷风险专项整治办提出 10 项应对 P2P 网络借贷风险的举措，其中第 5 项也提到规范 P2P 网络借贷机构的退出行为，要“建立报备制度，明确退出程序”。2018 年 12 月 19 日颁布实施的《关于做好网络借贷机构分类处置和风险防范工作的意见》给整改中的 P2P 网络借贷机构指明了方向，有助于从业机构防控风险、积极转型，共同推动行业的繁荣稳定；指出现阶段 P2P 网络借贷机构整治工作应坚持以机构退出为主，要求各地根据风险状况把平台

---

[1] 陈云良：《政府干预市场方法之批判》，载《新东方》2002 年第 4 期。

划分为“已出险机构”和“未出险机构”两大类,分别绘制风险图谱,明确任务清单。

伴随监管层的动作,各省市互联网金融协会也先后发布有关 P2P 网络借贷平台退出的指引。2017 年 9 月 29 日,深圳市互联网协会发布《深圳市网络借贷信息中介机构业务退出指引》,这是全国首个 P2P 网络借贷平台退出指引,要求 P2P 网络借贷平台退出市场遵循市场化、积极稳妥、协作配合和分类处置以及三个“不可”五条原则,强调在退出期间,P2P 网络借贷平台经营机构地址不可搬迁,平台网站不可关闭,平台的高管不可失联。随后,济南、广州、北京、上海等地的互联网协会也针对自身的实际情况,制定了各自的退出指引。各地的退出指引虽在具体工作要求上有不同之处,但都明确提出 P2P 网络借贷平台在退出市场过程中要注重保护出借人的合法利益。

2. 目前规定的不足

尽管 P2P 网络借贷平台市场退出方面已经有规可循,但还存在很多制度缺陷:其一,立法层次低,P2P 网络借贷立法在互联网金融立法中具有重要地位,在立法层次上理应由全国人民代表大会或全国人大常委会制定,但现实中却是行政立法代替了人大立法,多数以“办法”“决定”“规定”“意见”等形式发布,立法位阶低,法律效用弱。此外,各地的退出指引仅是地方互联网金融协会发布的指导性文件,约束力较小,无法有效遏制问题平台恶性退出。其二,立法不统一,退出指引是各地区互联网金融协会根据该地区 P2P 网络借贷发展的实际情况而制定的文件,仅对该地区的 P2P 网络借贷平台有一定的指导意义;各地对 P2P 网络借贷平台监管的范围、执行的措施各异,造成监管尺度不统一,思路不明确,难以形成有效的监管机制。其三,立法系统性不足,综观上述法律文件,“一个办法三个指引”的顶层设计加上各部门各层级的一系列监管文件构建起来的 P2P 网络借贷行业监管框架体系中,退出机制所占的比重基本是微乎其微,与其他机制的衔接缺乏,在实践中许多问题无法可依。

从具体的制度内容来看,对投资者利益的保护存在以下不足:其一,事前风险预警不足。从各地频频发生的 P2P 网络借贷平台爆雷事件来看,P2P 网络借贷有其难以克服的不足之处——相对于传统金融机构来说,其抗风险能力十分薄弱,一旦其中一个环节出现问题,就会引起全局性的溃败,最终酿成巨大的社会风波。但目前我国对 P2P 网络借贷行业的监管侧重于事中及事后的监督管理,忽略事前风险防控。由于缺乏 P2P 网络借贷平台的风险预警机制,监管部门无法实时掌握平台运营情况,对预警指标相关信息掌握较少,往往是在平台面临破产或违规跑路之后才介入处理,此时已错过了挽救平台、保护投资者利益的最佳时机。其二,事后救济措施薄弱。实践中,当平台出现项目逾期、兑付困难、实际控制人失联等风险事件时,不少投资者会迅速加入该各种维权 QQ 群、微信群或者线下组织,以期“报团取暖共同维权”。出现此种情形的原因,一方面,是因为投资者心急如焚,为极力挽回经济损失而盲目跟风,做出不理性的维权行为;另一方面,由于目前 P2P 网络借贷平台出现问题后,救济措施薄弱,缺乏明确具体的救济制度指引投资者维权。

(三)P2P 网络借贷平台市场退出法律治理的完善

P2P 网络借贷平台市场退出制度的完善,须宏观和微观相结合,健全规制和监管体系,并从投资者保护的要点出发完善相关规则。

1. 明确平台市场退出的治理思路

P2P 网络借贷平台市场退出,涉及不同层级和不同性质监管机构的职权行使,涉及债权人、债务人、担保人、P2P 网络借贷平台等多方主体的行为,应注重以下几个方面规则的结合,并促进规则之间的协调与配合。

其一,行政监管和自律监管相结合。银保监会及其派出机构作为 P2P 网络借贷行业的监管机构,其监管风险底线是防止发生系统性风险和区域性风险。在当前条件下,相关行政执法部门和金融监管部门应尊重现有的立法和制度资源,具体到 P2P 网络借贷行业风险管理的各个环节,支持和引导成立互联网金融的有关社会组织,建立社会监督平台,通过行业自律加强 P2P 网络借贷的监管和规范,以补充正式立法的滞后和不周延之处。程序机制上,可参考《深圳市网络借贷信息中介机构业务退出指引》,规定因自身经营不善而选择退出市场的平台，先由平台经营者成立市场退出工作领导小组、制定退出计划及具体退出方案，再向当地互联网金融协会报备并执行退出方案，在执行过程中应定期向协会汇报进度，及时与协会沟通；对于因违规经营被吊销或撤销经营资格等情况退出市场的，应由监管机构负责组织清算，并及时通知借贷双方，以使投资人及时主张债权，最大限度地保护投资人的资金安全，维护社会的稳定。

其二，实体规则和程序规则相结合。制定全国统一的市场退出标准，进一步明确平台经营者退出的相关规则。P2P 网络借贷平台的业务操作模式和风险来源等多个方面都与民间借贷金融机构存在相似性，因此，在制定平台市场退出标准时可参考民间借贷金融机构的退出标准规定。具体而言，建议以 P2P 网络借贷平台的实际违约率和预期违约率作为平台不良贷款率计算基础设定退出标准；当数值达到一定标准时，监管部门可启动强制退出审查程序，以确保债务能够得到清偿。对涉嫌集资诈骗、非法吸收公众存款等违法犯罪的平台，监管部门应立即强制其退出 P2P 网络借贷市场，由清算组妥善处理平台的交易信息及平台客户的资料信息，同时对司法部门进行相关债务的追讨工作予以积极配合。

2. 细化 P2P 网络借贷投资者保护规则

P2P 网络借贷平台退出过程中，投资者的保护须从事前、事中和事后等环节着手，保障投资者的利益。2018 年 12 月 21 日，厦门市金融工作办公室发布《厦门市网络借贷风险专项整治工作领导小组办公室关于做好厦门市网络借贷信息中介机构良性退出工作的通知》，提出网络借贷机构的良性退出要“因地制宜，分类决策”；同时，为确保退出工作实现机构全覆盖，对于暂不选择退出的网络借贷机构，要求制定“生前遗嘱”式退出计划。该通知把“最大限度保护投资者合法权益”作为工作原则之一，并在第 5 点中明确提出应做好网络借贷投资者的保护和教育工作，通过完善投资者维权诉求回应机制、畅通出借人投诉维权渠道、引导投资者理性维权等具体举措，鼓励、引导投资者通过合法合理的途径维护自身权益。这些举措值得其他各地区参考学习。

其一，增加市场准入中的退出计划安排。银行向监管机构提交当其陷入实质性财务困境或经营失败时快速有序的处置方案。在 P2P 网络借贷平台的监管中可参考“生前遗嘱”制度，在平台准入门槛中增加“必须做好退出市场的计划安排”的内容，要求平台进入 P2P 网络借贷市场前做好详细的“恢复计划”和“处置计划”并公示在平台网站上，让公众尤其是投资者知悉，若平台出现经营危机但仍具偿付能力时或平台已丧失偿付能力时，平台计划采取何种措施应对。设置这样的程序，一方面能够增强平台的风险意识和危机意识，提高平台的危机处置能力；另一方面有利于增强投资者的投资信心，保障投资者的知情权，有效维护投资者的权益。

其二，建立风险预警规则，参考《深圳市网络借贷信息中介机构良性退出指引》，通过构建合理的网络借贷平台风险预警机制，把问题遏制在萌芽状态，避免违法行为性质转化，避免小风险转化成大风险甚至系统性风险，这对于构建科学合理的市场退出机制能够起到事半功倍的效果。在建立平台风险预警机制时，应以平台为主要规制对象，维护投资者的权益。

其三，完善出借人集体决议规则。由于 P2P 网络借贷具有跨地域性，投资者众多且分散的特点；加之目前 P2P 网络借贷投资者事中代表机制乏力，投资者保护工作仍然十分艰巨。可以参考中小股民维权诉讼，制定出借人集体决议规则。

其四，要健全平台责任追究规则。P2P 网络借贷平台作为借贷双方的媒介，若违反中介机构的义务，应承担民事赔偿责任。另外，应当明确 P2P 网络借贷平台经营者的法律责任，对致使平台陷入经营困难负有责任的相关经营者进行严格的查处和惩罚。

随着 P2P 网络借贷行业走向规范化，平台的市场退出将成为正常现象。相关制度的要旨不在于避免市场退出，而在于避免或减少市场退出带来的负面影响，积极引导和保护平台的良性退出，减少对弱势投资者的负面影响。

三、资金存管机制

2016 年 8 月 24 日发布的《网络借贷信息中介机构业务活动管理暂行办法》明确要求网络借贷平台资金必须进行银行存管，而 2017 年

2月23日，原银监会发布《网络借贷资金存管业务指引》明确了P2P网络借贷资金存管业务应遵循的基本规则和实施标准，鼓励P2P网络借贷平台与商业银行按照平等自愿、互利互惠的市场化原则开展业务。

（一）P2P网络借贷资金存管的模式

P2P网络借贷平台与商业银行进行资金存管合作曾经采取三种模式，包括直接存管、银行直连和联合存管。（见表3-3）

表3-3 三种存管模式的对比

存管模式	账户管理方	支付方	资金监管方	合规性
直接存管	银行	第三方支付	银行	合规
银行直连	银行	银行	银行	合规
联合存管	第三方支付	第三方支付	第三方支付	不合规

直接存管是由商业银行为平台开立存管专用账户、出借人和借款人的子账户以及风险备用金账户组成，银行负有保管资金、资金结算、账务核对以及资金监督等职责，第三方支付机构提供支付服务。此种模式能有效隔离了客户资金与平台自有资金，防止平台挪用客户资金，但系统建设成本较高。

银行直连是指平台直接与商业银行对接支付结算，即出借人直接通过银行划拨资金，还款时资金直接返还至出借人账户。这种模式通过银行系统结算而无须第三方支付机构介入。

联合存管是“商业银行+第三方支付机构”的存管模式，即由存管银行提供平台存管账户，进行资金保管，第三方支付机构负责资金划拨和指令处理。联合存管模式在一定程度上限制了平台对客户资金的直接触碰，但存管银行实际上无法有效地监督账户资金流转。

在我国P2P网络借贷平台被全面清退或转型之前，已上线存管系统的P2P网络借贷平台采用的存管模式主要为直接存管模式，另外两种模式适用很少。

（二）P2P网络借贷资金存管的制度现状

《网络借贷资金存管业务指引》明确了商业银行存管机制，规定客户资金与平台自有资金的分账管理,资金进出和支付须经出借人和借款人的指令或授权,并具体规定存管银行在账务核对、信息披露、资料保管、信息管理方面明确存管银行的职责,构建起一套较为完整的资金存管制度。2017 年年底,中国互联网金融协会先后下发《关于开展网络借贷资金存管测评工作的通知》、《互联网金融个体网络借贷资金存管业务规范》和《互联网金融个体网络借贷资金存管系统规范》,对《网络借贷资金存管业务指引》作出了进一步细化。

第一,明确 P2P 网络借贷资金存管业务基本原则。《网络借贷资金存管业务指引》通过资金存管机制,加强对 P2P 网络借贷资金交易流转环节的监督管理,防范 P2P 网络借贷资金挪用风险,保护出借人资金安全。《网络借贷资金存管业务指引》明确了存管业务的三大基本原则:一是分账管理,即商业银行为网络借贷机构提供资金存管服务,对平台自有资金和存管资金分开保管、分账核算;二是依令行事,即存管资金的流转和清算支付等环节,须经出借人、借款人的指令或授权;三是账务核对,即银行和平台每日进行账务核对以保证账实相符,而且每笔资金流转有明细记录,相应数据信息应妥善保管,从而确保有据可查。

第二,限定商业银行作为唯一存管人。《网络借贷资金存管业务指引》第 5 条规定“存管人,是指为网络借贷业务提供资金存管服务的商业银行”。且第 14 条规定“委托人开展网络借贷资金存管业务,应指定唯一一家存管人作为资金存管机构”。由此可见,存管人只能是商业银行,除商业银行外的其他银行业金融机构均不具有开展存管业务的资格,而且存管人是唯一的,这便于对 P2P 网络借贷资金的集中管理与监控。

第三,明确委托人和存管人开展资金存管业务应具备的条件。根据《网络借贷信息中介机构业务活动管理暂行办法》及《网络借贷信息中介机构备案登记管理指引》的有关规定,网络借贷机构作为委托人,委托存管人开展网络借贷资金存管业务。商业银行作为存管人,在责任部门、技术系统、业务制度、支付结算等方面的应具备一定条件。

第四,明确资金存管业务各方的职责义务。商业银行作为存管人,所负有的资金存管职责,主要包括业务审查、账户开立、清算支付、账户核对、存管报告、档案保管、资金监督等;P2P网络借贷平台作为委托人,所负的职责主要体现在系统开发、信息披露、数据提供、客户服务等方面。另外,《网络借贷资金存管业务指引》还在数据信息真实性和准确性、资金管理运用、营销宣传等方面明确了存管人的免责情形,以防范商业银行声誉风险,保护其合法权益。

第五,明确资金存管业务的具体操作规则。《网络借贷资金存管业务指引》有关业务细则的规定涵盖业务模式、合同内容、系统接口、日终对账、信息报告、免责条款等方面。尤其是明确了存管账户设置的要求,从而确保账户资金安全。上述指引对具体业务模式和实施标准作出了原则性和一般性规定,预留弹性空间以满足实际需要。

第六,明确资金存管的具体落实保障措施。《网络借贷资金存管业务指引》明确了资金存管的三项具体机制安排:一是过渡期安排,为平台备案登记、系统改造预留时间;二是不得变相背书,存管银行不得为借贷交易提供担保,不承担信用风险;三是平等商定服务费用,禁止存管银行以开展资金存管业务为由捆绑销售或变相收取不合理费用。

资金存管制度能有效实现资金的物理隔离,在银行监督下保障专款专用,使资金流向更透明,防范资金池的设立和侵占、挪用客户资金的风险。

(三)P2P网络借贷资金存管制度的完善

第一,应与P2P网络借贷平台市场准入机制相协调。根据目前的规定,资金存管已成为P2P网络借贷平台的备案条件之一,是控制平台质量的重要门槛。然而从实践情况来看,平台资金存管面临如下困难:一是平台缺乏足够的技术能力及风控体系,难以满足与银行存管合作的技术要求;二是部分平台缺乏资金实力,议价能力低,难以满足存管合作的费用要求;三是平台与存管银行在存管对接中存在障碍,双方的需求有冲突之处。在未来备案制向审批制的转变中,应当明确资金存管作为审批的法定条件,并细化相关规定,提升资金存管的安全性与效率性。

第二,进一步明确存管人的职责与义务。《网络借贷资金存管业务指引》确立了存管人的职责，但相关规定仍不够清晰和具体，存管人在实际业务中仍存在无明确规定可依的困难。例如，存管人应当定期提供 P2P 网络借贷资金存管报告，但定期的频率并未明确。未来应进一步完善《网络借贷资金存管业务指引》，对存管人的职责作出更加明晰和详细的规定，使存管人履职有据，确保存管机制有效实施。

第三，健全规范更为详细的信息披露制度。要发挥存管机制的积极作用，应当完善 P2P 网络借贷平台的信息披露制度，降低平台与存管银行之间的信息不对称。具体而言，有必要对《网络借贷资金存管业务指引》的信息披露进行升级，设立业绩与风控评价指标体系，将借款成本、逾期率、不良率等指标也纳入审计与信息披露范围，提高平台运行的透明度。

第四，明确沉淀资金的处理。P2P 网络借贷过程中，在 P2P 网络借贷平台完成出借人与借款人的匹配前，客户资金产生的利息被称为沉淀资金。对于沉淀资金的归属及其分配问题，目前还没有明确规定。虽然这些沉淀资金单笔数量极小，但在积少成多，归属不明的情况下，不利于资金的有效利用。按照现行法律规定，P2P 网络借贷平台资金和客户资金必须严格分离，沉淀资金的所有权显然不属于 P2P 网络借贷平台；而银行负责沉淀资金的存管事宜，银行也不是该资金的所有权人；根据我国民法中孳息的归属规定以及《民法典》中保管物的孳息返还要求，沉淀资金应属投资者所有。但在实践中，要将利息分配给相应的投资者，必然导致 P2P 网络借贷效率降低、成本增加，最终损及投资者利益。笔者认为，可采取投资者权益保障基金的形式解决该问题，即以 P2P 网络借贷沉淀资金产生的利息收入作为基金的资金来源。当 P2P 网络借贷平台出现风险时，P2P 网络借贷平台的全体出借人作为基金的受益人，可动用该基金保障投资者利益。

第五，明确 P2P 网络借贷平台退出时存管资金的处理。当平台中止业务并退出时，资金存管业务的处理仍缺乏具体指引。如平台合规经营，但因经营状况恶化而倒闭，存量业务尚未到期，其涉及的出借人和借款人资金应当如何处理？平台恶意跑路，存量资产和负债应当如何处理？上述情形，尚无明确规定，未来仍需不断完善相关制度。

四、增信机制

所谓增信，即增进信用。我国P2P网络借贷从产生起就存在“刚兑”现象，由此产生各种类型的增信措施，带来一系列争议和风险。因此，有必要检讨P2P网络借贷增信的定位，完善各种增信机制。

（一）我国P2P网络借贷“刚兑”现象的产生

首先，信息不对称是我国P2P网络借贷“刚兑”现象产生的主要原因。充分的信息披露是投资者进行投资决策的前提。然而，基于我国P2P网络借贷市场征信机制尚未成熟、信用评价体系尚不完善，在实践中投资者无法真正了解借款人的真实信用状况，信息方面的弱势地位抑制了投资者的投资意愿。在网络借贷发展前期，我国主要通过管制型立法来规范网络借贷，以变相吸收公众存款罪和擅自公开发行证券罪为民间债权融资设定法律红线，对涉众性债权融资设置限制。[1] 然而这种立法只强调行政或刑事强制，缺乏对P2P网络借贷平台与P2P网络借贷参加者民事法律关系的调整，尤其缺乏对信息不对称的矫正，导致平台信用风险积累。一系列风险事件爆发，使投资者对风险愈加敏感，保本保息的“刚兑”需求强烈。

其次，P2P网络借贷行业发展的不成熟，加剧了“刚兑”现象。从一开始的平台自担保，到后来的风险准备金、债权转让、担保和保险等，虽然形式在发生变化，但其本质都是转移投资者损失。究其原因，P2P网络借贷平台普遍风控管理薄弱，而且服务同质化现象严重，在竞争激烈的背景下，单纯依靠高利率已经难以获得优势。行业内大多数平台都顺应客户需求采取“刚兑”措施，规模越来越大，极易挤走尚未采取同类措施的P2P网络借贷平台。为了自身的生存，P2P网络借贷平台纷纷加入“刚兑”行列，各种增信措施层出不穷。

最后，我国金融业“刚兑”传统，对P2P网络借贷行业产生影响。长期以来，我国金融机构对其发行的资产管理产品的风险损失进行兜底，当资管产品不能如期兑付或者兑付困难时，发行或者管理该产品的

---

〔1〕 参见2015年7月18日中国人民银行等十部委发布的《关于促进互联网金融健康发展的指导意见》（银发〔2015〕221号）。

金融机构自行筹集资金偿付或者委托其他金融机构代为偿付。这种做法自我国市场经济发展的初期产生,根深蒂固,潜移默化地影响着我国的金融行业。P2P 网络借贷本质上就是对传统金融业的补充,自然而然也会受到金融业“刚兑”传统的影响。尽管随着 2018 年 4 月《关于规范金融机构资产管理业务的指导意见》的出台,银行理财产品“刚兑”逐步破除,但 P2P 网络借贷的“去刚兑”之路仍面临各种挑战。

(二)我国 P2P 网络借贷增信措施的类型

所谓增信措施,主要是通过风险备付金、债权转让、担保、保险等方式为出借人提供资金保障,当借款人无法偿债时,予以全部或部分赔付。在 P2P 网络借贷发展初期,不少平台直接用平台资金提供担保,实质上承担起信用中介的角色,但因明显触及监管红线而被取缔,本文不作探讨。平台一般采取以下几类增信措施:

一是风险备付金[1]。即平台从出借人、借款人或第三方提取一定比例金额的资金进入风险备付金账户,当借款人发生违约情况时,平台用风险备付金对出借人进行偿还。根据资金来源的不同,风险备付金分为三类:第一,源于出借人,一般从出借人的贷款利息中提取一定比例资金作为风险备付金,且此类资金不再返还;第二,源于借款人,或者以借款本金的一定比例提取,或者以居间费以外的服务费形式来收取,包括返还类以及不返还类的备付金;第三,源于第三方担保公司,常见的模式为,担保公司向平台推荐借款人并为该借款人提供担保,为保证担保公司履行该担保责任,担保公司向平台缴存相应的风险备付金。若主债务得以顺利履行,该笔备付金会被退还。

二是债权转让。由于立法缺位,在我国的 P2P 网络借贷实践中,债权转让型 P2P 网络借贷长期存在。最典型的是专业放贷人的“拆标转让”,即由专业放贷人先以自有资金放贷,然后把债权分拆,以理财

---

〔1〕 也有“风险保障金”“风险保证金”“风险准备金”“质量保证金”等不同称谓。本文沿用《关于做好 P2P 网络借贷风险专项整治整改验收工作的通知》中“风险备付金”的称谓。

产品的形式转让出去,利用收回的资金重新进行放贷。这种转让通过期限和金额错配,扩大专业放贷人的可放贷资金,实现快速循环,支撑业务的高速扩张。此类增信方式一方面涉嫌非法发行证券,另一方面往往导致资金池的形成,很容易陷入非法集资的泥潭。《网络借贷信息中介机构业务活动管理暂行办法》明确禁止平台开展类资产证券化业务或实现以打包资产、证券化资产、信托资产、基金份额等形式的债权转让行为。[1] 因此,这类债权转让不再具有合法性。然而,对于“一对一”的债权转让,目前立法并未禁止。这类债权转让所涉及的是平台的存量债权,由出借人在平台发布债权转让的邀约,其他投资者自愿受让债权,因此不产生资金杠杆和流动性风险。

逾期回购是一种特殊的股权转让。2019 年 2 月拍拍贷针对小部分出借人推行“逾期回购”活动,由第三方机构收购投资者转让的逾期债权。拍拍贷逾期回购活动针对正逾期 31 天至 180 天的债权转让,转让价格为系统默认估值参考价,不可以进行调整,出借人可以选择是否转让。一般而言,P2P 网络借贷项目出现 30 天以上的逾期收回的概率基本上微乎其微,平台回购债权或通过合作的第三方机构回购债权,能在一定程度上挽回投资者损失。

三是第三方担保。我国存在三种典型第三方担保。其一,融资性担保公司担保。根据《融资性担保公司管理暂行办法》第 18 条的规定,融资性担保公司能为 P2P 网络借贷提供担保,当被担保人不履行债务时,由担保公司承担合同约定的担保责任。其二,非融资性担保公司担保。非融资性担保公司虽然经营范围不如融资性担保公司广泛,但按照《非融资性担保机构规范管理指导意见》的规定,可以根据相应等级从事担保业务。其三,小额贷款公司担保。《关于小额贷款公司试点的指导意见》第 5 条规定小额贷款公司应定期向信贷征信系统提供包括贷款担保在内的业务信息,间接表明小额贷款公司具有从事担保的资格。

四是保险。我国《保险法》规定,财产保险的保险利益必须是能够

---

〔1〕 参见《网络借贷信息中介机构业务活动管理暂行办法》第 10 条。

确定的经济利益。《网络借贷信息中介机构业务活动管理暂行办法》第 2 条明确将网络借贷业务产生的法律关系定义为民间借贷关系，而非投资关系。债权具有确定的经济利益，网络借贷合同的相关赔偿责任均可以受到保险法的保护。在保险与网络借贷合作中，增信意义最明显的险种是履约保证保险，即保险公司在借款人不按约定或法律规定履行还款义务时先行向出借人承担本息偿付责任的一种保险形式。2015 年 8 月，米缸金融与天安财险率先合作推出了履约保证保险，这种模式逐渐被业界认可。具体而言，履约保证保险可分为三种：第一种，投保人为借款人，被保险人是出借人；第二种，投保人是 P2P 网络借贷平台，出借人为被保险人；第三种，投保人是 P2P 网络借贷平台，被保险人是 P2P 网络借贷平台大股东，这种情况下 P2P 网络借贷平台大股东向出借人承诺，当借款人不能还款时，其向出借人全额保障本息；为增强平台大股东的担保能力，平台为 P2P 网络借贷平台大股东购买履约保证保险。2016 年 1 月 19 日保监会出台了《关于加强互联网平台保证保险业务管理的通知》，主要从偿付能力、信息披露、内控与风险管理、产品设计、合作对象选择等方面提出了要求。2017 年出台的《信用保证保险业务监管暂行办法》对 P2P 网络借贷领域的信用保证保险进行了确认和规范。（总结请参见表 3 – 4）

表 3 – 4　中国过去部分 P2P 网络借贷平台增信情况

增信措施	P2P 网络借贷平台	保障范围和保障方式
债权转让	麻袋平台[①]	发起名为“腾信宝”的出借人持有该债权的天数超过 60 天可以转让债权，由智能辅助投标系统自动匹配
	拍拍贷[②]	逾期回购
风险备付金	你我贷[③]	参与风险保障计划的借款人向风险保障金账户缴纳，出现逾期还款则支付潜在回款（本息保障）损失，借款人所缴纳费用不再归还

续表

增信措施	P2P 网络借贷平台	保障范围和保障方式
第三方担保	宜人贷[④]	本金及前四期连带责任保证担保
	钱盆网[⑤]	承担连带担保责任
	PPMoney[⑥]	当借款项目出现逾期,借款人不能按时归还本息,将由第三方担保机构先行代偿;当该笔逾期债权足额垫付后,则该债权对应的借款人其后为该笔债权偿还的本金、利息、罚息等应归属“垫付机构”
	米缸网络借贷[⑦]	“米缸优选 - We + ”资产推介机构全额担保 + 第三方保证金质押等额本息偿付
履约保证保险	陆金服	慧盈 - 安 e + 部分项目
	东方汇[⑧]	“汇 e 保”由中华财险为此借款提供履约保证保险,本息全额承保
	小赢网金[⑨]	在保险期间内,借款人未能按照借款合同的约定履行还款义务,且借款人拖欠任何一期欠款达到保险合同约定的等待期仍未足额还款的,则保险人对被保险人由此遭受的借款资金损失按照保险合同的约定承担赔偿责任
	精融汇[⑩]	“优选”产品采取信用保证保险承包,逾期还款由保险公司向出借人先行赔付本息
	小马金融[⑪]	“保马系列产品”采取职业责任保险,因意外或不可抗力导致借款人无法还款,由借款人事先购买的人身保险归还
	玖富[⑫]	由广东集成融资担保有限公司以及 PICC 人保财险为平台用户提供一年期以内借款履约保证保险保障,就借款人应偿还的借款本金及利息向出借人进行全额赔付

资料来源:表内所列信息主要源于各 P2P 网站,时间截至 2019 年 5 月。

①详见 https://s1. madailicai. com/static/pdf/us/agreement05. pdf 和 https://www. madailicai. com/static/faq/201607110956. htl。

②详见 https://www. ppdaicdn. com/img/agreement_risk. pdf。

③详见 http://www. niwodai. com/Public/Static/nwd/synthesisPC/disclosure/riskplan. html。

④详见 https://www. yirendai. com/infoAnnounce/bzjz/dbwj/。

⑤详见 https://www. qianpen. com/front/information - disclosure/credit? parent = about - company&page = credit. htm。

⑥详见 https://www. ppmoney. com/ppcms/help/#url = /introInsurance/safeguard。

⑦详见 https://p2p. migang. com/help/guide。

⑧详见 https://www. eastlendingp2p. com/p2p/invest/prodetail/ecf81d82 - 5d27 - 4320 - 9c11 - 7b8de4182b2a。

⑨详见 https://www. yingzt. com/invest/fpReserveDetailNew? skuId = 167044088164778122。

⑩详见 https://www. iafclub. com/atv/pdf/web/2018hg. pdf。

⑪详见 https://www. xmjr. com/html/pc/img/activity/% E5% 90% 88% E8% A7% 84% E5% AE% A1% E6% 9F% A5% E6% 8A% A5% E5% 91% 8A. pdf。

⑫详见 https://www. 9fpuhui. com/report/details? id = 18。

（三）“去刚兑”监管下增信措施适用的争议与风险

P2P 网络借贷增信机制的引入，在一定时期内提升了市场信心、促进了 P2P 网络借贷融资，对于破除我国民间金融发展的桎梏、推进普惠金融的发展、满足小微企业与自然人的投融资需求，具有积极意义。然而，2016 年《网络借贷信息中介机构业务活动管理暂行办法》颁布后，随之而来的行业整治开始指向打破平台刚兑。在此背景下，若干增信措施的合法性存在重大争议，在适用时面临监管方面或者实践方面的种种障碍，存在不同程度的法律风险，影响投资者利益、平台利益乃至整个金融秩序。

1. P2P 网络借贷增信措施适用中的争议

其一，与 P2P 网络借贷平台中介定位是否相符存疑。《网络借贷信息中介机构业务活动管理暂行办法》明确了平台的中介定位，并将此作为监管的基调，即平台只在出借人和借款人之间提供撮合交易的信息服务，不得直接或变相向出借人提供担保或者承诺保本保息。可以说，以平台名义直接提供资金保障明显不具备合法性。然而其他类型的增信措施，是否与平台中介定位相悖，仍存在诸多争议。

一方面，自增信的扩大化规制。如P2P网络借贷平台的风险备付金，表面上属于平台自增信，但在目前监管实践中，不问资金缴付的来源和具体使用方式，"一刀切"禁止风险备付金，似乎有矫枉过正之嫌。又如，债权转让，诚然资产证券化模式的债权转让不符合P2P网络借贷的风险监管要求，但对其他类型的债权转让，尽管法无禁止，然而在监管实践中却受到诸多限制，债权流动空间狭窄，损及投资者的权益。

另一方面，某些实质意义上的平台自增信得不到规制。为了避免自担保带来的法律风险，很多P2P网络借贷平台都会选择与自身有关联关系的担保公司合作，平台与担保公司可能互为股东，也可能是在同一控制人的控制之下。有些情况下，虽然平台引入非关联担保公司，但在实际操作中，平台提供反担保，导致风险依旧聚集在平台上。

其二，为投资者提供保护的实效有限。不管是平台自增信还是第三方增信，对投资者提供的保护在效果上是存在局限的，反而还会刺激非理性投资，进一步损害投资者利益。

一方面，无论哪种增信方式，给投资者提供的保障都是有限的。以平台风险备付金来说，无论计提方式如何，都会导致借款人融资成本的增加、出借人回报的降低、平台运营收益的下降。风险备付金的恶性竞争，使P2P网络借贷市场效率降低。Zopa就在2017年启动了风险准备金的终止进程，预计2022年将完全终止风险准备金。另外，对于风险较高的债权和逾期债权，债权转让实际上难以实施，转让（或回购）价格也相当低。第三方担保机构对P2P网络借贷提供的担保往往是经常性的，其单个数额也许远远小于大宗银行贷款，但是实际上提供的担保总数额远远大于一般担保机构的风险承受范围。P2P网络借贷中大量分散借款人的风险统一转嫁给一般担保机构，最终可能导致担保机构无力承担担保责任，增信目的落空。

另一方面，在P2P网络借贷平台监管不完善、信息披露不规范、投资者风险识别水平普遍低下的情况下，投资者盲目信任增信措施的保障,很可能加剧逆向选择,扭曲金融资源配置,导致巨大的市场风险,远超平台和担保机构的承受范围。以 e 租宝为例,95% 以上的项目为虚构,非法集资超过 500 亿元,受害者高达 90 万人。其所引入的风险保障金等增信措施,给出借人资金保护的幻觉,在很大程度上变成蒙骗投资者的圈套。

其三,与其他配套机制的对接困难。P2P 网络借贷增信功能的发挥,往往离不开第三方担保机制和保险机制的培育。目前我国相关产业发展不成熟,在与 P2P 网络借贷平台增信的对接中存在现实困难,很多时候徒具其表。一方面,第三方担保行业良莠不齐,会因各种因素导致失去还款意愿,或者由于财务状况的持续恶化丧失还款能力;另一方面,由于目前 P2P 网络借贷涉及的贷款很多属于次级贷款,保险公司与 P2P 网络借贷平台合作意愿普遍不强。银保监会对保险公司与 P2P 网络借贷平台的合作持相当审慎的态度。

虽然 P2P 网络借贷监管部门鼓励 P2P 网络借贷引入第三方担保和保险,但合作对接的制度基础薄弱,对担保机构的资质要求不明确,保险类型和理赔机制不明确。目前市场上很多第三方担保机构或保险公司都扮演橡皮图章角色,"担而不保"现象频现。当发生实际偿付时,都只能由平台兜底,由其承担第三方担保机构或保险公司所无力承担的交易风险。

2. P2P 网络借贷增信带来的法律风险

(1)风险备付金的法律风险

对于风险备付金的性质,学界一直存在较大争议。有的观点认为,由于风险备付金对投资人的赔付金额以其账户总额为限,因此风险备付金并非担保性质,而是投资者的一种保护计划;[1] 也有观点认为平台向借款人计提风险备付金,并用这笔资金对投资人进行赔付的行为,就是平台利用自有资金向投资人提供担保,"一旦平台收取风险备付金,此款项就归属于平台,用风险备付金对平台的逾期债权赔付就违背

---

〔1〕 杨东:《P2P 网络借贷平台的异化及其规制》,载《社会科学》2015 年第 8 期。

了'不得担保'的禁令"。[1] 问题的关键,落在风险备付金的所有权归属上。然而,一方面风险备付金资金来源广泛,在绝大多数情况下并非直接由平台提供,出借人、借款人、第三方都可能提供风险备付金,因此资金的权属模糊;另一方面风险备付金中有部分会在借款人清偿债务后予以返还,有部分则不再返还,这种情况也影响资金性质的认定。

另外,法律对风险备付金计提、存管、孳息、垫付等都没有作出明确的规定,这样就会导致在实际操作中风险备付金存在以下风险:其一,风险备付金的计提和垫付规则都由平台格式条款来决定,投资者的选择权受到一定限制;其二,风险备付金的存管并没有纳入监管,资金的管理和支配完全由平台主导,透明度不高,资金有被挪用的风险;其三,风险备付金孳息应当归资金所有权者,然而实际上都由平台获得这些收益;其四,运用风险备付金对逾期债权的出借人进行偿付后,平台取得出借人的权益,但该权益的性质仍较为模糊,平台在行使权利的方式和手段上仍存在法律风险。

2017 年 12 月 8 日,原银监会 P2P 网络借贷风险专项整治工作领导小组办公室下发《关于做好 P2P 网络借贷风险专项整治整改验收工作的通知》,"禁止辖内机构继续提取、新增风险备付金",已提取的风险备付金应逐步消化,压缩规模。可见,目前我国监管当局对风险备付金持否定态度,但这种"一刀切"的处理是否合理合法,尚存疑问。显然,这种做法依循了传统的管控型监管理念,没有充分考虑到风险保障金促进资本形成的重要经济功能和我国 P2P 网络借贷行业的现实发展需求。因此,纸面上严格的禁令在现实中无法得到有效执行。

(2)债权转让的法律风险

个体之间的债权转让是平台为了解决借款标流动性的一种功能创新,这对于借款期限较长的债权具有积极意义。本质上,这属于民法调整的平等主体之间的债权转让。《民法典》合同编第 545 条规定,除了

---

〔1〕 郭锋:《P2P 网络借贷平台风险备付金到底能不能玩》,载网络借贷之家,https://www.wdzj.com/zhuanlan/guancha/17-1511-1.html,最后访问日期:2019 年 5 月 30 日。

根据合同性质不得转让、按照当事人约定不得转让、依照法律规定不得转让的情况之外，债权人可以将合同的权利全部或者部分转让给第三人。据此，P2P 网络借贷出借人可以依法与第三人签订债权转让合同。很多平台也都推出了协助出借人转让债权的服务功能，以促进资本流通。

然而，对于个体之间的债权转让，目前各地监管部门的态度并不统一，规制程度和方式不同，带来了额外的法律风险。例如，上海对“平台自身撮合交易产生债权的逐笔转让”予以认可，也就是肯定平台内投资者之间一对一的债权转让。〔1〕但不同平台之间债权人的债权转让仍缺乏合规空间。而深圳则对平台内个人债权转让附加了多项限制，包括：①将债权转让限定为出借人之间进行的低频债权转让；②要求平台设置债权转让专区；③要求平台核查出借人债权转让用途；④限制出借人持有债权的期限；⑤平台须事先向出借人提示流动性风险并经出借人确认。可以说，这些限制一定程度上干预了出借人对债权的处分权，进一步收窄了债权转让渠道，流动性不够充分势必影响增信效果。〔2〕

而对于逾期回购这种新型的债权转让，在实践中尚未定型，仍存在法律风险。一方面，风险源于回购主体。若由平台提供回购，则有自增信之嫌疑，并不符合目前的监管思路。实践中，不少平台在项目发生逾期时，以受让债权为前提代为催收，属于实质上的平台逾期回购。这样使出借人的风险转移至平台，背离了平台的中介定位。另一方面，风险源于回购价格。以拍拍贷为例，逾期债权的参考回购价格普遍较低，一个月到三个月的逾期债权的平均折扣率在 1% 左右。《中国人民银行贷款通则》中将逾期贷款、呆滞贷款、呆账贷款归为不良贷款。对于 P2P 网络借贷平台中的不良贷款，回收概率、定价规则等信息不够公开透明，定价的合理性难以得到保障，投资者权益的保护面临困难。

---

〔1〕 参见《上海市网络借贷信息中介机构合规审核与整改验收工作指引表》序号“40”。

〔2〕 参见《深圳市网络借贷信息中介机构整改验收指引表》序号“31”。

(3)第三方担保的法律风险

按照担保公司所从事的业务范围,担保公司可以分为融资担保公司和一般担保公司。对于融资担保公司,根据《融资性担保公司管理暂行办法》第28条的规定,融资性担保公司的融资性担保责任余额不得超过其净资产的10倍。但在实践中,融资性担保公司的杠杆率往往突破法定限额,担保总数远超其风险承担范围,实际上没有起到担保应有的分散风险的效果,从而导致风险聚集,担保公司极易陷入破产困境。

一般担保公司只要符合《公司法》规定就可以成立,不需履行融资担保公司严格的准入审批手续,在资金、技术、管理、人才等方面条件都明显逊于融资性担保公司。目前P2P网络借贷的监管实践中,并没对担保机构的资质作出限制,一般担保公司提供担保的情况普遍存在。而根据《非融资性担保机构规范管理指导意见》第9条和第16条的规定,非融资性担保机构的担保范围与等级相联系,而代偿损失率对等级评定有重大影响。因而,一旦代偿损失率过高,这类担保机构可能失去相应的等级资格,导致担保无效,无法承担担保责任。

小额贷款公司担保在法律规制上存在空白,一般来说依据《公司法》的有关规定处理。然而,在各地出台的相应的规范性文件中,有些对其担保行为作出限制。例如,湖北省政府办公厅发布的《关于促进小额贷款公司健康发展的若干意见》规定小额贷款公司的股权质押担保只能适用于向银行金融机构进行的融资,而不能适用于其他项目融资。各地规定的差异,导致此类担保乱象丛生。

(4)保险的法律风险

在P2P网络借贷法律法规不健全的情况下,P2P网络借贷平台运营面临重重问题。在实际业务中,保险公司很难获取P2P网络借贷平台完整、真实的业务信息,难以保证借款人的优质背景,从而造成为平台增信的假象。2018年下半年以来,P2P网络借贷行业出现"爆雷"潮,多家险企相继踩雷。以长安责任保险为例,自2014年年底至2018年年初,与长安责任达成合作的P2P网络借贷平台,包括存利网(暂停运营)、金投行(被曝逾期)、土豆金服、微财富、钱保姆(问题平台)、好利网(警方介入)、予财网、和信贷、邦融汇(部分逾期)等 10 余家。2018 年第三季度,长安责任保险核心偿付能力充足率和综合偿付能力已下滑至 -41.5%,风险综合评级为 D 类,在网络借贷平台项目上赔付近 20 亿元后,其仍未赔付的保险责任余额达 22 亿元。[1] 随着 P2P 网络借贷行业违约率的上升,P2P 网络借贷履约保证保险在赔付过程出现多起纠纷投诉事件,引发监管部门的高度关注。

在平台自身的问题没得到规范治理的情况下,保险机构与平台合作,可能会引起行业之间的风险传递,甚至会酿成严重的金融风险。中国银行保险监督管理委员会上海监管局已对一些保险公司通过提供履约保证保险支持部分 P2P 网络借贷平台开展风险排查,约谈相关保险公司,要求立即停止签发高风险 P2P 网络借贷机构保证保险新单,稳妥处置存量业务风险。银保监会发布的《关于规范责任保险发展有关问题的通知(征求意见稿)》甚至规定不得以责任保险形式承保以借贷合同为基础的信用风险。

(四)P2P 网络借贷增信定位之检讨

"刚兑"的传统思路,反映了对投资者"低理性"的形象定位,也反映出对投资者的过度保护与不当保护。平台和投资者高度依赖增信措施,非但没从根本上解决风险,还带来了新的风险。因此,P2P 网络借贷增信制度的完善,须建立在对其性质和功能的恰当定位上,有必要从投资者、监管机构、P2P 网络借贷平台等主体的角度出发,结合相关理论进行检讨。

1. 投资者保护视角下的增信定位

P2P 网络借贷"刚兑"思路的形成,与 P2P 网络借贷市场发展初期对投资者"低理性"的形象定位是相吻合的。在这种观念中,大多数投资者对理性决策既无兴趣亦无能力。同时,利率市场化和投资低门槛化导致投资"消费化"。因此,即便为投资决策提供充分基础,投资者

---

[1] 参见刘四红:《保险机构与 P2P 业务合作再引监管关注"网络借贷 + 保险"前途几何?》,载凤凰网财经 WEMONEY,https://finance.ifeng.com/c/7lbV3q4W 5Wi,最后访问日期:2019 年 5 月 30 日。

仍无法理性决策,必须进一步保护投资者免受其非理性决策的伤害。[1] 在此导向下,投资者保护重视的并非投资者决策的自由,而是投资者决策的效果,往往表现为通过各种增信措施为投资者的信用风险损失兜底。"刚兑"思路,在一定程度上与投资者审慎决策、自我负责的基本投资原则相矛盾。长此以往,投资者的风险评估及决策力将进一步退化,不妥当的保护制度将"制造"越发非理性的投资者,投资者则向着越发不谨慎、低能的趋势退化,这实际上背离了投资者保护的初衷。因此,过分强调增信措施并不符合投资者保护的精神。

"去刚兑"的 P2P 网络借贷行业整治中,投资者保护的模式该走向何方?若走向"低理性投资者"保护模式的反面——"理性投资者"保护模式,排斥所有增信措施,也是不符合我国当前国情的。在"理性投资者"保护模式下,投资者被视为理性人,具有良好的信息处理能力、风险匹配能力和决策力。在充足信息的保障下,其有能力独立完成投资决策并为之负责,投资者不存在其他受保护需求。然而,这种假设是脱离实际的:其一,当前 P2P 网络借贷信息披露机制仍不完善,信息不对称仍无法得到恰当的矫正,投资者决策缺乏充分的信息基础;其二,投资者知识水平参差,或怠于阅读信息,或无力理解及应用信息;其三,投资者的风险认知及匹配能力有限,在平台的高投资回报吸引下,高估自身投资经验和风险承受能力,低估产品风险。因此,在一定时期内,大部分增信措施仍然有存在的必要。

有限理性(bounded rationality)的概念是阿罗提出的,他认为有限理性就是人的行为"即是有意识的理性的,但这种理性又是有限的"[2]。诺贝尔经济学奖获得者赫伯特·西蒙把心理因素融入经济研究中,修正了传统金融理论的"理性人假说",指出投资者存在各种各样的认知偏差,主要表现在投资决策过程中许多理性之外的感知、情绪和信念,这种有限理性特征使投资者无法达到理性预期和效用最大化,

---

[1] 张艳:《个人投资者的保护逻辑与新时代的路径选择——以金融产品销售为例》,载《当代法学》2019 年第 1 期。

[2] [美]肯尼斯·阿罗:《社会选择与个人价值》(第 2 版),丁建峰译,上海人民出版社 2010 年版,第 52 - 122 页。

使其在决策中会犯错,很难用理性人的方式对市场作出一致的无偏估计。[1] 比较有代表性的有限理性行为包括过度自信、反应不足、后悔厌恶和“羊群行为”。纵观我国 P2P 网络借贷市场的发展过程,从引入兴起到爆炸式增长,进而风险频发,乃至目前陷入低潮,投资者有限理性的特征都相当明显。

未来我国 P2P 网络借贷投资者保护应以“投资者有限理性”为基础,承认投资者在投资决策形成过程中会存在认知及行为偏差,信用风险仍不可避免,因此仍有对投资者进行保护的必要。在此情况下,增信措施仍有适用的空间。但投资者保护应有的放矢,从导向来看,制度重构应当以纠正投资者上述认知和行为偏差的保护制度为主,以弥补风险损失的增信保护为补充。

2. 金融监管视角下的增信定位

金融创新与金融安全是金融监管的两大重要价值取向,而两者的平衡在具体的制度设计中往往面临抵牾。P2P 网络借贷各种增信措施的创新,顺应了 P2P 网络借贷的现实需要,然而当其野蛮生长侵蚀金融安全时,监管须对其进行恰当的规制。

金融创新理论流派“约束诱导论”代表人物西尔柏认为,金融机构摆脱内部或外部的制约是金融机构创新的根本原因,金融机构创造新的金融工具、交易方式、服务种类等均是为了摆脱各种内部和外部的制约。[2] 传统融资方式存在的各种制约,催生了以平台为中心的 P2P 网络借贷;P2P 网络借贷实践中的各种制约,导致了交易机制的不断调整和修正,其中也包括增信机制。金融创新强调“看不见的手”的力量,强调市场主体基于相互博弈所产生机制的合理性。在很多情况下,这种方式所产生的交易机制是符合“成本—收益”原则的。P2P 网络借贷中,各种增信措施的适用,在出借人、借款人、平台、第三方担保人或保险机构之间达到了一定的利益平衡,在一定时期内促进了 P2P 网络借

---

〔1〕［美］赫伯特·西蒙:《现代决策理论的基石》,杨砾等译,北京经济学院出版社 1989 年版,第 45 - 63 页。

〔2〕See Silber W. L. ,*The Process of Financial Innovation*, American Economic Review, Vol. 73:2, p. 89 - 95(1983).

贷行业的飞速发展。

然而,金融领域存在市场失灵的情况,金融创新往往伴随巨大风险,带来负外部性,"看得见的手"之干预不可避免。正如亚洲开发银行副行长格罗夫(Stephen Groff)在参加博鳌亚洲论坛2018年年会时所说的,"任何创新都有风险,尤其是在金融领域,需要有合适的监管,确保市场不会遭受因'过度创新'造成的负面影响"[1]。回顾P2P网络借贷发展初期,平台提供的直接增信,使平台成为事实上的信用中介,然而平台却不须遵循传统信用中介的严格准入门槛和风控要求,此种创新显然逾越了法律容忍的底线,而被严格禁止。其后平台纷纷采取其他名目提供增信。这其中存在诸多法律的灰色地带,故仍须在权衡金融创新和金融安全的基础上,作出适当的法律调整。

一方面,金融创新应作为主要基调,即法无明文禁止的增信机制创新,都应允许其自由发展,这对P2P网络借贷尤为重要,这也是当前发展普惠金融的现实要求。因此,应当慎防过多的或不当的行政权力介入挤压私法空间,抑制金融创新。目前我国在P2P网络借贷领域采取协同监管的理念,明确了中央监管部门的行为监管和地方政府的机构监管双负责的监管安排,然而两类监管在某些时候难以截然区分;加上网络的跨区域性,地方分散治理存在很大局限。在近两年P2P网络借贷行业整治的风潮中,中央和地方监管的不协调,导致备案进展艰难。未来,在坚持中央金融监管的主导地位的基础上,发挥地方监管的效率,是P2P网络借贷创新的必然要求。

另一方面,对触及金融安全的增信行为,应明确予以限制。其一,限制有悖平台中介角色的增信行为,判断标准有两个:一是资金因素,即平台是否利用自身资金在实质上为出借人的信用风险兜底;二是关联关系因素,即平台是否利用其关联企业为出借人提供增信。其二,限制不具备相应担保或保险资质的主体提供的增信,这就需要对P2P网络借贷的第三方增信主体作更明确的界定,并构建其相应的培育机制

[1] 参见《亚开行副行长:金融创新不能毫无约束》,载财新网,http://finance.caixin.com/2018-04-10/101232384.html,最后访问日期:2019年5月30日。

和对接机制，防范和控制 P2P 网络借贷风险转移过程中的负面效应。

3. P2P 网络借贷平台风险管理视角下的增信定位

P2P 网络借贷平台虽然不是金融机构，但具有准金融属性，经营与金融活动相关。在借贷交易中，P2P 网络借贷平台主要负责提供金融信息和数据，包括借款需求、融资项目、借款人信用信息、借贷利息等。而且，《网络借贷信息中介机构业务活动管理暂行办法》确定原银监会及其派出机构作为网络借贷平台的监管部门，在实质上反映了网络借贷平台的准金融属性。[1] 因而，平台有责任对 P2P 网络借贷中的金融风险进行管理，即对金融风险进行识别、衡量和分析，并在此基础上有效地控制与处置金融风险。

风险控制是金融风险管理的目的与归宿。正如 P2P 网络借贷业内人士所强调，"金融的关键是风控，风控，还是风控"。风险控制在 P2P 网络借贷行业乃至金融行业均是重中之重。[2] P2P 网络借贷平台应当针对风险的不同类别和程度，采取不同的风险控制策略：一是风险规避，消除导致风险活动的措施，包括 P2P 网络借贷产品的筛选、业务流程的改善和内部控制的加强。其中，加强对借款人的贷前审核、贷中跟踪和逾期催收，是最主要的风险规避措施。而实施资金存管制度，实现平台资金与客户资金之间有效的风险隔离，也是规避平台风险传导的有效方式。二是风险分散，引导投资者对各种资产选择进行分析，根据各自的风险——收益特征和相关性来实现风险、收益的最优组合。平台所采取的措施包括：通过全面的投资者教育，增强投资者的投资知识和水平；通过充分的信息披露，为投资决策提供充分的依据；通过确定适当的投资限额，控制投资损失风险。三是风险缓释，利用若干合法的交易方式和业务手段将风险全部或者部分转移给他人，其主要形式就是本文讨论的增信机制。可见，P2P 网络借贷风险管理是一个系统

---

〔1〕 李莉莎：《P2P 网络借贷平台的法律定位及改进对策》，载《海南金融》2018 年第 11 期。

〔2〕 参见《轻易贷创始人李勇会：金融的关键是风控，风控，还是风控》，载至诚财经网，http://www.zhicheng.com/n/20190506/265329.html，最后访问日期：2019 年 5 月 30 日。

工程,增信在其中的作用既不应忽略也不应过分夸大。增信不是风险控制的唯一途径,其发挥作用的空间是有限的,且需要其他机制的配合与协调。

《巴塞尔新资本协议》认为,风险缓释技术本身也可能带来新的风险,还需要满足一定的程序和最低操作要求。[1] 这对于P2P网络借贷平台的风险缓释也是具有借鉴意义的。具体来说,风险的缓释并不意味着风险总量的减少,而只是将风险进行转移,这对于风险治理来说有可能存在负面效应:一方面,很多情况下,适用增信措施也仅能部分转移或分散风险,风险敞口仍然存在,对投资者而言也许仍难以负荷;另一方面,适用增信措施后,继受风险的主体仍可能不具备相应的偿付能力。若该主体是平台,此类风险会进一步扩及平台上的其他投资者;若该主体是其他金融机构,则可能导致系统性金融风险。

综上,增信仅仅是风险缓释的手段,在风险治理系统中并非处于主导地位,且增信的适用可能具有负外部性,导致风险的蔓延和恶化。从P2P网络借贷的运营特点出发,只有对风险控制的方式以及相关主体在其中的角色作全面的考量,才能使增信机制的立法定位恰如其分。

(五)P2P网络借贷增信的机制完善

随着"去刚兑"监管的推进,在投资者需求、行业发展惯性、制度供给不足等各种因素挟裹之下,P2P网络借贷增信实践出现了各种混乱。有必要完善增信制度,对各种增信措施进行更清晰和细致的法律调整,发挥其积极作用,遏制相关风险。

1. P2P网络借贷增信的宏观完善思路

(1)类型化监管的思路

从类型化的角度,P2P网络借贷增信根据风险承继主体的不同,可分为平台提供的增信、投资者提供的增信和第三方提供的增信。三类增信措施的风险样态不同,相应的监管思路也应有所区别。

平台提供的增信,最主要的是风险备付金。若资金来自于平台或

---

〔1〕 信用风险缓释技术是新巴塞尔协议中修订的重要部分,是指标准法下降低风险权重、IRB法下降低违约概率和违约损失率进而降低资本要求的主要方法。

平台的关联方,则平台在实质上充当信用中介,这违背了当前的立法规定,应当严格禁止。资金若来自出借人、借款人或第三方,则监管应着眼于规制此类增信带来的各种风险,包括资金保管的安全性、资金使用状况的透明度、对投资者偿付的公平性,以及与其他增信措施竞合时的处理。

投资者提供的增信,主要是债权转让。从当前监管态度来看,有“一管就死”的倾向。流动性不足,抑制着 P2P 网络借贷市场的发展繁荣。平台内部或平台间的“一对一”债权转让,并不存在法理障碍,现有的监管手段也足以监控资金流向,防范资金池风险。因此,在不逾越“一对一”债权转让的底线内,应采取更开放包容的监管态度。

第三方提供的增信,包括第三方对逾期债权的回购、第三方担保以及保险。该类增信的监管应坚持以下几点:一要确保第三方与平台的非关联性,从实质上切断与平台间的风险传导;二要规范第三方的主体资质,保证第三方的风险承担能力;三要对第三方增信的条件和程序作细化的规范,保证第三方能切实为投资者提供公平、合理的补偿。

(2)阶段性发展的思路

在 2018 年 P2P 网络借贷行业的整治风潮中,监管当局对风险备付金采取否定的态度,但在 2019 年《网络借贷信息中介机构有条件备案试点工作方案》中提出了提取一般风险准备金[1]和出借人风险补偿金的要求,后者适用于在借款人出现信用风险不能按约定偿付出借人资金的情形下,用出借人风险补偿金弥补出借人本金损失,显然也就是本文所讨论的风险备付金。这种监管态度的变化,反映了风险备付金在一定时期内仍有存在的必要。这不仅是基于 P2P 网络借贷实践的惯性,还由于其他增信措施的培育仍举步维艰。

但从长远来看,第三方增信应当成为主流,投资者增信作为重要补充。一方面,这是 P2P 网络借贷平台完全回归信息中介角色的需要,是降低平台和投资者交易成本的需要;另一方面,这也是活跃金融市

---

〔1〕 一般风险准备金用于先行支付因网络借贷机构自身原因(如发布虚假信息、未按要求进行信息披露、网络借贷机构自融)给当事人造成的损失。

场,打通 P2P 网络借贷平台之间,以及 P2P 网络借贷平台与担保企业、保险企业合作通道,提高金融效率的需要。这过程是复杂和漫长的,不仅有赖于 P2P 网络借贷市场的规范,还有赖于整个金融监管体制的革新。

2. P2P 网络借贷增信制度的微观完善建议

就微观角度而言,在增信环节中,各种增信措施的应用,涉及对多方主体的法律调整,而当前的立法层次低、分散而不统一,且存在各种空白、笼统甚至矛盾之处。因此,有必要有步骤地、分层次地整合规则,构建起适应 P2P 网络借贷发展需要的增信制度体系。

(1)风险备付金制度的完善

在一定时期内,风险备付金仍有继续保留和发展的空间,但须进一步加强法律规范,以保障备付金的合法性、维护资金的安全性和促进对投资者利益的保护。

首先,从资金计提来看,应当严格禁止从平台资金中直接提取,而主要采取由借款人缴纳的方式。同时,可借鉴银行的资本充足率指标,将 P2P 网络借贷平台风险备付金的资本规模与平台贷款总规模的比例,确定为风险备付金充足率,并对此进行适当的管制,以监测 P2P 网络借贷平台抵御风险的能力,包括规定平台向银保监会定期报告该指标和相关指标的义务,银保监会的现场检查和非现场监控,以及对低于最低标准以下的平台可采取的干预措施。

其次,从资金存管来看,风险备付金的第三方存管应进一步明确并严格化。根据《网络借贷资金存管业务指引》的规定,“网络借贷资金,是网络借贷信息中介机构作为委托人,委托存管人保管的,由借款人、出借人和担保人等进行投融资活动形成的专项借贷资金及相关资金”。立法应当明确,风险备付金属于该条所规定的“相关资金”,并纳入资金存管框架内,由商业银行进行存管。但从上述指引第 13 条规定[1]可以看出,存管资金的使用规则主要针对的是客户的交易资金,对于风险备

[1] 参见《网络借贷资金存管业务指引》第 13 条:存管人与委托人根据网络借贷交易模式约定资金运作流程,即资金在不同交易模式下的汇划方式和要求,包括但不限于不同模式下的发标、投标、流标、撤标、项目结束等环节。

付金的使用,有赖于平台向存管机构作出的指令,立法应作补充,以保障资金偿付的有序性和公平性。从孳息来看,风险备付金的孳息分配给缴纳备付金的相应借款人,并不具备现实可行性,建议划拨到专门的投资者保护基金,“取之于投资者,用之于投资者”。

再次,从资金偿付来看,应当允许平台根据不同产品的风险程度,划分风险备付金的保障范围,具体偿付时应当坚持以下几个原则:一是顺位规则,按照逾期债权的先后顺序进行偿付,逾期在先的债权先得到偿付后,才对逾期在后的债权进行偿付;二是比例规则,当风险备付金余额不足以支付同一顺位的逾期债权本息,则该顺位的投资者按同等比例进行偿付;三是上限规则,风险备付金以每月为一期计算赔付,当该期风险备付金余额耗尽,投资者未获偿付的金额自动记入下一期,待风险备付金账户获得新的资金后再予以偿付。

最后,从权益转让来看,风险备付金对逾期贷款进行偿付后,往往产生相应的权益移转。目前实践中有两种形式:其一,在风险备付金偿付的范围内,由平台直接承继债权本息,平台可直接向借款人追偿、行使相关的担保权或处分该债权。其二,出借人将追讨债权的权利委托给平台代为行使,追讨所得除了支付相关成本外,优先弥补风险备付金的支出。本书认为,前一种模式,与平台的信息中介角色存在冲突,应采取后一种模式。但在后一种模式中,应当强化出借人的协助追讨义务,使当事人和平台之间的权利义务实现均衡。

(2)债权转让制度的完善

当前,P2P 网络借贷债权转让困难的现象突出,自动投标存在争议,逾期回购的定价不透明,跨平台的债权转让还难以实现。未来应当把握监管的尺度,以市场为导向,完善相关制度,畅通债权转让的途径,提高债权转让效率。

第一,债权转让困难问题。P2P 网络借贷平台备案延期后,整个行业陷入低谷,出借人信心低迷。尤其是在 2018 年 6 月爆雷潮后,在投的出借人想退出,而新进来的出借人又过少。这样,平台的债权转让难题凸显,而且普通出借人容易把流动性问题错误理解为信用风险问题,舆论发酵下,平台的债权转让难题就更为突出了。对此,应当明确债转难并不意味最终损失。出借人的底层债权资产到期时,只要借款人能按时偿还债务,出借人就不会遭受损失。而且,债权转让困难并不会一直持续下去。随着行业整治的深入,行业整体风险的降低,市场信心将得到提升,这种困难终将克服。在此过程中,应通过完善监管制度,保障平台标的的真实性,提高平台的风控能力,为降低债权转让风险奠定基础。

第二,自动投标问题。对于平台基于债权转让设计的自动投标工具,各地监管部门的态度并不明确,也并不统一。一方面,自动投标可以满足出借人的投资需求。投资者往往既追求高收益率底层资产,又倾向更短期限出借行为以及保持较高流动性。国内外不少 P2P 网络借贷平台通过自动投标,强制出借人分散化投资,从而依据大数法则降低出借组合资产最终收益率的不确定性。这种充分分散化出借几乎不可能通过出借人手动投资散标来实现。另一方面,自动投标可以减少债权转让的拥堵效应。在不少传统 P2P 网络借贷产品中,出借人在锁定期之后可以选择继续持有,也可以选择随时退出。这种手动退出,时点选择上具有任意性,容易引发在一定时点密集的恐慌性债权转让。近年来,以爱钱进平台的“爱盈宝”为典型,通过锁定期到期的时点设置错开以及锁定期期满的自动转让,优化了平台对于债权项目整体流动性的把控,防止特定敏感时点出现拥堵效应,对降低平台流动性风险具有积极意义。鉴于此,自动投标只要不触及资金池或资产证券化,应当予以支持。监管应着眼于确保“一对一”债权转让,防止平台和有关当事人的规避行为,并要对相关信息披露予以严格规范。

第三,债权转让的市场化问题。债权转让增信功能的发挥,有赖于构建一个更开放、更安全、更便捷的债权转让市场,依靠市场化的方式和手段解决各种问题。近年来,实务界已经有推动搭建统一的 P2P 网络借贷债权二级转让市场的呼声。在这方面,美国提供了有益的借鉴,由证券交易委员会指定一家另类资产交易所统一负责 P2P 网络借贷债权转让交易。这样一个统一的债权二级转让市场可以与债权标的的信息披露工作有效结合起来,对于债转标的收取极低服务费,由出借人自主决定债转标的的折价水平。当然这种创新模式交易市场的放开,有可能导致折价幅度过高，引发市场恐慌。为此，适当借鉴做市商制度，保证债转市场的折价水平在合理区间水平，防止不良分子故意打压债转市场，借以牟取暴利。[1]

第四，逾期回购问题。随着全行业打破刚兑进程的推进，逾期债权将成为常态。对逾期债权的回购，一方面，应对回购主体资质进行限制，严格切断平台介入回购事务，维护平台的中介属性。另一方面，应加强回购流程控制。从理想的状态看，逾期债权的定价属于市场行为，是买卖双方意思自治的结果。但由于客户群体的信用标准不同，逾期期限不同，逾期债权的价值评估存在困难；而且由于逾期债权分散，单个投资者持有的逾期债权金额小，在交易中处于劣势，最终的定价水平往往略低于市场平均水平。因此，应当由行业协会制定标准，对不良资产进行类别化区分，并以此为基础确定回收概率和定价规则。另外，还要加强逾期债权的信息披露，在回购过程中保障投资者的自由选择权，等等。

(3)第三方担保制度的完善

P2P 网络借贷第三方担保，是当前 P2P 网络借贷监管所鼓励的增信方式，但要保障其实效性和安全性，仍须完善一系列制度。

其一，第三方担保主体不得为 P2P 网络借贷平台的关联方，即排除平台自设、控股、参股、实际控制的担保公司。虽然担保法意义上的第三方担保，只要担保主体具有独立法律人格即可，但基于以下两方面的因素，前述关联方不宜作为担保主体：一方面，关联方与平台在责任财产上存在不同程度的重合，关联方承担担保责任，会导致平台责任财产的减损，平台的风险可能进一步传导至其他出借人，影响平台运营的安全与秩序；另一方面，担保主体为借款人提供担保，在法律关系上与出借人形成对立，而担保主体又与平台存在关联性，这就使平台在交易中能否保持中立的居间人身份存疑，由此对借款人的信用审核、信息披露等是否合法合规也存疑。

---

〔1〕 参见陈文：《P2P 债权转让难题如何破解?》，载大文点金，http://mp.cnfol.com/29297/article/1554303550-138402164.html，最后访问日期：2019 年 5 月 8 日。

其二,第三方担保主体资质的细化规定,即通过修改、补充和统一相关规则,使融资担保机构、非融资性担保机构、机构等机构在P2P网络借贷中的担保权限具体化。对于融资担保公司,应该严格监测融资性担保公司的杠杆率,以免突破法定限额。对于非融资性担保机构,应增加准入P2P网络借贷担保的资质要求。另外,P2P网络借贷平台应建立预警机制,当非融资性担保机构代偿损失率到特定节点,平台就要调整或暂停担保资格,及时予以信息披露;一旦机构的等级评定失去相应的担保等级资格,平台须及时调整甚至终止机构的担保资格。P2P网络借贷行业协会应协调建立相关的预警名单和黑名单共享机制。对于公司,一是加强对资金来源的规制,公司主要运用自有资金履行担保责任,其资金主要来源于股东缴纳的资本金、银行业金融机构融入的资金等。虽然部分地区放宽了公司的融资渠道,但仍受到融资杠杆的严格限制,未来须作更明确统一的规定。二是补充对担保杠杆率的规制,加强风险控制。

其三,第三方担保机构不得向借款人收取息费、不得兜底信用风险。《关于规范整顿"现金贷"业务的通知》要求银行业金融机构与第三方机构合作开展贷款业务的,不得接受无担保资质的第三方机构提供增信服务以及兜底承诺等变相增信服务,而应要求并保证第三方合作机构不得向借款人收取息费。有必要对P2P网络借贷平台提出同样的要求。P2P网络借贷平台与第三方机构未来的合作模式,应当是P2P网络借贷平台向借款人收取全部费用,再向第三方机构支付服务费用。

(4)保险制度的完善

尽管近年来P2P网络借贷"爆雷"殃及保险行业,但应当看到,保险业自身不断扩张的需求与P2P网络借贷的增信需要同时存在,且保险行业通过大数定律和概率统计理论进行风险管理和费率厘定已经积累了大量经验和数据,无论是从风控的能力还是从管理的效率上来说,保险公司比起担保公司都处于更优势的地位。原保监会于2016年8月发布的《中国保险业发展"十三五"规划纲要》中明确提出,要围绕互联网开展商业模式,积极推动小额贷款保证保险业务的发展。从长远来看,随着P2P网络借贷的规范发展,将保险作为P2P网络借贷的“风险防火墙”,实现两者之间的优势互补仍有可期。

P2P网络借贷保证保险是借贷风险与保险风险并联、互联网金融与传统金融监管要求融合的业务新形态,相关制度的完善应当强调以下两方面:一方面,完善双重穿透规则。由于信息不对称和投资者结构相对多元化,对投资者身份的披露显得尤为重要。平台应当借鉴基金的“穿透规则”,对保险公司披露借款人的信息。同时,对平台自身的信息也应进行披露,包括业务经营数据、平台客户身份识别、P2P网络借贷产品等信息,形成有效的信息反馈机制。另一方面,优化履约保证保险条款设计。从目前实践看,P2P网络借贷的履约保证保险从产品端即存在风险暴露窗口,无法涵盖基本风险模式。监管部门、行业协会及保险公司应当利用大数据技术,细化风险因子、优化合同条款,将风险管控前移,推进P2P网络借贷保险产品的费率市场化,加强个性定制,从而促进P2P网络借贷与保险的共赢。

第三节 P2P网络借贷资金端风险治理

对P2P网络借贷资金端的风险进行法律治理,一方面是通过投资者适当性制度,“让适当的投资者购买适当的产品”,避免将网络借贷产品提供给风险不匹配的投资者;另一方面通过信息披露制度,降低P2P网络借贷各参与者以及平台之间的信息不对称,防范信用风险。

一、投资者适当性机制

所谓网络借贷的投资者适当性机制,是将平台确立为适当性义务主体,对出借人的“投资者适当性”进行审查,一方面细化风险管理方法,制定合理有效的投资者风险匹配策略,并依据情势变化对交易权限进行动态调整。另一方面明确合适推荐要求,制定简单易懂的平台推荐规范。平台应当客观介绍网络借贷产品,尽职提示网络借贷产品风险,慎重进行二次推荐。

（一）投资者适当性机制的缘起及其适用

“理性的投资者”是现代金融监管起源的重点。理论上，投资者被一视同仁地设想为理性的投资者：拥有平均财富和普通金融洞察力且长期被动投资的完全理性的人类。事实上，当代的投资者更加多元化，除了理性的投资者，还有非理性的投资者、积极的投资者、成熟的投资者和机构投资者等等。传统的理性投资者的基础是经济人，只存在于经济学理论世界中的无缺陷且效用最大化的个体。相比之下，非理性投资者的基础是一般的人，即现实世界中有缺陷的普通人。同质理性投资者模型的投资预期根本不符合现实世界中多样化投资者的期望。投资者多样化意味着市场上存在拥有不对称信息、不同敏锐度和不同资源的投资者。金融市场中投资者的风险承受能力由于多种因素的影响并不完全相同。[1] 因而，金融监管中对投资者的保护不应“一刀切”，而投资者适当性制度正契合了这种理念。

投资者适当性制度源于美国证券经纪商的行业自律规范。在《金融产品和服务零售领域的客户适当性》报告中，将适当性定义为“金融中介机构所提供的金融产品或服务与客户的财务状况、投资目标、风险承受水平、财务需求、知识和经验之间的契合程度”。[2] 美国《证券法》颁布后，SEC 在裁决中明确经纪商应当在推介证券时判断投资是否合适，自此“适当性”成为经纪商的一项义务。当经纪商违反适当性规则时，投资者可以过失或者违约为由起诉经纪商。

随着我国金融市场的快速发展，投资者结构日趋多元化，非理性的投资行为已经在一定程度上影响了我国资本市场的健康发展。此时投资者适当性机制的建立对维护我国金融市场的健康繁荣发展至关重要。

目前我国在期货、证券等金融领域已经构建出初步的投资者适当性规则体系，主要体现在国务院发布的规范性文件及相关监管部门的

---

〔1〕 汤姆·C. W. 林：《论理性投资者》，高迁译，法律出版社 2017 年版。

〔2〕 张付标：《投资者适当性的法律定位及其比较法分析》，载《证券市场导报》2014 年第 5 期。

部门规章、规范性文件，具体表现为以下四类规定：第一类是要求经营机构了解并及时更新投资者信息，并按照一定标准对投资者类别进行划分。如 2017 年证监会出台的《证券期货投资者适当性管理办法》中第 6、7 条，规定了经营机构须了解登记的投资者信息，并将投资者划分为普通投资者和专业投资者两类，对普通投资者在信息告知、风险警示、适当性匹配等方面给予特殊的保护。经营机构对投资者有足够的了解，建立并及时更新投资者评估数据库有助于准确地对不同的投资者分类、推介。通过分类，投资者所进入的市场风险与其承受能力尽可能匹配，减少投资者不适当进行投资带来的风险。第二类是要求经营机构对提供的产品或服务进行充分的分析、说明及分类。《证券期货投资者适当性管理办法》第 15、16 条就体现了这一点，规定了经营机构应该综合考虑规定的各种因素，根据风险特征和程度来划分产品或服务的风险等级。第三类是要求经营机构履行对投资者适当推介的义务，将适当的产品或服务推介给适合的投资者。国务院《证券公司监督管理条例》第 29 条规定了“证券公司应当根据所了解的客户情况推荐适当的产品或者服务”，并在第 89 条规定证券公司违反适当性推荐义务需要承担的法律责任。第四类是风险提醒、内容保存等相关义务，在《证券期货投资者适当性管理办法》和《证券公司监督管理条例》中都要求经营机构妥善保存履行适当性义务和投资客户投资状况的相关资料，若经营机构不能提供，将承担举证不能的不利后果。

在行业规则层面，深交所 2010 年发布的《会员持续开展创业板市场投资者适当性管理业务指引》、上交所 2014 年发布的《上海证券交易所投资者适当性管理暂行办法》、中国证券行业协会 2012 年发布的《证券公司投资者适当性制度指引》和 2019 年《上海证券交易所科创板股票交易特别规定》等行业规则的颁布是金融领域中投资者适当性机制的重要组成部分。它们大体与上述的国务院、监管部门发布的规范性文件中规定的内容大致相符，但更为具体，在各自的领域内对投资者适当性从知识水平、投资经验、风险承受能力若干方面作出了较为具体的规定。

在司法实践中，投资者适当性也起着重要作用。如在“王某某与平安银行股份有限公司北京宣武支行财产损害赔偿纠纷案”中，平安银行北京宣武支行因未尽到合适推荐义务造成出借人亏损二十余万元，北京西城法院认为在成立金融法律服务关系的基础上，被告主动推介的涉案基金产品，其风险与王某的风险承受能力不相适应，且银行未尽到风险提示和阐明义务，因此判决银行承担80%的损失。此类判决的出现说明投资者适当性制度在我国司法实践中已得到认可。

（二）完善我国P2P网络借贷投资者适当性机制的必要性

1. 我国P2P网络借贷法律治理体系

以拉波尔塔等为首的“法与金融”学派强调法律和金融的关系，指出伴随着资本市场的发展，投资者利益受法律保护的程度是资本市场发展的重要因素。[1] 加强投资者权益保护，是从实质上保障P2P网络借贷当事人的利益平衡、促进P2P网络借贷健康有序发展的重要因素，是互联网金融立法的重要目标。

但当前P2P网络借贷的监管立法主要还是在行政规章和规范性文件层面。基于《关于促进互联网金融健康发展的指导意见》，原银监会等四部门颁布了《网络借贷信息中介机构业务活动管理暂行办法》，并就平台登记备案、资金存管、信息披露发布了相应的指引，构建起“1+3”的监管体系，在投资者资金安全、网络安全、信息安全、知情权、选择权等方面进行了保障。《网络借贷信息中介机构业务活动管理暂行办法》借鉴其他金融行业的投资者适当性机制，规定了网络借贷出借人应当具备投资风险意识、风险识别能力、拥有非保本类金融产品投资的经历并熟悉互联网，[2]并在第26条对P2P网络借贷投资者适当性进行了专门规定，主要包括平台对出借人的以下几方面义务：[3]一是提醒义务。P2P网络借贷对出借人来说实际上是一种风险投资，除了传统投资方式固有的市场风险、政策风险外，还存在P2P网络借贷

---

〔1〕 柳建华、魏文海：《投资者保护的内涵与分析框架》，载《中山大学学报(社会科学版)》2010年第3期。

〔2〕 参见《网络借贷信息中介机构业务活动管理暂行办法》第14条。

〔3〕 吴韬：《网络借贷信息中介机构业务活动管理暂行办法释义与适用指南》，法律出版社2017年版。

特有的信用风险、技术风险等。平台在提供借款需求信息时，有义务以醒目的方式提醒出借人可能存在的风险，让出借人审慎结合自身状况选择出借，同时对于出借人应当禁止的行为如隐瞒事实、欺诈等也需要进行提醒，并由出借人确认以证明出借人确已知悉上述事项。二是尽职评估义务。P2P 网络借贷平台应当对出借人“年龄、财务状况、投资经验、风险偏好、风险投资能力等”进行尽职评估。根据这些评估，能够对出借人的投资能力、风险承受能力进行划分，使出借人的出借行为与其能承受的出借风险相匹配。平台还应强令要求出借人接受评估，如无正当理由拒不接受评估的出借人，平台不得为其提供网络借贷服务。三是分级义务。在对出借人进行评估之后，网络借贷平台应当实施分级管理制度并设置可动态调整的出借限额和出借标的限制。由于出借人的学习能力、信息渠道、资金状况、风险承受能力不尽相同，在实施分级和动态调整制度后，能够让出借人更好地认识到自身投资水平，提高风险防范意识和风险应对能力，合理规划财投资，促进 P2P 网络借贷行业良性发展。此外，相关的行政性监管规则还包括《互联网金融风险专项整治工作实施方案》《网络借贷信息中介备案登记管理指引》等。

在司法解释方面，最高人民法院《关于审理民间借贷案件适用法律若干问题的规定》具体规定了网络借贷平台提供者的担保责任。最高人民法院于 2017 年 8 月 4 日发布的《关于进一步加强金融审判工作的若干意见》也对依法审理互联网金融纠纷案件、规范发展互联网金融作出了原则性规定。[1]

在行业自律规范方面，互联网金融协会就信息披露问题发布了《互联网金融信息披露个体网络借贷》团体标准，并发布了《互联网金融个人网络借贷借贷合同要素》规范合同条款，另外还就资金存管发布了《互联网金融个人网络借贷资金存管业务规范》和《互联网金融个人网络借贷资金存管系统规范》的征求意见稿。这些自律性软法规则比起前述“1 + 3”监管硬法，得更细致、更灵活。

---

〔1〕 董新义：《网络借贷平台的民事责任》，载《国家检察官学院学报》2019 年第 21 期。

2019年11月出台的《全国法院民商事审判工作会议纪要》虽不是严格意义上的规范性文件,但其中的第5章"关于金融消费者权益保护纠纷案件的审理"对网络借贷的司法审判起着十分重要的作用。《全国法院民商事审判工作会议纪要》以金融机构销售金融产品、服务的适当性原则为基础,再次强调了卖方机构向投资者推介时应遵守适当性原则,卖方机构有着严格的告知说明义务,并要对是否履行适当性义务承担举证责任。此外,还确定了"卖者尽责,买者自负"原则,金融产品发行人与销售者共同承担连带赔偿责任——此类规定给投资者在民事诉讼中提供了明确的索赔对象。

2. 我国P2P网络借贷治理体系中投资者适当性机制的缺陷

目前我国并未将投资者适当性纳入基本法律之中,网络借贷的投资者适当性一般在行政法规、部门规章等层面进行规定,整体而言效力较低。具体的问题包括以下三方面:

第一,《网络借贷信息中介机构业务活动管理暂行办法》中的规定在实际中没有落实到位,具体表现为以下三点:一是《网络借贷信息中介机构业务活动管理暂行办法》限定了同一借款人在同一平台及不同平台的借款余额上限。[1] 同一自然人在不同平台借款总余额不得超过人民币100万元,同一法人或其他组织在不同平台借款总余额不得超过人民币500万元。目前由于平台之间信息并不互联互通,实际执行起来存在困难。二是《网络借贷信息中介机构业务活动管理暂行办法》规定网络借贷平台应当向出借人以醒目方式提示网络借贷风险和禁止性行为。[2] 但在网上点击合同中,何种提示方式才属于"醒目方式"仍未作出更为具体的解释;且实际应用中存在部分平台利用提示词字体较小、色号与网页背景色相似等方式来规避风险提示。有的提示内容甚至是默认选项,无须点击阅读,无规定强制时间浏览,并不能实际引起投资者的关注,起到提示风险的作用。[3] 三是《网络借贷信

[1] 参见《网络借贷信息中介机构业务活动管理暂行办法》第17条。

[2] 参见《网络借贷信息中介机构业务活动管理暂行办法》第26条第1款。

[3] 徐妍:《网络借贷市场金融消费者教育路径研究》,载《金融科技时代》2019年版。

息中介机构业务活动管理暂行办法》规定平台应当对出借人进行风险评估,根据风险评估结果对出借人实行分级管理,设置可动态调整的出借限额和出借标的限制。[1] 该规定中风险评估、分级管理及动态调整的具体方式和标准尚不明确,由此产生的平台责任也没作规定。

第二,网络借贷中行业标准缺乏,行业自律不足。《网络借贷信息中介机构业务活动管理暂行办法》作为硬法,刚性、概括性有余,灵活性、细致性不足。在投资者适当性方面缺乏行业规范的约束,互联网金融协会仍未根据本行业特点和需要出台相关自律性规定。

第三,纠纷解决机制不健全。《网络借贷信息中介机构业务活动管理暂行办法》过于强调网络借贷平台的行政责任,忽视民事责任,对于涉及出借人、借款人和平台的纠纷缺乏可操作性的规定。上述主体发生纠纷时,仅采用一般的民事诉讼机制解决,远不能适应网络借贷的特点和当事人的需要。

(三)域外的投资者适当性机制

投资者适当性制度在西方发达资本市场产生并得到了较好的发展,当前域外主要有以美国为代表的自律规则主导型模式和以英国、欧盟为代表的制定法主导型模式。

1. 自律规则主导型模式

在美国自律规则主导型模式下,行业组织和自律规则发挥主要作用,而国会制定法和 SEC 监管规章起补充作用。

投资者适当性制度起源于美国,根据美国较早的 NASD2310(美国证券交易商协会,NASD)的公平交易条款规则和现行的 FINRA2111(美国金融业监管局,FINRA)适当性规则,经纪商在推介投资产品时,有理由认为产品对投资者来说是合适的,在推介时也应尽力获取投资者的相关合理信息,并可以向其他利益相关人士披露这些信息。FINRA2360(19)规则和 FINRA2090 规则也有类似的规定,就是要把"了解

[1] 参见《网络借贷信息中介机构业务活动管理暂行办法》第 26 条第 2 款和第 3 款。

客户”作为投资者适当性制度的核心。[1] NASD2310 规则的解释性文件之二明确列举了 5 种明显违反适当性义务的情形，为自律监管提供有效指引。[2]

美国《证券法》颁布后，SEC 在裁决中明确经纪商应当在推介证券时判断投资是否合适，自此“适当性”成为经纪商的一项义务。当经纪商违反适当性规则时，根据《证券交易法》第 10 节 b、10b－5 规则和反欺诈条款，投资者可以过失或者违约为由起诉经纪商。这一规定使适当性制度在美国司法实践中得到运用，而制定法层面的支持也推动了自律规则主导型模式下适当性制度的进一步发展。

除此之外，美国三家总市场交易份额超过 60% 的 P2P 网络借贷平台在 2016 年成立了网络借贷行业协会（MLA），MLA 采取会员制，积极吸引更多的网络借贷平台参与其中以更好地保护出借人利益、规范行业发展、协调与政府间关系。[3]

2. 制定法主导型模式

制定法主导型模式就是采用明确立法方式进行规范，但是由于存在金融发展的不平衡、法系传统的差异，投资者适当性制定法也不完全相同，但总的来说都具有以下四个特征：

（1）进行客户分类

欧盟的《金融工具市场指令》（MiFID）在保护投资者权益方面作出了巨大的贡献，其中包括以“最佳执行”义务为要求的“确保投资者利益条款”和有关利益冲突、投资建议、投资信息等内容。[4] MiFID 在对投资公司具体的业务要求中，将客户划分为专业客户、合格对手、散

---

〔1〕 王冷然：《适合性原则的理念及其适用范围——以美日两国的适合性原则的发展与变迁为例》，载《法治现代化研究》2017 年第 2 期。

〔2〕 违反适当性义务的五种行为具体包括以投机为目的推荐低价证券（Recommending Speculative Low－Priced Securities）、过度交易行为（Excessive Trading Activity）、交易共同股票（Trading in Mutual Fund Shares）、欺诈（Fraudulent Activity）、推荐客户承受能力之外的产品（Recommending Purchases Beyond Customer Capability）。NASD IM－2310－2. 目前该条已被 FINRA2111 取代。

〔3〕 欧阳日辉：《互联网金融治理：规范、创新与发展》，经济科学出版社 2017 年版。

〔4〕 蔺捷：《欧盟〈金融工具市场指令〉研究》，法律出版社 2012 年版。

户三类,投资公司需要对散户进行适当性测试和适宜性测试以反映其投资的能力和经验。[1] 作为欧盟成员国的法国,在 MiFID 的基础上修订的《法国金融市场管理局条例》也将投资者分为这三类,还可以根据受保护程度的变化,“向上”或“向下”调整客户类别。[2] 英国在 COBS“客户分类”一章,也有着类似的细致规定,特殊之处在于将专业投资者区分为自身专业投资者和选择性专业投资者两类,而投资公司可将客户视为选择性专业投资者,并根据特定的条件来判定该投资者是否合适。

(2)进行适当性与适合性评估

适当性与适合性评估是 MiFID 中投资者适当性制度的中心内容。适当性评估是《2006/73/EC 号指令》第 37 条中要求投资者在具备一定投资知识和经验的前提下理解投资公司所提供的投资服务或产品的具体内容;适合性评估是第 36 条中要求出借人能够认识到并承受相应的风险。适当性与适合性评估在适用范围、信息收集和评估结果上也存在一定的差异,但可以肯定的是,若该散户未通过上述评估,则投资公司不能够向其推荐或者提供服务。从这个角度来看,进行适合性与适当性评估也是投资公司的适当性义务。日本《金融商品交易法》第 40 条将“以缔结金融商品交易契约为目的”的因素作为投资者适当性规则的标准,这使“投资者适当性”作为投资公司的义务上升到更高的法律层次。[3]

(3)强化投资者教育

英国向来重视投资者教育的制度设计,《金融服务法》规定成立专门的金融教育机构以增强公众自身从事金融事务的能力,也能够让投资者根据自身实际状况来选择合适的金融产品服务。采用英美法系的我国香港地区在《证券与期货条例》修订完成后,也成立有附属于香港证监会的投资者教育中心,以期香港公众能够运用金融理财的知识和技巧,妥善管理自己的财富。

---

〔1〕 蔺捷:《论欧盟投资者适当性制度》,载《法学评论》2013 年第 1 期。

〔2〕 蔺捷:《法国投资者适当性制度之探究》,载《证券市场导报》2015 年第 10 期。

〔3〕 王冷然:《适合性原则的理念及其适用范围——以美日两国的适合性原则的发展与变迁为例》,载《法治现代化研究》2017 年第 2 期。

(4)强调监管保障

英国《金融服务法》中赋予FCA监管执法权力,对违反监管规定的投资公司可以采取罚款、暂停审批、施加限制等手段。MiFID Ⅱ中与监管有关的内容直接或者间接要求各成员国加强对投资公司的监管;为了确保监管的有效性,通过标示算法交易来识别区分不同算法产生的指令以应对算法交易策略可能给市场有序运行带来的风险。[1]

(四)我国P2P网络借贷投资者适当性机制的完善

1. P2P网络借贷投资者适当性的原则

P2P网络借贷作为互联网金融的重要组成部分,承载着金融改革、普惠金融、金融创新的使命。互联网金融的治理离不开法律的保障,完善P2P网络借贷投资者适当性机制,不仅能够保护P2P网络借贷出借人的利益,也能够为其他模式中的金融消费者保护提供参照。在具体的制度设计时,应当把握以下三项原则:

第一,公平投资原则。网络借贷投资者适当性制度实际上是为投资设定准入规则,但这样的限制并不是为了干扰出借人的出借意愿。网络借贷平台也不得滥用出借人适当性制度影响出借人出借的公平性和自由性,更不得暗示出借人刻意规避适当性审查。

第二,信息保护原则。在投资者适当性制度中,最重要的是对出借人的信息进行审查以判断是否适当,必要时依据披露标准进行信息公开。部分平台为了避免信息重复审查,会采取大数据的集中审查结果来相互授权,这样虽然提高了适当性审查效率,但也会带来出借人信息泄露的风险。因此,既要做好信息的透明公开,也要从制度和技术层面加强信息保护。

第三,多元治理原则。多元治理就是从法律、行政监管、行业自律等多角度进行的管治。其中,行业自律规则能够更好地补充成文法所无法触及的细枝末节。P2P网络借贷投资者适当性的柔性监管可赋予互联网金融创新弹性空间,而立法层面的投资者适当性规则保留了刚性底线以确保安全与秩序。刚柔并济地进行管制,才能更好地

---

[1] 章辉:《资本市场投资者适当性制度研究》,法律出版社2016年版,第78页。

保护出借人利益，维护 P2P 网络借贷行业的繁荣稳定发展。

2. P2P 网络借贷投资者适当性机制的重点

P2P 网络借贷投资者适当性制度的重点在于明确平台承担适当性义务，具体包括：

第一，细化分级管理的规定。《网络借贷信息中介机构业务活动管理暂行办法》第 26 条仅笼统地规定了出借人实施分级管理，应当进一步明确分级的类型和依据。基于 P2P 网络借贷的普惠性特点，可将一些以 P2P 网络借贷为主要投资手段的自然人、法人和其他组织列为专业出借人，将少量或偶尔投资网络借贷的分散个体列为普通出借人。在分类的基础上，平台对普通出借人和专业出借人进行适当性审查以评估风险，依据评估结果合理划分层级，动态调整出借限额和出借标的。此外，立法应当明确动态调整的标准、时间、方式、通知义务、异议处理程序等。

第二，明确平台的合适推荐义务。在产品内容上，平台对于产品的阐述要尽可能地简化以便于理解〔1〕。这样，能够促进出借人从产品信息中对合理投资作出判断，具体包括产品本身、收益情况、利益冲突等。在推荐方式上，平台应当遵循一系列的行为规范，特别是诚信方面的标准，禁止虚构夸大或者误导性的产品介绍、要反复提醒出借人投资风险和收益不确定性。值得指出的是，点击合同中，出借人在鼠标点击时往往不如手写签字的高度注意，立法应当明确规定风险提示页面和出借人声明程序的先后顺序，即前者在先，后者在后，以确保出借人对投资风险的了解。

第三，强化法律责任机制。对于平台违反适当性义务损害出借人利益的行为，一方面应加强行政监管，追究问题平台的行政责任。另一方面应完善相关的民事责任机制，维护出借人寻求司法救济的权利。尤其在网络借贷平台违反分级管理义务、损害出借人利益的情形下，基于平台在信息、技术、管理方面的优势地位，出借人往往难以举证证明

〔1〕 谢平：《互联网金融监管的必要性与核心原则》，载《国际金融研究》2014 年第 8 期。

平台的违法行为,因此立法应将该部分举证责任分配给平台,即平台应举证证明其依法依规对出借人进行评估风险、划分层级以及对出借权限进行动态调整,否则要承担不利的法律后果。

3. P2P 网络借贷投资者适当性的配套机制

一是加强行业协会的自律监管功能,发挥软法的作用。一方面是弥补硬法的不足,另一方面可以充分发挥行业协会优势,协调运转解决平台中存在的实际问题。首先,互联网金融协会应当着力促成信息的互联互通,牵头建立平台信息共享机制,协调各平台,帮助平台及时掌握出借人在不同平台的投资情况,对达到或者即将达到《网络借贷信息中介机构业务活动管理暂行办法》借款上限的情况予以预警。其次,协会应制定投资者适当性示范条款,平台可以根据各自产品特点、运营策略灵活选择适用。最后,协会应畅通投诉渠道,并根据自律公约和惩戒管理办法对违规平台进行处理。

二是探索完善网络借贷网络仲裁制度。与诉讼机制比起来,仲裁机制尤其是网络仲裁机制成本更低、效率更高,更能适应网络借贷诉讼当事人的需要。2015 年 3 月,广州市仲裁委成立了我国首个网络仲裁平台,并随后出台了针对 P2P 网络借贷的《网络借贷纠纷网络仲裁专门规则》,这是完善网络借贷纠纷解决机制的有益尝试。另外,要提高出借人的仲裁意识,在网络借贷合同中约定仲裁条款,约定投资者适当性方面纠纷适用仲裁解决,明确裁判尺度,高效解决纠纷,为适用网络仲裁提供依据。在民事赔偿中,针对民事赔偿金可能落空的情况,我国可以借鉴美国的经验,设立相应的赔偿基金以保障投资者权益。

三是提高相关规范的法律效力,将投资者适当性发展为金融投资领域、网络借贷领域的一种基本原则。有学者认为应当将投资者适当性作为原则纳入法律中,也有学者认为应当专门制定以投资者适当性为内容的法律法规,如曾有学者呼吁制定统一的《金融消费者权益保护法》[1]。私以为前者的可行性更高一些。

---

〔1〕 杨军、刘嘉瑶:《证券投资者适当性制度比较与启示——兼评我国〈证券期货投资者适当性管理办法〉》,载《金融理论与实践》2019 年第 10 期。

四是发展投资者教育,帮助投资者树立正确的投资理念。部分普通投资者拥有的专业知识较少、掌握的信息有限,部分投资者还存在一夜暴富等盲目投资的投机心理。对于普通投资者而言,他们需要更到位的投资者教育及保护以降低不适当投资带来的风险。目前我国投资者教育存在流于形式、教育培训不到位的情况。为此,各监管机构、营业机构应当在营业网点、网页上用投资者能清楚明白的培训方式,对不同类别的投资者进行针对性的培训。

二、信息披露机制

P2P网络借贷中,出借人、借款人和平台之间存在信息不对称,平台的信息披露对解决此困境具有重要意义。当前我国P2P网络借贷行业已建立起较系统的信息披露制度,但仍存在一些尚需解决的问题。

(一)P2P网络借贷信息披露的特征

第一,披露主体的特定性。P2P网络借贷的参与主体具有多元性特征,包括借款人、出借人,P2P网络借贷平台以及网络借贷平台的董事、监事、高级管理人员,还包括第三方机构,如律师事务所、资产评估机构等,还包括互联网金融协会、金融监管部门等监管主体,上述主体中,只有特定主体,并且只有在法定情况下才负有信息披露义务。《网络借贷信息中介机构业务活动管理暂行办法》第30条和第32条分别规定了网络借贷信息中介机构以及董事、监事、高级管理人员的信息披露义务。

第二,定期披露与不定期披露相结合。在定期披露方面,《网络借贷信息中介机构业务活动信息披露指引》规定网络借贷信息中介机构应当于每年1月10日前披露上一年度的财务审计报告、经营合规重点环节的审计结果;且应当于每年4月30日前披露上一年度的合规性审查报告。在不定期披露方面,当网络借贷信息中介机构突发重大事件时,应当于发生之日起48小时内将事件的起因、目前的状态、可能产生的影响和采取的措施向公众进行披露。上述规定能保证出借人能及时、全面地了解P2P网络借贷平台运营的相关信息。

第三,披露内容和形式的法定性。P2P网络借贷平台的信息披露不仅仅是居间合同中的约定义务,更是一项强制性的法定义务。根据

《网络借贷信息中介机构业务活动管理暂行办法》、《互联网金融　信息披露　个体网络借贷》(T/NIFA 1—2017)等规定,P2P网络借贷平台必须提供所有要求披露的信息,这主要基于出借人与平台信息获取能力的失衡状态。立法因此对双方的权利义务作适当调整。

第四,信息披露种类的多样性。依据信息的来源不同,披露的信息可分为内部信息与外部信息。例如,组织与治理信息属于内部信息,而与平台具有关联关系的借款人通过平台撮合完成的借款总余额属于外部信息。依据信息的作用不同,披露的信息可分为描述信息、评价信息与预测信息。例如,描述信息包括从业机构组织的公司全称及简称、统一社会信用代码、公司注册地址等信息;评价信息包括从业机构的社会公众评价及有关部门的行政处罚等信息;预测信息指包括对未来期间的财务信息或者非财务信息。依据信息内容的不同,披露的信息可分为三类:第一类是从业机构信息,包括从业机构组织与治理信息、从业机构财务与审核信息,以及从业机构网站信息等;第二类是平台运营信息,包括累计借贷金额、累计借贷笔数、借贷余额等;第三类是项目信息,包括借款项目的信息以及借款人的相关信息。

(二)我国P2P网络借贷信息披露制度现状

2016年10月28日,互联网金融协会发布了《互联网金融　信息披露　个体网络借贷》(T/NIFA 1—2016),这是协会发布的互联网金融信息披露系列标准的第一项标准。该信披标准主要分为四大部分,分别为标准适用的具体范围、术语与其定义、信息披露的基本原则、信息披露内容等。2017年8月,根据《网络借贷信息中介机构业务活动管理暂行办法》中关于建立网络借贷信息中介机构信息披露制度的工作部署和要求,原银监会制定并公布了《网络借贷信息中介机构业务活动信息披露指引》。其后互联网金融协会又根据《网络借贷信息中介机构业务活动信息披露指引》修订了《互联网金融　信息披露　个体网络借贷》(T/NIFA 1—2017),对从业机构信息、平台运营信息、项目信息等披露指标进行了完善。修订后的信息披露项为126项,较原标准增加了30项,其中强制性披露项由原来的65项增加到109项,鼓励性披露项由原来的31项减少到17项。上述规定的修订反映出官方对从业机构信息披露的要求更加严格,更加规范。

1. P2P网络借贷信息披露的原则

一是真实、准确、完整、及时原则。即不得有虚假记载、误导性陈述、重大遗漏或拖延披露。信息披露应以客观事实为依据,如实反映客观情况;用语应当准确、严谨、通俗易懂,不得有误导成分,不得夸大事实;应当充分披露借款项目风险及其不确定性,不得假借披露项目信息的名义开展营销活动。

二是便利原则。信息披露应当选择通用、常见的形式。记载信息的文件或页面也应采取常见的形式,应选择便于读取的格式,不应给信息获取设置额外阻碍。

三是诚实信用原则。网络借贷信息中介机构的董事、监事、高级管理人员应当忠实、勤勉、尽职,保证披露的信息真实、准确、完整、及时。借款人应当配合平台及出借人对有关项目信息的调查核实,保证所提供信息的合法合规。

四是合法性原则。信息披露内容涉及商业秘密或个人隐私的,应符合法律法规关于商业秘密、个人隐私的有关规定,平台应就披露内容和脱敏方式与当事人充分作沟通并进行协议约定,不得以此为由拒绝信息披露。

2. P2P网络借贷信息披露的形式要求

根据《网络借贷信息中介机构业务活动管理暂行办法》和《网络借贷信息中介机构业务活动信息披露指引》的规定,P2P网络借贷平台面向公众的信息披露主要在其官方网站及提供信息中介服务的网络渠道,包括手机应用软件、微信公众号、微博等社交媒体渠道及平台授权开展信息披露的其他互联网平台,应在显著位置设置信息披露专栏展示信息披露内容,用语应当准确、精练、严谨、通俗易懂,[1]且各渠道间披露信息内容应当保持一致。[2] 平台面向监管部门的信息披露就是

〔1〕 参见《网络借贷信息中介机构业务活动管理暂行办法》第31条、《网络借贷信息中介机构业务活动信息披露指引》第3条。

〔2〕 参见《网络借贷信息中介机构业务活动信息披露指引》第4条。

按要求将信息披露公告文稿和相关备查文件报送其工商登记注册地地方金融监管部门、国务院银行业监督管理机构派出机构。[1]

3. P2P网络借贷信息披露的内容要求

在备案制背景下，目前P2P网络借贷平台的备案信息都应按照规定进行披露，包括从业机构组织与治理信息、从业机构财务与审核信息、从业机构网站或平台信息、从业机构重大事项信息、从业机构备案信息以及平台运营信息，等等。上述任一信息发生变更，P2P网络借贷平台应当于变更后10个工作日内更新披露信息。此外，涉及出借人利益的重要信息，如项目信息内容、借款人的信息以及已撮合未到期项目信息也属于应当进行披露的范围。根据《互联网金融信息披露个体网络借贷》团体标准第9条之规定，涉及已撮合未到期项目信息若借款期限不超过6个月，应当按月（每月前5个工作日内）向出借人披露；若借款期限超过6个月，应当按季度（每季度前5个工作日内）向出借人披露。若已发生足以导致借款人不能按约定期限足额还款的情形时，平台应当及时向出借人披露。

（三）我国P2P网络借贷信息披露制度的不足及其完善建议

信息披露机制的完善，是降低P2P网络借贷出借人和借款人以及平台之间信息不对称，防范信用风险的重要环节。原银监会发布的《网络借贷信息中介机构业务活动信息披露指引》及其说明，明确了网络借贷业务活动中各当事方进行信息披露的标准和依据。然而，责任追究机制的粗疏影响了上述规则的适用效果。对于未按规定开展信息披露的行为，该指引并未设置专门的责任条款，仅在第21条规定由相关监管部门按照《网络借贷信息中介机构业务活动管理暂行办法》第40、41条予以处罚，这种规定存在以下不足：

第一，从责任形式来看，仅包括行政责任和刑事责任，民事责任方面未作规定，只能依据一般的侵权责任规则予以认定。P2P网络借贷中，由于投资者在资金、技术、管理方面的弱势，仅依据一般侵权的构成要件及举证规则来认定平台的侵权责任，对投资者的保护不足，也不利

---

[1] 参见《网络借贷信息中介机构业务活动管理暂行办法》第31条。

于引导平台加强内控、规范其信息披露行为。

第二，从责任承担主体来看，按照《网络借贷信息中介机构业务活动信息披露指引》的规定，信息披露义务人包括平台及其董事、监事、高级管理人员〔1〕和借款人〔2〕。《网络借贷信息中介机构业务活动管理暂行办法》第 40、41 条分别针对平台和借款人规定了法律责任，但对平台的董事、监事、高级管理人员如何承担责任缺乏规定。

第三，以欺诈为目的的不当信息披露显然具有更严重的社会危害性，有必要进行专门规范，但目前的治理机制并无体现。虽然《网络借贷信息中介机构业务活动管理暂行办法》第 40 条第 2 款规定了网络借贷信息中介机构违反法律规定从事欺诈的责任，但其措辞相当笼统模糊——“按照相关法律法规和工作机制处理；构成犯罪的，依法追究刑事责任”——在司法适用中可能会遇到困难。

针对上述问题，应当借鉴《证券法》的信息披露责任制度，一方面是责任主体的扩容，控股股东和实际控制人对于平台具有实际控制力，能影响到平台信息披露的质量，还有不当信息披露的其他直接责任人，都应当与平台承担连带责任；另一方面是多种归责原则的适用——平台董事、监事和高级管理人员以及其他直接责任人采过错推定原则，控股股东和实际控制人采过错原则——促使相关主体履行其勤勉义务，为平台的信息披露把好关。另外，若平台自身故意通过虚假陈述实施欺诈或勾结借款人实施欺诈，损害出借人利益，有必要设置惩罚性损害赔偿机制，追究平台责任。

互联网金融协会应及时督促 P2P 网络借贷平台按照《互联网金融信息披露个体网络借贷》团体标准和 T/NIFA 1—2017 标准在全国互

---

〔1〕参见《网络借贷信息中介机构业务活动信息披露指引》第 17 条：网络借贷信息中介机构的董事、监事、高级管理人员应当忠实、勤勉、尽职，保证披露的信息真实、准确、完整、及时。

〔2〕参见《网络借贷信息中介机构业务活动信息披露指引》第 18 条：借款人应当配合网络借贷信息中介机构及出借人对项目有关信息进行调查核实，保证提供的信息真实、准确、及时、完整、有效。

联网金融登记披露服务平台进行集中统一披露，并定时对已披露的信息进行巡查和回溯，发现违规披露和虚假陈述等情形，应及时通知责任平台进行整改，并向社会公众通报整改状况。

156 后监管时代下网络借贷的法律治理研究

第四章　网络小额贷款法律治理的特殊问题

《关于促进互联网金融健康发展的指导意见》对网络小额贷款的概念进行了官方的界定，即互联网企业通过其控制的小额贷款公司，利用互联网向客户提供的小额贷款。自 2016 年 12 月上海金融办颁布《小额贷款公司互联网小额贷款业务专项监管指引（试行）》后，各地政府的规范性文件几乎都将网络小额贷款定义为主要通过网络平台获取借款客户，综合运用网络平台积累的客户经营、网络消费、网络交易等行为数据、即时场景信息等分析评定借款客户信用风险，确定授信方式和额度，并在线上完成贷款申请、风险审核、贷款审批、贷款发放和贷款回收等全流程的小额贷款业务的经营平台。这个定义将网络小额贷款公司的运营流程作了简单总结。2020 年 11 月 2 日中国银保监会、中国人民银行出台的《网络小额贷款业务管理暂行办法（征求意见稿）》第 3 条对网络小额贷款业务进行了规定，即“小额贷款公司利用大数据、云计算、移动互联网等技术手段，运用互联网平台积累的客户经营、网络消费、网络交易等内生数据信息以及通过合法渠道获取的其他数据信息，分析评定借款客户信用风险，确定贷款方式和额度，并在线上完成贷款申请、风险审核、贷款审批、贷款发放和贷款回收等流程的小额贷款业务”。

网络小额贷款可以说是线上的小额贷款，本质上是通过互联网开展小额贷款业务，是对传统小额贷款业务在交易技术、融资方式、经营范围等方面进行革新，它仍是以公司形式[1]存在的，但是并不包括商业银行利用互联网技术以线上的形式向客户发放贷款的情形。由于它

〔1〕 该类情形将在第五章论及。

的本质仍是小额贷款企业，规制小额贷款公司的规范仍然适用于网络小额贷款公司的相关行为，并且运营网络小额贷款公司需要申请网络小额贷款牌照（这是由地方人民政府金融工作办公室批复的）。综上，我们能看出网络小额贷款涉及的法律关系将包括其与公司股东、监管机构、资金来源方之间的权利义务关系。

第一节 网络小额贷款的运作状况和法律属性

网络小额贷款在实践中形成了各种运作模式，与其他网络借贷相比具有特殊的优势。然而也由于网络小额贷款涉及主体众多，模式多样，其在法律关系上具有复杂性。

一、网络小额贷款的运作状况

网络小额贷款可以分为消费贷与现金贷。它们具有小额、分散、融资渠道多样性的特征。

（一）网络小额贷款的运作模式

1. 消费贷的运作模式

网络小额贷款产品中的消费贷与消费金融公司的产品十分类似，它们的业务形式都是发放消费贷款，且都具有无须抵押担保、贷款期限短的特点。

（1）消费贷的内涵

根据消费信贷在理论界上的定义，它是指银行、消费金融公司等金融机构、非金融机构向消费者提供资金，用以满足特定消费需求的信贷方式。[1] 而在规范性文件中，根据2013年银行业监督管理委员会颁布的《消费金融公司试点管理办法》，消费贷款是指消费金融公司向借款人发放的以消费（不包括购买房屋和汽车）为目的的贷款。从理论

〔1〕 施继元、施惠琳、刘松等：《商业银行信贷管理》，上海财经大学出版社2017年版，第157页。

上和实践中的两种定义我们不难看出，消费贷款需要依托于一定的消费场景。有资质发放消费贷款的主体主要为商业银行、消费金融公司、小额贷款公司等主体。[1] 而本章主要讨论的是网络小额贷款公司所推出的消费贷产品。

网络小额贷款公司发放的消费贷产品，是指网络小额贷款公司通过分析消费者的历史消费记录或购买能力，运用数理模型测算出消费者的信用额度，授予消费者一定的透支额度，消费者在该额度内进行透支消费，在约定的时间内还本付息的信贷方式。其借贷时间较短，通常为一个月，到期归还的数额既可以是包含利息在内所透支的总额，也可以是以"等额本金＋利息"为基础进行分期还款的数额。若超过还款日期，则收取一定的逾期费用，且会在网络小额贷款公司产生负面记录。若平台将其借贷数据接入了央行、百行等征信系统，还会对消费者个人征信产生负面影响。

但是由于网络小额贷款公司发放的消费贷产品与消费金融公司的产品十分类似——它们的业务形式都是发放消费贷款，且都具有无须抵押担保、贷款期限短的特点，所以需要将二者进行以下简单区分。

根据原银监会 2013 年颁布的《消费金融公司试点管理办法》可知，消费金融公司是指经中国银行业监督管理委员会批准，在中华人民共和国境内设立的，以不吸收公众存款和小额、分散为原则，为中国境内居民个人提供的以消费为目的的贷款的非银行金融机构。无论是从它的定义、经营原则还是经营业务范围来看，都和网络小额贷款公司十分类似，甚至可以说是大部分重合。例如，二者的定位都属于禁止吸收公众存款的非银行金融机构；经营的原则都是"小额、分散"；所发放的消费贷款都具有无须抵押担保、贷款期限短的特点，因此二者在业务外观上几乎难以区分。

但是进行仔细对比我们不难看出，消费金融公司的设立条件更加严格，例如，它的公司章程除了要满足《公司法》的要求，还要满足银保监会的规定；出资人要分为一般出资人和主要出资人，法律对不同类型

---

〔1〕 鲍新中：《财务会计类专业教学改革研究》，知识产权出版社 2016 年版，第 208 页。

的出资人的要求也不一样，但突出特点都是门槛极高，以金融机构作为主要出资人为例，其中就包括了需要具有5年以上消费金融领域的从业经验、最近1年年末总资产不低于600亿元人民币或等值的可自由兑换货币、最近2个会计年度连续盈利、承诺5年内不转让所持有的消费金融公司股权（银行业监督管理机构依法责令转让的除外）等高门槛要求，这使满足所有条件的基本都是银行。由此可见若要设立消费金融公司则很大程度上需要依附于银行。由中国银行业协会2020年8月发布的《中国消费金融公司发展报告（2020）》也可以印证以上所述内容（表4-1），据此我们可以看到全国获持牌的仅有27家消费金融公司，其中77.78%具有银行背景，银行持股达控股比例的占48%。

表4-1 我国已开业持牌消费金融公司

序号	公司名称	成立时间	注册资金（亿元）	注册地	主要股东
1	北银消费金融	2010年2月25日	8.5	北京	北京银行35.29%，桑坦德消费金融20%，利时集团15%
2	锦程消费金融	2010年2月26日	4.2	成都	成都银行38.86%，周大福25%
3	中银消费金融	2010年6月10日	15.14	上海	中国银行42.8%，百联集团22.07%，陆家嘴13.44%
4	捷信消费金融	2010年11月10日	70	天津	PPF集团100%
5	兴业消费金融	2014年12月22日	19	泉州	兴业银行66%，泉州商业集团24%
6	海尔消费金融	2014年12月26日	10	青岛	海尔集团30%。红星美凯龙25%
7	招联消费金融	2015年3月6日	38.69	深圳	中国联通50%，招商永隆银行26%，招商银行24%

续表

序号	公司名称	成立时间	注册资金(亿元)	注册地	主要股东
8	湖北消费金融	2015 年 4 月 7 日	9.4	武汉	湖北银行 31.91%,玖富 24.47%,宇信科技 12.77%
9	苏宁消费金融	2015 年 5 月 14 日	6	南京	苏宁易购 49%,先声再康 16%,南京银行 15%
10	马上消费金融	2015 年 6 月 15 日	40	重庆	重庆百货 31.06%,中科金 29.51%,物美科技 17.26%,重庆银行 15.53%
11	中邮费金融	2015 年 11 月 19 日	30	广州	中国邮储银行 70.5%,星展银行 15%
12	杭银消费金融	2015 年 12 月 3 日	12.6	杭州	杭州银行 41.67%,银泰投资 34.92%
13	华融消费金融	2016 年 1 月 19 日	9	合肥	中国华融 70%,合肥百货 15.33%
14	晋商消费金融	2016 年 2 月 23 日	5	太原	晋商银行 40%,奇虎 25%,宇信科技 20%
15	盛银消费金融	2016 年 2 月 25 日	3	沈阳	盛京银行 60%,顺峰投资 20%,德旭经贸 20%
16	长银消费金融	2016 年 11 月 1 日	10.5	西安	长安银行 51%,汇通信诚 25%
17	包银消费金融	2016 年 12 月 21 日	5	包头	包商银行 44.16%,新浪微博 40%,萨摩耶金服 15.6%

续表

序号	公司名称	成立时间	注册资金(亿元)	注册地	主要股东
18	中原消费金融	2016年12月29日	20	郑州	中原银行49.25%,华平投资42%,伊千网络8.75%
19	长银五八消费金融	2017年1月16日	9	长沙	长沙银行51%,城市网邻33%
20	哈银消费金融	2017年1月24日	15	哈尔滨	哈尔滨银行53%,度小满30%
21	河北幸福消费金融	2017年6月14日	6.37	石家庄	张家口银行47.1%,神州优车39.25%
22	尚诚消费金融	2017年8月17日	10	上海	上海银行38%,携程37.5%
23	金美信消费金融	2018年10月10日	5	厦门	中国信托商业银行34%,国美控股33%,金圆控股33%
24	中信消费金融	2019年6月12日	7	北京	中国中信35.1%,中信信托34.9%,金蝶软件30%
25	平安消费金融	2020年4月9日	50	上海	中国平安30%,融熠28%,未科技(原陆金所)27%
26	小米消费金融	2020年5月30日	15	重庆	小米通讯50%,重庆农商银行30%
27	北京阳光消费金融	2020年8月11日	10	北京	光大银行60%,王道商业银行20%,中青旅20%

资料来源:天眼查、企业年报(法询整理)。

相对而言,网络小额贷款公司准入门槛较低。网络小额贷款公司主要是指两种类型:第一种是指小额贷款公司在网络上开展业务的平台,其中包含了由网络借贷信息中介机构(P2P)转型[1]而来的网络小额贷款公司;第二种是互联网企业通过其控制的小额贷款公司,利用互联网技术向客户提供的小额贷款的公司。在准入方面,尽管目前尚未有专门针对网络小额贷款企业的全国性文件,但是我们也可以在一些地方性规范性文件"管中窥豹"。2016 年 12 月上海金融办颁布的《小额贷款公司互联网小额贷款业务专项监管指引(试行)》是全国最早以互联网小额贷款业务为题颁布的地方性规范文件,尽管它已于 2018 年 12 月 31 日失效,但是对研究互联网小额贷款业务来说并不过时。在《小额贷款公司互联网小额贷款业务专项监管指引(试行)》中关于设立网络小额贷款企业的条件并不严苛,它并不需要区分一般出资人与主要出资人,因此对出资人的资质也就没有那么严格的要求,也并不需要依附于银行。但是出于审慎性原则,还是对主要发起人作出了一定的限制,根据《小额贷款公司互联网小额贷款业务专项监管指引(试行)》第 2 条的规定,"主要发起人应为稳健经营且主要经营指标在国内排名靠前的互联网企业,或有互联网平台资源支撑的全国性大中型企业(集团),应在境内具有长期从事互联网相关业务的经验"。各地地方金融监管部门颁布的网络小额贷款业务管理办法显示,对注册资本金要求以不低于 1 亿 ~3 亿元为主。根据网络借贷之家研究中心不完全统计,截至 2019 年 11 月 11 日,全国共批设了 262 家网络小额贷款公司(含已获地方金融办批复未开业的公司)。由此可看出,获取网络小额贷款的牌照的确要更容易。

根据上述对比我们可知,设立消费金融公司的门槛极高,因此许多互联网公司、小额贷款公司想要以获取消费金融公司牌照的方式经营网络小额贷款业务,或是为了设立开展互联网小额贷款业务的小额贷款公司而想要获取消费金融公司牌照,这是极为困难的。我们所熟悉

---

〔1〕 根据《关于网络借贷信息中介机构转型为小额贷款公司试点的指导意见》,为推动化解重点网络借贷信息中介机构风险,维护社会稳定,部分具备条件的网络借贷机构可以转型为小额贷款公司。

的经营着“蚂蚁花呗”“京东白条”业务的阿里巴巴以及京东都没有获得消费金融公司的牌照，它们主要依托于其旗下拥有网络小额贷款业务牌照公司开展相关消费金融业务，其主要要素如表4－2所示。

表4－2　蚂蚁花呗、京东白条产品的主要要素

名称	蚂蚁花呗	京东白条
牌照	重庆市蚂蚁小微小贷	上海京汇小贷、重庆两江小贷、重庆京东同盈小贷
依托平台	阿里旗下电商、支付宝	京东商城、京东钱包
商业模式	系统评定：芝麻信用分 600 分	系统评估：预筛选白名单制

资料来源：关于蚂蚁花呗、京东白条的公开数据整理。

（2）以“京东白条”为例分析网络小额贷款公司消费贷产品的运作模式

贷款运作的前提是用户拥有透支的额度，消费贷也不例外。以“京东白条”为例，用户需要在京东金融的客户端内登录自己的账号，并如实填写个人信息，此时京东金融就能根据用户账号的消费信息以及个人信息进行综合评价，给出相应的白条额度。当用户在京东金融所支持的消费场景中进行消费并选择白条方式支付时，就会扣除相应的白条额度，同时生成一笔消费贷款记录。这笔消费贷款的还款方式有两种，一种是延期付款，另一种是分期付款。若选择以延期付款的方式还款，用户需要在 30 天内进行还款，此时京东金融不会收取利息费用和服务费用；若选择分期付款方式还款，用户则需要在还款时支付相应的利息费用及 10% 的服务费。

此时京东金融通过用户使用京东白条的方式获得大量的应收账款，为了解决资金的流动性问题，其采取资产证券化的方式进行融资。2016 年 3 月京东金融宣布获得了“京东金融—华泰资管 1－5 号京东白条应收账款债券资产支持计划”深交所无异议函，可以在 1 年内分 5 期发行总额 100 亿元的资产证券产品，并在 2016 年 3 月底发行第一期产品，发行规模为 15 亿元。《证券公司及基金管理公司子公司资产证券化业务管理规定》中明确将此类企业的应收账款列入可行的基础资产范围内。对于没有消费金融牌照和贷款资质的大型互联网公司来说,这种资产证券化的模式是一种非常重要的合规路径。(见图4-1所示)

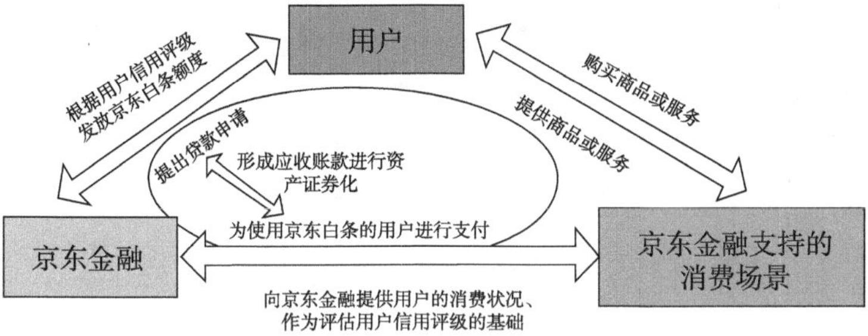

图4-1　京东白条运作模式示意

(3)消费贷中的资产证券化

资产证券化,是指原始权益人将某种缺乏流动性但具有可预测现金流入的资产或资产组合,出售给特定的发行人,或者将该基础资产信托给特定的受托人,并创立一种以该基础资产的现金流为支持的权利凭证,最终在资本市场上出售变现该权利凭证,获得资金的一种结构性融资手段[1]。其形式一般包括在市场上发行资产支持证券(ABS)以及资产支持票据(ABN)。网络小额贷款公司的融资方式大多是以资产支持证券的形式进行。资产支持证券模式下,网络小额贷款公司(原始权益人)将消费信贷资产作为基础资产,出售给计划管理人设立并管理的资产支持计划,以资产支持证券(ABS)形式向合格投资者发行。资产支持计划以认购资金为基础向原始权益人支付基础资产转让款项。资产支持计划以消费者的还款现金流支付资产支持证券的本金和预期收益。托管银行依照计划管理人的指令,负责办理专项计划的资金往

〔1〕 吴大器、张学森、肖本华:《2016年上海国际金融中心建设蓝皮书》,上海人民出版社2016年版,第99页。

来,其他专业服务机构提供相应的专业服务。(见图 4 -2 所示)[1]

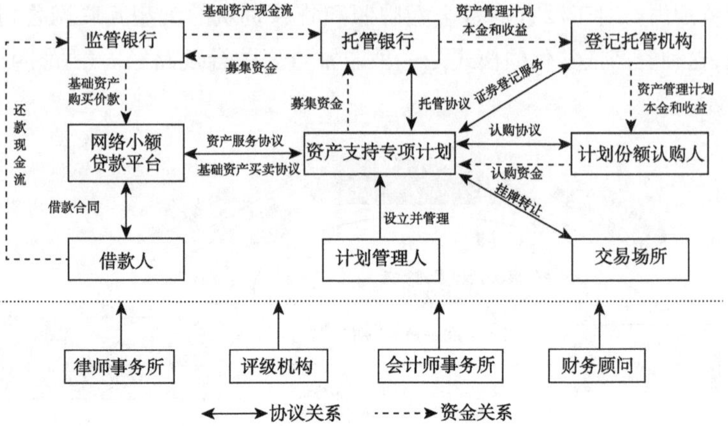

图 4 -2　资产证券化示意

资料来源:京东白条产品公开资料整理。

2. 现金贷

现金贷是网络小额贷款公司最常见的业务,其源于域外的发薪日贷款(Payday Loan),主要是指用于借款人短期资金周转,网络小额贷款公司根据借款人提交的申请,查询其个人征信并测算出贷款额度,额度一般以“万元”为单位,最高可以达到 30 万元。借款期限主要集中在 1 年以内,按照等额本息、等额本金的方式分月还款。现金贷能够实现快速审批、资金快速到账的效果。

(1)现金贷的内涵

“现金贷”这一概念虽然已经多次出现在了有关互联网金融监管的政策文件中,但对于其准确的定义和标准(内涵和外延),一直没有官方口径或者明文规定。2017 年 12 月 1 日,互联网金融风险专项整治工作领导小组办公室与 P2P 网络借贷风险专项整治工作领导小组办公室联合下发《关于规范整顿“现金贷”业务的通知》(以下简称《通

[1] 参见董坡:《蚂蚁借呗资产证券化风险评价研究》,东华大学出版社 2020 年版,第 11 页。

知》),对国内“现金贷”业务提出了较为详尽的监管要点,虽然在该通知中依然没有对“现金贷”业务进行明确定义,但是总结了其特征:无场景依托、无指定用途、无客户群体限定、无抵押。

但是此种现金贷并非行业的全貌,北京市网络借贷行业协会秘书长郭大刚认为《通知》的精神是,需要根据“现金贷”产品的不同性质来区别对待,文件中所明确的“四无”特征是“现金贷”业务的底线,是次级“现金贷”的特征。[1] 除了《通知》所指出的“现金贷”业务以外,“消费贷”还可以是具有明确消费场景依托的教育贷款、用途明确的经营性贷款,以及房贷、车贷等有抵押或质押担保的贷款。此类贷款都是能够实现普惠金融目的、刺激消费需求的合规的“现金贷”业务。实际上对大多数小额贷款公司来说,无指定用途贷款所占的比例非常小。如图4-3所示,占84%样本的小额贷款公司均没有开展无指定用途贷款业务,仅9%的小额贷款公司开展了无指定用途的小额贷款业务,且这部分贷款业务仅占该小额贷款公司业务总量的10%以下。只有3家小额贷款公司的无指定用途贷款业务占总业务70%~80%,其中有2家公司专门从事无指定用途贷款业务。[2]

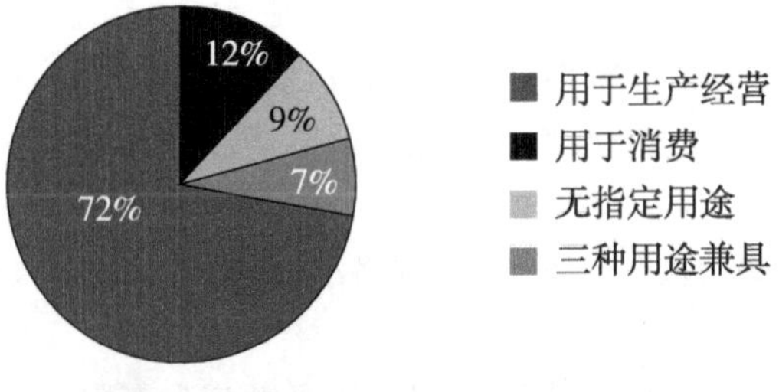

图4-3　小额贷款公司贷款用途结构

资料来源:《中国普惠金融发展报告(2019)》。

---

〔1〕《重拳整顿“现金贷”中国划下监管“红线”》,载中国新闻网,https://www.chinanews.com/fortune/2017/12-02/8390745.shtml,最后访问日期:2017年12月2日。

〔2〕贝多广:《包容·健康·负责任　中国普惠金融发展报告(2019)》,中国金融出版社2019年版,第197页。

由此可知,并非所有的“现金贷”业务都属于《通知》中所明确需要整顿的情形,只有具备“四无”特征的“现金贷”业务才需要规制。这是因为此类次级“现金贷”业务没有消费场景的依托,或借款人在申请此类贷款时没有申报其用途,加上无抵押担保,使得此类“现金贷”的风险控制方面出现较大的漏洞,同时也难以对其流向进行监管,更谈不上对多头借贷行为进行有效规制。因此,其无论是在机构的监管层面还是在企业的运营层面都面临着较大的信用风险。笔者认为,该种次级现金贷只是狭义上的“现金贷”的内涵,它使原本出于普惠金融目的而存在的现金贷业务出现了不良性,使金融市场产生了较大的风险,而这些风险最终会波及大众投资者,严重程度不亚于美国“次贷危机”。所以,出于及时止损的考量,这种狭义上的现金贷遭到了中央层面的“紧急刹停”。

但实际上仍有不少现金贷业务发挥着普惠金融的目的,例如,重庆商城小额贷款公司发放的蚂蚁借呗产品,就是为了解决属于长尾的蓝海市场借款难问题,而根据芝麻信用评估所得额度后,向其发放的现金贷;宁波金江互联网小额贷款公司发放的金江“三农”贷产品,是为了解决“三农”企业融资难问题,而向从事农业生产经营的农户及各类新型农业经营主体发放的现金贷。综上所述,笔者认为广义上的现金贷是指网络小额贷款公司依托信用评级机构对借款人的信用评分给予一定额度,根据借款人的申请,以现金的形式对借款人发放贷款的行为。

(2)以“蚂蚁借呗”为例分析网络小额贷款公司现金贷产品的运作模式

“蚂蚁借呗”是由重庆市蚂蚁商诚小额贷款有限公司发放的数字化无抵押短期现金贷产品。关于“蚂蚁借呗”在《关于规范整顿“现金贷”业务的通知》落地后,仍能良好运营的原因,蚂蚁金服方面的口径是,“蚂蚁借呗”是以支付宝客户端所支持的消费场景为依托,用户可以随借随还的消费金融产品,其贷款的不良率低于1%,因此不属于

《通知》中所禁止的次级"现金贷"类型。[1] 虽然蚂蚁借呗并不属于《通知》所禁止发放的现金贷类型，但是出于审慎经营以及符合监管的考量，它还是进行了一定的调整：暂停了某些用户借呗账户的使用资格，目的是提高所发放现金贷的质量；蚂蚁金服分别于2017年、2018年、2020年宣布对重庆市蚂蚁商诚小额贷款有限公司进行增资，截至2020年6月30日已增资至40亿元，目的是降低杠杆；"借呗"增加"怎么用"选项，借款人需要选择个人日常消费、装修、旅游、教育、医疗等用途，同时提示"请选择实际资金用途，禁止用于购房、投资及各种非消费场景"目的是明确现金贷的用途和场景。

"蚂蚁借呗"依据独立运营的芝麻信用系统给出的评级，给予支付宝客户端中的实名用户不同的"借呗"额度，用户在使用"借呗"额度时，即认为双方达成贷款协议，并生成一笔"现金贷"记录。在贷中和贷后监控方面，"蚂蚁借呗"也能依托大数据和人工排查的方式，对疑似套现或其他存在交易隐患的行为进行监督，有效控制贷款资金的流向。因此，尽管其属于信用贷款的形式，但基于其较为成熟的信用评级技术，能够为监管部门提供准确的监控数据，从而使运营中的信用风险能够得到有效控制。"蚂蚁借呗"产品的资金来源主要是资产证券化以及采取助贷或联合贷的模式融得资金，其中资产证券化主要是以企业资产支持债券（ABS）的形式进行，而采取助贷方式主要是以与银行分润的模式进行。分润模式即与合作银行瓜分"现金贷"中的利润，具体是指重庆市蚂蚁商诚小额贷款有限公司利用自身掌握的获客、风控及贷后管理的优势，向合作银行推荐借款人，由银行对客户进行风险审查，重庆市蚂蚁商诚小额贷款有限公司会收取客户全部息费的30%作为技术服务费。联合贷即与银行联合发放贷款，但其中重庆市蚂蚁商诚小额贷款有限公司的出资比例十分低，根据重庆市蚂蚁商诚小额贷款有限公司披露的数据以及金融监管院的测算，重庆市蚂蚁商诚小额贷款有限公司"微贷科技平台"促成的信贷余额有2.15万亿元，而重

---

[1] 参见《蚂蚁借呗算不算现金贷？证监会说不算，央行还没表态》，载搜狐网，https://www.sohu.com/a/218947387_667345，最后访问日期：2021年7月14日。

庆市蚂蚁商诚小额贷款有限公司的表内贷款只有约360亿元，由此测算在联合贷款中重庆市蚂蚁商诚小额贷款有限公司的出资只有不到2%的比例。

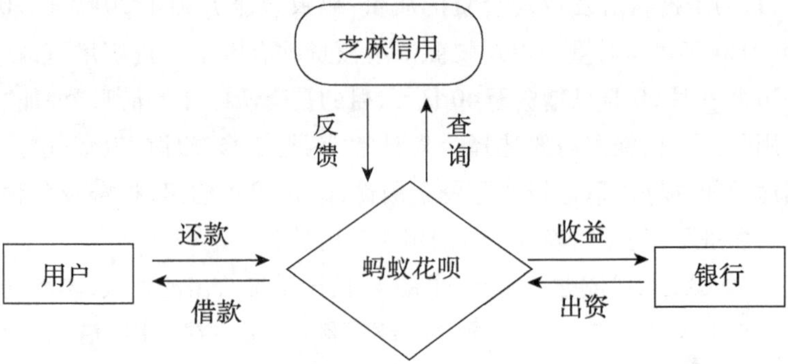

图4-4 蚂蚁花呗运作模式示意

(二)网络小额贷款的运作特征

网络小额贷款在运作层面上，与同类型的P2P网络借贷、商业银行互联网贷款相比，具有融资效率高、杠杆率要求严格、辐射范围广的特征。

1.融资效率高

由于P2P网络借贷平台属于信息中介，即主要是为借贷双方的直接借贷提供信息服务，禁止提供增信服务，也不得进行非法集资，且它的资金来源是投资者的资金，为了防止投资者资金混同，中央层面的规范性文件明确规定P2P不允许归集资金搞资金池。资金池是指资金流入汇集形成积淀。[1] 产生资金池的原因主要是投资人在投资平台内投入的资金与借款人的借款需求之间不完全匹配，通常以投资人投入资金大于借款人的借款需求的形式呈现，此时多余的投资经过积攒即形成资金池。而中央层面之所以要明令禁止此类归集资金池的行为，主要在于目前监管困难，资金池的存在容易导致投资人的资金与投

〔1〕 张帆:《创新友好型监管下P2P网络借贷平台与网络小贷的法治化建构》，载《互联网金融法律评论》2017年第4期。

资平台的资金混同，导致平台有可能利用对资金的控制权实施挪用资金，甚至卷款跑路。

P2P网络借贷与网络小额贷款最大的区别在于资金来源。P2P网络借贷资金来源于公募资金，而网络小额贷款的资金来源于股东和金融机构。根据《网络借贷信息中介机构业务活动管理暂行办法》第10条第6款的规定："网络借贷信息中介机构不得从事或者委托从事将融资项目的期限进行拆分的活动。"即不得通过发售打包散标或者债权转让类产品的方式将借款人的借款进行期限拆分，拆分为多个短期（或多个短期配成长期），因此借款人借款期限和出借人投资期限不相匹配、不对应，不能实现资金错配，融资效率较低。

而网络小额贷款公司是通过自有资金利用互联网发放贷款，发挥着信用中介的作用，其资金来源主要是通过股东出资、银行融资以及以资产证券化的方式融入的资金。在2020年9月7日银保监会颁布的《关于加强小额贷款公司监督管理的通知》中对此规定了具体要求，在第3条中规定："通过银行借款、股东借款等非标准化融资形式融入资金的余额不得超过其净资产的1倍；通过发行债券、资产证券化产品等标准化债权类资产形式融入资金的余额不得超过其净资产的4倍。"由于网络小额贷款的资金属于自有资金，因此不存在蓄积资金池的问题，能够很好地解决资金需求的期限错配问题，因此融资效率较高。

另外，《个人贷款管理暂行办法》第17条规定了贷款人应建立并严格执行贷款面谈制度，该办法进一步强化了贷款调查环节，提出了贷款调查的具体要求和方式方法。而商业银行属于其所规制的银行业金融机构，因此要建立"亲见亲签"的制度，无形之中增加了贷款的烦琐性；同时商业贷款银行的放贷通常需要借款人提供抵押物，在急需资金的情况下借款人会出现难以提供的情形，从而增加了融资的困难。而与商业银行互联网贷款相比，网络小额贷款由于其审批流程的简化，以及无须抵押物担保的放贷模式而节约了长尾客户的融资成本，提高了它们融资的成功率。

2. 杠杆率要求严格

杠杆率一般是指一个公司的权益资本与财务报表里面资产负债表

中总资产的比率,微观上来说,是指经济主体通过负债的形式以较小的自有资金控制较大规模资产的比例。P2P 网络借贷平台与网络小额贷款公司在杠杆率的要求上也存在差别:由于 P2P 资金来源于公众资金,放贷规模没有杠杆率要求,而网络小额贷款的资金来源于股东和金融机构贷款等,所以存在严格的杠杆率要求。据新金融深度 2018 年对 50 家 P2P 网络借贷平台的初步统计,整顿前 P2P 行业内大平台的杠杆率均居高不下,其中两家巨头杠杆率超过 1000 倍,杠杆率超过 100 倍的平台数量达 20 家,杠杆率在 10 倍以内的平台数量仅有 6 家。[1] 就网络小额贷款公司对外融资的杠杆率的相关规定而言,根据 2020 年 11 月 2 日中国银保监会、中国人民银行关于《网络小额贷款业务管理暂行办法(征求意见稿)》第 12 条的规定:"经营网络小额贷款业务的小额贷款公司通过银行借款、股东借款等非标准化融资形式融入资金的余额不得超过其净资产的 1 倍;通过发行债券、资产证券化产品等标准化债权类资产形式融入资金的余额不得超过其净资产的 4 倍。"由此可见,网络小额贷款公司的杠杆倍数最高才为 5 倍,远低于 P2P 网络借贷平台的杠杆率。

3. 辐射范围广

这个特征是与传统小额贷款进行比较而得出的,此处的辐射范围不限于地域范围,还包括服务群体的范围与业务范围。传统小额贷款囿于地域及政策文件的限制,主要是服务于当地小微企业以及"三农",根据 2008 年原银监会与中国人民银行联合颁布的《关于小额贷款公司试点的指导意见》中可以看出,小额贷款公司的设立是为了促进农业、农民和农村经济的发展。该指导意见还对小额贷款公司的名称提出了应包括县级行政区划名称的要求,这从侧面反映出了小额贷款公司主要在县级行政区域提供信贷服务,并服务于"三农",主要功能是将资金引导流向农村和欠发达地区,改善农村地区金融服务。2020 年银保监会发布的《关于加强小额贷款公司监督管理的通知》中就强调小额贷款公司应该注重服务当地,其原则上应当在公司住所所

[1] 资料来源:新金融深度整理,统计截止时间:2018 年 4 月。

属县级行政区域内开展业务，只有对于经营管理较好、风控能力较强、监管评价良好的小额贷款公司，经地方金融监管部门同意，才可以放宽经营区域限制，但也不得超出公司住所所属省级行政区域。

而与传统小额贷款公司的业务模式相比，网络小额贷款运营的最大的优势就是获客面广。得益于金融科技技术的发展，网络小额贷款实现了跨区域经营，通过网络平台获取借款客户，运用其积累的客户信息评定风险，确定授信方式和额度，在线完成申请、审核、审批、发放和回收等手续，在全国范围内广泛开展小额贷款业务。在服务人群方面，网络小额贷款则不再局限于三农与小微企业，它主要针对广大群众和中小微企业小额应急金融需求，面向着更广阔的蓝海人群，如大学生、月薪10000元以下的工薪阶层。在覆盖业务方面，网络小额贷款也凭借着上述金融科技技术以及政策的支持，覆盖更广泛的金融领域，具体包括小额贷款业务、票据贴现业务、资产转让业务、接受机构委托开办甲类委托贷款、接受机构委托管理其他小额贷款公司的不良资产、代理销售持牌金融机构金融产品，以及开展企业管理和财务顾问咨询等中间业务。

二、网络小额贷款所涉及的法律关系

网络小额贷款法律关系涉及的主体包括网络小额贷款公司、借款人、相关监管部门以及资金来源方，其中资金来源方又包括了公司的股东、提供资金与融资的合作银行，以及资产证券化中的投资者。其中网络小额贷款公司与借款人之间存在借款合同的法律关系，平台与监管机构是监管法律关系，主要受各类规范性监管文件的规制，平台与资金来源方的法律关系主要涉及《公司法》《民法典》合同编以及各类关于资产证券化方面规范性文件的内容。

（一）平台与借款人的法律关系

根据《民法典》合同编的规定，借款合同是指借款人向贷款人借款，到期返还借款并支付利息的合同。与传统小额贷款公司与借款人签订的形式不同，网络小额贷款公司与借款人之间的合同是以电子形式签订的。根据《电子签名法》第14条的规定，可靠的电子签名的合同与手写签名或者盖章具有同等法律效力。因此，具有可靠的电子签名的借款合同与纸质合同具有同样的法律效力。

以蚂蚁花呗产品为例，其用户服务合同中写明了网络小额贷款公司及借款人的权利与义务，其中平台根据借款合同的性质所享有的一般权利包括但不限于：借款人需要根据平台的要求提交真实准确的个人信息和交易信息；按照借款合同要求借款人归还本金及利息；要求借款人告知借款的用途，不得将花呗用于购房、投资股票、债券、金融衍生品或从事违法违规的行为；获得授权后查询借款人的征信信息；通过合法渠道和手段线上收集、查询和验证借款人相关定性和定量信息，可以包括但不限于税务、社会保险基金、住房公积金等信息，全面了解借款人信用状况。

平台根据借款合同性质需要履行的主要义务包括但不限于：在向资金来源方披露借款人信息时，要注意保护借款人的隐私信息，依照借款合同提供借款、结合借款人已有债务情况，审慎评估借款人还款能力，确定借款人信用等级和授信方案，应当在醒目位置充分披露贷款主体、贷款条件、实际年利率、年化综合资金成本、还本付息安排、逾期清收、咨询投诉渠道和违约责任等基本信息，保障借款人的知情权和自主选择权，不得采取默认勾选、强制捆绑销售等方式剥夺借款人意愿表达的权利。

根据各类规范性文件的规定，平台还负有以下权利和义务：权利主要为监控借款人的借款用途，并为了有效防范洗钱和恐怖融资风险采取客户身份识别、客户身份资料和交易记录保存、大额交易和可疑交易报告等措施。义务为不得以非法手段进行催收，其中非法手段包括以暴力或者威胁使用暴力，故意伤害他人身体，侵犯人身自由，非法占有被催收人的财产，侮辱、诽谤、骚扰等方式干扰他人正常生活，违规散布他人隐私等非法手段进行债务催收；贷款的利率不得超过法定范围；为了贯彻“小额、分散”的要求，对借款人的借款金额上限进行了限制：对单个自然人的贷款金额原则上不得超过人民币 30 万元，不得超过其最近 3 年年均收入的 1/3，该两项金额中的较低者为贷款金额最高限额；对法人或其他组织及其关联方的单户网络小额贷款金额原则上不得超过人民币 100 万元。

（二）平台与监管机构的法律关系

一般来说，平台与监管机构之间是不涉及平台的权利内容的，仅有少数承担财税职能的国务院部门，如财政部、国家税务总局，对平台涉及“三农”、小微企业的贷款利息收入可以提供税收优惠。

平台的监管机构主要是国务院银行业监督管理机构（银保监会），省、自治区、直辖市人民政府确定的金融监管部门；同时依据《互联网金融风险专项整治工作实施方案》中提及的“条块结合”的监管模式，监管机构还包括工商总局、工业和信息化部、住房建设部与金融管理部门、中央宣传部、国家互联网信息办公室、公安部以及中国互联网金融协会，不过显然后者所提及的有关部门都是协助配合金融管理部门开展工作的，仅在相关领域进行辅助工作。

上述机构在监管方面的职能分别为：银保监会负责宏观层面的指导工作，包括制定有关监督管理制度和经营管理规则，督促、监管地方政府的金融监管部门业务进行监督管理和风险处置，业务审查以及对极个别需要跨省级行政区域开展网络小额贷款业务的小额贷款公司实施审查批准等工作。地方人民政府的金融监管部门一般是政府金融办公室，它们主要负责微观层面网络小额贷款公司的设立审批和日常管理。至于上述所提及的辅助性监管主体所负责的工作主要是本部门职责范围内与互联网金融行业相交叉的内容。以工商总局以及公安部为例，工商总局会同金融管理部门负责互联网金融广告的专项整治工作，金融管理部门与工商总局共同开展以投资理财名义从事金融活动的专项整治；公安部则负责指导地方公安机关对专项整治工作中发现的涉嫌非法集资、非法证券期货活动等犯罪问题依法查处，强化防逃、控赃、追赃、挽损工作，指导、监督、检查互联网金融从业机构落实等级保护工作，监督指导互联网金融网站依法落实网络和信息安全管理制度、措施，严厉打击侵犯用户个人信息安全的违法犯罪活动；指导地方公安机关做好群体性事件的预防和处置工作，维护社会稳定。

平台的义务方面，总的来说是配合监管和报告性质的义务，具体包括：配合监管机构以现场监管和非现场监管方式进行的风险监管和合规监管，按照监管要求提供各项数据；按照反洗钱和反恐怖融资等要求，通过构建身份认证模型，采取联网核查、生物识别等有效措施识别客户；接入金融信用信息基础数据库等征信系统，以及中国人民银行批准设立的个人征信机构和备案的企业征信机构，依法报送相关信用信息；向监督管理部门报备放贷专户，并按其要求定期提供放贷专户运营报告和开户银行出具的放贷专户资金流水明细；经营中出现重大风险（尤其是跨区域风险）时，应当及时向监督管理部门报告。

（三）平台与资金来源方的法律关系

1. 平台与资金来源方的一般法律关系

平台与资金来源方之间的法律关系实质上也是一种合同关系，资金来源方根据合同约定向平台投入资金，平台获得相关融资，平台按照合同约定给付利息并承担相应的义务。这些义务主要包括：及时披露借款人的相关信息，报告借款人的资金用途以及风险行为，这样是为了保证资金来源方的知情权，但相关信息应局限于合理范围，要在保护借款人信息不被泄露之间取得平衡；构建有效的风险评估、授信审批和风险定价模型，加强统一授信管理，披露风险数据；建立风险监测预警模型，对借款人财务、信用、经营等情况进行监测，设置合理的预警指标与预警触发条件，及时发出预警信号，必要时应通过人工核查作为补充手段。平台的以上义务是为了保证资金来源方所给予的融资不被不合理地减少。

2. 平台与资金来源方的特殊法律关系

（1）资金来源为商业银行融资时的法律关系

网络小额贷款公司获得银行融资的方式有两种，一是作为企业直接向银行进行贷款获得融资，二是以助贷或联合贷款的方式与银行合作，按照法律规定以及合同约定的比例获得银行资本。当直接向银行进行贷款时，融入的资金余额不得超过其净资产的一倍。

经营网络小额贷款业务的小额贷款公司可以开展助贷或联合贷款业务，此时的合作机构一般是商业银行。以蚂蚁花呗、借呗产品为例，在这类产品中，重庆市蚂蚁商诚小额贷款有限公司的出资比例为1%～2%，这个比例在《网络小额贷款业务管理暂行办法》正式出台后将不复存在，因为仅在意见征求稿阶段就要求在单笔联合贷款中，经营网络小额贷款业务的小额贷款公司的出资比例不得低于30%。为了防止网络小额贷款公司“以小博大”“搭便车”之嫌，正式出台的《网络小额贷款业务管理暂行办法》的规定应该不会比这个比例低。此时经营网络小额贷款业务的小额贷款公司就负有出资比例符合法律规定的义务。

在联贷和助贷的业务模式中，网络小额贷款公司需要建立相应的内部管理制度；明确商业银行共同出资发放贷款的管理机制；应当对单笔贷款出资比例实行区间管理，与商业银行合理分担风险；商业银行还不能将授信审查、风险控制等核心业务外包，不得接受无担保资质的机构提供增信服务以及兜底承诺等变相增信服务。网络小额贷款公司若是主要作为信息提供方与商业银行合作开展助贷业务的，则不得故意向其提供虚假信息，以及帮助规避异地经营等监管规定。

(2)资金来源为股东出资时的法律关系

当资金来源为股东出资时，属于注册资本性质的，则应来源合法，且只能是实收货币资本，不接受其他形式的出资。同时股东要遵守出资比例的规定——控股股东对该公司的出资额不高于上一会计年度公司净资产的35%。在股东的资质方面，控股股东与主要股东的规定不同，控股股东不能有故意或重大过失的犯罪记录，主要股东只需信用记录良好，最近3年无重大违法违规记录。

《关于小额贷款公司试点的指导意见》中还规定了发起人承诺制度。发起人承诺制度实质上是一种发起人的宣誓行为，即对于规范性法律文件中所明确禁止公司从事的行为，发起人需要对此作出保证。在《指导意见》中，其明确了五方面的内容需要小额贷款公司的发起人遵守，其包括了资金来源的合法性，提交文件的真实性、准确性、完整性，小额贷款公司的运营需要符合公司章程以及接受各种形式的监督，不允许小额贷款公司吸收或变相吸收存款，以及其他违法活动。

此外禁止股东运用自己所持的股份比例从事损害公司利益或者损害其他股东利益的行为。例如，将资金借贷给与平台具有关联关系的借款人，损害股东利益的行为。在控股股东或持股份额较大的股东同时担任高级管理人员的职务时，利用自己的职权进行自我交易。尽管根据我国《公司法》的规定，对高管进行自我交易的行为采取的是非绝对禁止的做法，但是由于贷款行为的特殊性，此时的自我交易极有可能损害股东的利益，因此应当禁止。

(3)资金来源为资产证券化时的法律关系

资产证券化的优势在于将公司的高流动性资产与公司的经营风险相分离，即投资者的投资回报更多地取决于基础资产的质量，而非公司的经营行为，在小额贷款的资产证券化中亦不例外。对于小额贷款中的资产证券化而言，由于其复杂性和专业性，除了投资者和小额贷款公司以外，还涉及包括会计师事务所和律师事务所在内等多个专门服务机构，其法律关系将十分庞杂。同时由于学界对于小额贷款公司与服务机构之间的契约关系已有较多研究，因此笔者将更聚焦于小额贷款资产证券化中所独有的法律问题。

在我国，资产证券化产品主要包括中国人民银行以及银保监会主管的信贷 ABS、证监会主管的企业 ABS、资产支持票据 ABN，以及少量的保险机构资产支持计划 ABS。而网络小额贷款公司用于融资的资产证券化产品则主要为证监会主管的企业 ABS，其适用的法律依据主要为我国《证券法》及《证券公司及基金管理公司子公司资产证券化业务管理规定》。

若要启动资产证券化，网络小额贷款公司作为原始权益人一方，需要明确基础资产的范围，即哪些应收账款可以转换为资本市场工具。而特殊目的载体(SPV)一方则需要设立资产支持专项计划募集投资者资金，与投资者之间形成信托或委托投资的关系。然后原始权益人将基础资产转移给 SPV 以完成真实出售，实现破产隔离的效果。为了满足真实出售的标准，原始权益人需要将包括基础资产未来利润在内的所有权利都转移至 SPV 中，此操作也使得投资者的投资回报完全取决于基础资产本身的质量高低，而非原始权益人的经营行为。基础资产通常由托管人或资产服务机构控制。托管人不从应收账款本身中获利，但收取服务费。

同时，为了吸引投资者，基础资产需要获得评级机构的投资评级,此评级将会影响证券的利率以及融资的数量,投资等级评级越高,原始权益人所融得资金的数量则越多。影响评级高低的因素除了基础资产本身的质量外,增信措施也需要被考虑在内。增信措施包括内部和外部两种,其中外部增信措施即相当于独立第三方为交易过程提供担保,内部增信措施则一般表现为"优先—劣后"级受偿顺序。大部分的资产证券化交易具有不止一种形式的增信措施。

综上可以看出,网络小额贷款公司与 SPV 之间存在买卖合同的关系,SPV 给付一定的对价获得平台转让的基础资产(应收账款)。在一般的债权转让中,只需要按照《民法典》合同编通知债务人即可,但是在资产证券化业务中,所涉及的基础资产数目庞大,涉及的债务人也并非少数,要求转让时逐一通知每个债务人是不切实际的,这会大大增加融资的成本,因此如何权衡这个问题会影响资产证券化的可操作性。在央行和银保监会主管的 ABS 产品中,《信贷资产证券化试点管理办法》规定对债务人的通知需要采取公告的方式进行,但在企业资产证券化产品中,并没有相关法规进行规定。在实践中则衍生了"权利完善事件"的做法,即在触发资产支持专项计划中约定的事件时,原始权益人发出权利完善的通知,即对基础资产的债务人产生效力。在网络小额贷款资产证券化中,基础资产的债务人为借款人。

网络小额贷款公司只与 SPV 发生直接的权利义务关系,而在资产证券化的其余流程中,都是其他机构与 SPV 发生直接法律关系,间接对网络小额贷款公司发生影响。例如,计划管理人负责 SPV 的设立和管理;托管人负责管理 SPV 的专项计划账户,执行管理人的划款指令,以及负责办理相关资金往来等业务;第三方评级机构对 SPV 进行评级吸引投资者(支持证券持有人);资产支持证券的持有人向 SPV 认购资金获得证券份额。这些权利义务关系都会直接影响原始权益人(网络小额贷款公司的资产数目)。(见表 4－3 至表 4－7 所示)

表 4-3 与借款人之间法律关系涉及的条文

《民法典》合同编
第六百六十七条 借款合同是借款人向贷款人借款,到期返还借款并支付利息的合同。 第六百六十八条 借款合同采用书面形式,但自然人之间借款另有约定的除外。 借款合同的内容包括借款种类、币种、用途、数额、利率、期限和还款方式等条款。 第六百七十条 借款的利息不得预先在本金中扣除。利息预先在本金中扣除的,应当按照实际借款数额返还借款并计算利息。 第六百七十三条 借款人未按照约定的借款用途使用借款的,贷款人可以停止发放借款、提前收回借款或者解除合同。
《电子签名法》
第十四条 可靠的电子签名与手写签名或者盖章具有同等的法律效力。
《网络小额贷款业务管理暂行办法(意见征求稿)》
第十三条 经营网络小额贷款业务的小额贷款公司应当根据借款人收入水平、总体负债、资产状况等因素,合理确定贷款金额和期限,使借款人每期还款额不超过其还款能力。对自然人的单户网络小额贷款余额原则上不得超过人民币 30 万元,不得超过其最近 3 年年均收入的三分之一,该两项金额中的较低者为贷款金额最高限额;对法人或其他组织及其关联方的单户网络小额贷款余额原则上不得超过人民币 100 万元。 第十四条 小额贷款公司应与借款人明确约定贷款用途,并且按照合同约定监控贷款用途,贷款用途应符合法律法规、国家宏观调控和产业政策。网络小额贷款不得用于以下用途:(一)从事债券、股票、金融衍生品、资产管理产品等投资;(二)购房及偿还住房抵押贷款;(三)法律法规、国务院银行业监督管理机构和监督管理部门禁止的其他用途。 第二十三条 经营网络小额贷款业务的小额贷款公司应当加强信息披露,在所使用的产品发布平台上公布下列信息:(一)本公司的基本信息,包括营业执照、公司地址、法定代表人及高级管理人员基本信息、业务咨询及投诉电话等;(二)对本公司提供的相关产品进行详细描述,包括服务内容、贷款利率水平和费用项目标准、计息和还本付息方式、逾期贷款处理方式等;(三)各级监督管理部门的监督举报电话。 第二十四条 经营网络小额贷款业务的小额贷款公司应当按照法律法规、国务院银行业监督管理机构和监督管理部门有关要求做好金融消费者权益保护工作。业务办理应当遵循公开透明原则,充分履行告知义务,使借款人明确了解贷款金额、期限、价格、还款方式等内容,并在合同中载明。禁止诱导借款人过度负债。禁止通过暴力、恐吓、侮辱、诽谤、骚扰方式催收贷款。禁止未经授权或者同意收集、存储、使用客户信息,禁止非法买卖或者泄露客户信息。 第二十五条 经营网络小额贷款业务的小额贷款公司应当按照有关法律规定开展反洗钱和反恐怖融资工作,并采取客户身份识别、客户身份资料和交易记录保存、大额交易和可疑交易报告等措施,有效防范洗钱和恐怖融资风险。

表 4－4　监管法律关系涉及条文

《网络小额贷款业务管理暂行办法（意见征求稿）》
第四条　国务院银行业监督管理机构制定小额贷款公司网络小额贷款业务的监督管理制度和经营管理规则，督促指导省、自治区、直辖市人民政府确定的金融监管部门（以下简称监督管理部门）对网络小额贷款业务进行监督管理和风险处置。监督管理部门负责小额贷款公司网络小额贷款业务的审查批准、监督管理和风险处置。对极个别小额贷款公司需要跨省级行政区域开展网络小额贷款业务的，由国务院银行业监督管理机构负责审查批准、监督管理和风险处置。 第十六条　经营网络小额贷款业务的小额贷款公司应当接入金融信用信息基础数据库等征信系统，也可以接入中国人民银行批准设立的个人征信机构和备案的企业征信机构，依法报送、查询、使用相关信用信息。 第十七条　小额贷款公司发放网络小额贷款的，应当在贷款发放后 5 个工作日以内在全国网络小额贷款有关登记系统对发放的网络小额贷款金额、区域、借款人等信息进行登记，并且在登记信息变更后 5 个工作日以内对原登记信息进行更新。 第十八条　经营网络小额贷款业务的小额贷款公司不得经营下列业务：（一）吸收或者变相吸收公众存款；（二）通过互联网平台或者地方各类交易场所销售、转让本公司除不良信贷资产以外的其他信贷资产；（三）发行或者代理销售理财、信托计划等资产管理产品；（四）跨省级行政区域经营网络小额贷款业务的小额贷款公司办理线下业务；（五）法律法规、国务院银行业监督管理机构和监督管理部门禁止从事的其他业务。 第二十一条　经营网络小额贷款业务的小额贷款公司应当强化资金管理，对放贷资金（含自有资金及外部融入资金）实施专户管理，所有资金必须进入唯一放贷专户方可放贷。放贷专户需具备支撑网络小额贷款业务的出入金能力。小额贷款公司应当向监督管理部门报备放贷专户，并按其要求定期提供放贷专户运营报告和开户银行出具的放贷专户资金流水明细。 第二十七条　经营网络小额贷款业务的小额贷款公司应当按照有关规定，向监督管理部门报送与网络小额贷款业务有关的财务会计报表、统计报表和其他材料，向中国人民银行报送有关统计资料。监督管理部门应当按要求向国务院银行业监督管理机构和中国人民银行报送本地区小额贷款公司网络小额贷款业务统计数据和情况报告。 第二十八条　小额贷款公司在网络小额贷款业务经营中出现重大风险（尤其是跨区域风险）时，应当及时向监督管理部门报告。监督管理部门应当建立重大风险的预警、防范和处置机制，及时处置重大风险事件，并向国务院银行业监督管理机构和中国人民银行报告。 第二十九条　经营网络小额贷款业务的小额贷款公司取得网络小额贷款业务经营许可证后，无正当理由停止正常开展网络小额贷款 6 个月以上的，由发证部门吊销其网络小额贷款业务经营许可证。

续表

第三十条　经营网络小额贷款业务的小额贷款公司应当通过互联网金融反洗钱和反恐怖融资网络监测平台向中国人民银行进行反洗钱履职登记，接受中国人民银行及其分支机构依法开展的反洗钱监管工作，配合相关部门的反洗钱和反恐怖融资工作。 第三十一条　经营网络小额贷款业务的小额贷款公司可以自愿加入中国小额贷款公司协会、中国互联网金融协会等行业自律组织，接受自律管理。 第三十二条　任何组织或者个人未经监督管理部门批准擅自经营网络小额贷款业务的，由监督管理部门予以取缔或者责令停止经营，并依照法律法规予以处罚；构成犯罪的，依法追究刑事责任。 第三十三条　经营网络小额贷款业务的小额贷款公司违反法律法规和本办法规定的，由监督管理部门责令限期改正，并依照法律法规予以处罚；构成犯罪的，依法追究刑事责任；逾期不改正或者情节严重的，依照法律法规责令停业整顿或者吊销网络小额贷款业务经营许可证。 第三十四条　依照法律法规规定对经营网络小额贷款业务的小额贷款公司进行处罚的，监督管理部门可以根据具体情形对有关责任人员予以警告，情节严重的，依照法律法规予以处罚；构成犯罪的，依法追究刑事责任。
《关于加强小额贷款公司监督管理的通知》
（十四）积极配合监管。小额贷款公司应当按监管要求报送数据信息、经营报告、财务报告等资料；配合地方金融监管部门依法进行的监督检查，提供有关情况和文件、资料，并如实就业务活动和风险管理的重大事项作出说明。 （十五）明确监管责任。省（自治区、直辖市）人民政府负责对辖内小额贷款公司进行监管和风险处置，地方金融监管部门具体落实。除设立、终止等重大事项外，省级地方金融监管部门可以委托地级、县级地方金融监管部门开展非现场监管、现场检查、违法违规行为查处等部分监管工作。 （十七）实施非现场监管。地方金融监管部门应当加强对小额贷款公司的非现场监管，依法收集小额贷款公司财务报表、经营管理资料、审计报告等数据信息，定期向银保监会报送监管数据信息；对小额贷款公司的业务活动及风险状况进行监管分析和评估。 （十八）开展现场检查。地方金融监管部门应当依法对小额贷款公司开展现场检查，采取进入小额贷款公司的办公场所或者营业场所进行检查，询问与被检查事项有关的人员，查阅、复制与被检查事项有关的文件、资料，复制业务系统有关数据资料等措施，深入了解公司运营状况，查清违法违规行为。 （十九）加大监管力度。地方金融监管部门应当按照现有规定，暂停新增小额贷款公司从事网络小额贷款业务及其他跨省（自治区、直辖市）业务。对依照《关于网络借贷信息中介机构转型为小额贷款公司试点的指导意见》（整治办函〔2019〕83号）转型的机构，要严格审查资质，加强事中事后监管。

表 4－5　与商业银行的法律关系涉及条文

《网络小额贷款业务管理暂行办法(意见征求稿)》
第十五条　经营网络小额贷款业务的小额贷款公司开展助贷或联合贷款业务的,应当符合金融管理部门制定的相关业务规则,并且符合下列要求:(一)主要作为资金提供方与机构合作开展贷款业务的,不得将授信审查、风险控制等核心业务外包,不得为无放贷业务资质的机构提供资金发放贷款或与其共同出资发放贷款,不得接受无担保资质的机构提供增信服务以及兜底承诺等变相增信服务;(二)主要作为信息提供方与机构合作开展贷款业务的,不得故意向合作机构提供虚假信息,不得引导借款人过度负债或多头借贷,不得帮助合作机构规避异地经营等监管规定;(三)在单笔联合贷款中,经营网络小额贷款业务的小额贷款公司的出资比例不得低于30%;(四)国务院银行业监督管理机构规定的其他要求。
《关于加强小额贷款公司监督管理的通知》
(二十七)银行合作支持。银行可以与小额贷款公司依法合规开展合作,按照平等、自愿、公平、诚实信用原则提供融资。

表 4－6　与股东之间法律关系涉及条文

《关于网络借贷信息中介机构转型为小额贷款公司试点的指导意见》
5. 强化股权管理。同一投资人及其关联方、一致行动人作为主要股东参股全国经营的小贷公司的数量不得超过2家(主要股东是指持有或控制公司5%以上股份或表决权,或持有资本总额或股份总额不足5%但对公司经营管理有重大影响的股东),或控股全国经营的小贷公司的数量不得超过1家(控股股东是指其出资额占有限责任公司资本总额50%以上或者其持有股份占股份有限公司股本总额50%以上的股东;出资额或者持有股份的比例虽然不足50%,但依其出资额或者持有股份所享有的表决权已足以对股东会、股东大会的决议产生重大影响的股东)。禁止委托他人或者接受他人委托持有全国经营的小贷公司的股权。
《小额贷款公司网络小额贷款业务风险专项整治实施方案》
排查小额贷款公司的股东是否具有良好的社会声誉、诚信记录、纳税记录和财务状况,是否符合法律法规规定和监管要求。运用穿透式监管手段,排查股东是否以委托资金、债务资金等非自有资金出资入股,是否委托他人或接受他人委托持有小额贷款公司股权。

续表

《网络小额贷款业务管理暂行办法(意见征求稿)》
第七条　经营网络小额贷款业务的小额贷款公司应当具备下列条件:……(三)有符合本办法规定的控股股东;(四)控股股东、实际控制人、最终受益人无故意或重大过失犯罪记录……(六)主要股东信用记录良好,最近3年无重大违法违规记录…… 第八条　经营网络小额贷款业务的小额贷款公司的控股股东应当具备下列条件:(一)为依法设立的企业法人,其主营业务为提供适合网络小额贷款的产品或服务;(二)财务状况良好,最近2个会计年度连续盈利且累计缴纳税收总额不低于人民币1200万元(合并会计报表口径);(三)对该公司的出资额不高于上一会计年度公司净资产的35%;(四)具有明确的网络小额贷款业务发展战略和规划;(五)承诺5年以内不转让所持该公司股权(监督管理部门及司法部门依法责令转让的除外),并在该公司章程中载明;(六)国务院银行业监督管理机构规定的其他条件。 第十条　经营网络小额贷款业务的小额贷款公司的注册资本不低于人民币10亿元,且为一次性实缴货币资本。跨省级行政区域经营网络小额贷款业务的小额贷款公司的注册资本不低于人民币50亿元,且为一次性实缴货币资本。

表4-7　资产证券化形式融资涉及的法律条文

《网络小额贷款业务管理暂行办法(意见征求稿)》
第十一条　小额贷款公司经营网络小额贷款业务,且经营管理较好、风控能力较强、监管评价满足一定标准的,经监督管理部门批准可以依法经营下列部分或者全部业务,并在取得网络小额贷款业务经营许可证后,依法申请办理公司变更登记,在经营范围中列明:(一)以本公司发放的网络小额贷款为基础资产开展资产证券化业务;(二)发行债券;(三)国务院银行业监督管理机构规定可以从事的其他业务。 第十二条　经营网络小额贷款业务的小额贷款公司通过银行借款、股东借款等非标准化融资形式融入资金的余额不得超过其净资产的1倍;通过发行债券、资产证券化产品等标准化债权类资产形式融入资金的余额不得超过其净资产的4倍。国务院银行业监督管理机构会同中国人民银行,可以对经营网络小额贷款业务的小额贷款公司对外融资余额与净资产的比例限制指标进行调整。

第二节　网络小额贷款的风险状况

网络小额贷款方面迄今仍未形成统一的制度体系,法律属性的模糊与监管的混乱,导致网络小额贷款市场滋生各种风险。

一、网络小额贷款的法律规制现状

由于网络小额贷款的核心仍是小额贷款,因此其仍需遵守现有小额贷款公司监管规定。目前专门针对网络小额贷款公司放贷行为的规范性文件极少,因此如无特别说明,下文所称的小额贷款的相关规制及其局限均适用于网络小额贷款。

(一)目前的规定[1]

1. 法律

在法律层面,并没有关于网络小额贷款公司的设立、组织机构、解散等的具体规定,并且由于网络小额贷款公司在法律上的定位无论在理论界还是实务界上都是存在争议的,这给适用法律规范带来了困境。观点一为,2009 年中国人民银行印发的《金融机构编码规范》中将小额贷款公司归入了其他金融机构的范围;观点二为通说观点,即认为小额贷款公司为企业法人,这也是得到最多制度规范支撑的观点。根据 2020 年 11 月 2 日中国银保监会、中国人民银行发布的《网络小额贷款业务管理暂行办法(征求意见稿)》中关于经营网络小额贷款业务的小额贷款公司需要具备的条件之一则为需要有符合《公司法》规定的章程,它与其他关于规范小额贷款公司的相关规范性文件的核心表达保持了一致。因此,可以推断中央层面对网络小额贷款公司的法律定位的官方口径是将其认定为企业法人。

综上,尽管在法律层面,没有关于网络小额贷款公司的设立、组织机构、解散等的具体规定,但是我们可以适用《公司法》《破产法》中关于企业法人设立、组织机构设置、解散的一般性规定,在运营方面可以

---

[1] 为了研究的需要,有关的规定包括了一些尚未生效的征求意见稿。

适用《合同法》《电子商务法》《税法》的规定。

2. 部门规范性文件

(1)《关于小额贷款公司试点的指导意见》

这份文件是2008年5月4日由原银监会(已撤销)、中国人民银行联合颁布的文件,效力级别不属于部门规章,只是属于部门规范性文件。这份文件是第一部专门规范小额贷款公司的中央规范性文件,之后各地、各部委颁布的关于小额贷款公司、网络小额贷款公司及其业务的规定都以此作为法律依据。

(2)《关于促进互联网金融健康发展的指导意见》

这份文件是对整个互联网金融行业适用的统领性规定,分别规定了各个互联网金融业务的监管部门。就网络借贷而言,其监管部门是原银监会,它对整个互联网金融行业提出了信息披露、消费者权益保护、信息安全、反洗钱和防范金融犯罪、加强行业自律、数据监测等方面的要求,但它并没有专门规制网络小额贷款事宜,甚至也不是专门规制网络借贷方面的规范性文件,因此仍缺乏关于网络小额贷款的统一具体规定。

(3)《非存款类放贷组织条例(意见征求稿)》

这份文件是2015年8月12日由国务院法制办公室(已撤销)公布的规范性文件。尽管这份文件并没有"小额贷款""网络小额贷款"字样,但是由于小额贷款公司具有"只贷不存"的性质,并且在2019年7月银保监会在答复全国人大8379号建议、政协1518号提案时,在针对"尽快出台小额贷款公司监管条例"的建议中,明确指出在经过与人民银行等单位进行沟通协商后,目前各方的一致意见是以出台《非存款类放贷组织条例》的形式设定小额贷款公司监管有关行政许可依据,不再出台《小额贷款公司监督管理条例》,因此可以作出这份文件是关于非存款类放贷组织的一般性监管规定的理解,一旦生效其条款应当予以适用。

(4)《关于规范整顿"现金贷"业务的通知》

这份文件是2017年12月1日互联网金融风险专项整治工作领导小组办公室与P2P网络借贷风险专项整治工作领导小组办公室联合

下发的规范性法律文件，效力级别属于部门规范性文件。尽管这份文件不是专门针对网络小额贷款业务的，但是对其作出了一些具体规定，例如要求加强小额贷款公司资金来源的审慎管理，此处首次提出了表外融资（以信贷资产转让、资产证券化为例）需要和表内融资进行合并计算，二者融资总额要与各地现行对网络小额贷款公司的杠杆要求相符合，并且各地不得进一步放宽或变相放宽小额贷款公司融入资金的比例规定。此外，这份文件最主要的是要求严格规范网络小额贷款业务的管理，暂停发放无特定场景依托、无指定用途的网络小额贷款，逐步压缩存量业务，限期完成整改。并要求对网络小额贷款的用途进行限制，要求网络小额贷款公司采取有效措施防范借款人“以贷养贷”“多头借贷”等行为，禁止发放“校园贷”和“首付贷”，禁止发放贷款用于股票、期货等投机经营。这份文件也为一周后 P2P 网络借贷风险专项整治工作领导小组办公室颁布《小额贷款公司网络小额贷款业务风险专项整治实施方案》埋下伏笔。

（5）《小额贷款公司网络小额贷款业务风险专项整治实施方案》

这份文件是 2017 年 12 月 8 日 P2P 网络借贷风险专项整治工作领导小组办公室颁布的规范性文件，效力级别也不属于部门规章，只是属于部门规范性文件。这份文件指出了网络小额贷款业务贷开展还可以通过小额贷款公司利用互联网技术的方式开展，明确了网络小额贷款业务对提高金融服务普惠性、改善金融服务质效和降低金融服务成本等方面发挥的重要作用，但同时其也存在资质审批不严、越权审批、高利放贷、暴力催收、非法经营等问题。因此，文件提出对网络小额贷款业务整顿的具体指标，并要求重新审查网络小额贷款经营资质，规范网络小额贷款经营行为，严厉打击和取缔非法经营网络小额贷款的机构。这份文件的亮点在于对小额贷款公司的股权管理以及业务合作方面的要求。在股权管理方面除了对股东对社会声誉、诚信记录方面有要求以外，还对股东的出资来源作出了规定：要求监管部门运用穿透式监管手段，排查股东是否以委托资金、债务资金等非自有资金出资入股；而在业务合作方面，则要求要对所合作的互联网平台的资质、共同放贷机构的资质、增信机构提供方的资质进行审查，同时禁止将授信审查、风险控制等核心业务进行外包。总的来说，这是一份具有指引作用的规范性文件，它明确了对网络小额贷款业务审查的具体指标，并通过排查将最终结果分为合规类机构、整改类机构、取缔类机构三类，同时分别规定了具体处置方案。

(6)《互联网金融从业机构反洗钱和反恐怖融资管理办法(试行)》

这是2018年9月29日中国人民银行、银保监会、证监会联合颁布的规范性文件，效力级别属于部门规章。它明确了互联网金融行业关于预防洗钱和恐怖融资活动方面的具体要求，并在身份识别、大额交易报告和可疑交易报告的提交，以及接受中国人民银行及其分支机构的反洗钱和反恐怖融资的现场检查、非现场监管和反洗钱调查的义务等方面都进行了具体规定。由于网络小额贷款是互联网金融行业的中坚力量，因此网络小额贷款公司也需要遵守这份文件中关于预防洗钱和恐怖融资活动方面的一般性规定。

(7)《网络小额贷款业务管理暂行办法(征求意见稿)》

这是2020年11月2日中国银保监会和中国人民银行联合颁布的规范性文件，效力级别属于部门规章。一旦生效之后，这将是第一部专门规范网络小额贷款业务的部门规章，从这份意见征求稿可以看出它沿用了不少上述规定，如沿用了关于网络小额贷款公司企业法人的法律定位，要求要有符合《公司法》的章程、注册资本，对股东的资质有相关要求，对贷款的用途有明确的限定等。

此外《征求意见稿》在不少方面提出了更高的要求：首先，在注册资本方面，经营网络小额贷款业务的小额贷款公司的注册资本不低于人民币10亿元，跨省级行政区域经营网络小额贷款业务的小额贷款公司的注册资本不低于人民币50亿元，且皆为一次性实缴货币资本；其次，首次提出了网络小额贷款业务经营许可证的有效期为3年，并对续展进行了程序性的规定，每次续展有效期也是3年；最后，首次提出了存量跨区业务整改的过渡期为3年。行业人员反应最强烈的条款是关于负债端杠杆率的规定，即《征求意见稿》中的第12条："经营网络小额贷款业务的小额贷款公司通过银行借款、股东借款等非标准化融资形式融入资金的余额不得超过其净资产的 1 倍；通过发行债券、资产证券化产品等标准化债权类资产形式融入资金的余额不得超过其净资产的 4 倍”，但其实该条文并不是首次提出，早在 2020 年 9 月 7 日银保监会办公厅颁布的《关于加强小额贷款公司监督管理的通知》中就呈现了该条的原文，所以银保监会并没有对网络小额贷款业务的杠杆率提出更严格的要求。而真正值得注意的是这份文件中的第 15 条第 3 款，即针对联合贷款的资本比例要求：“单笔联合贷款中，经营网络小额贷款业务的小额贷款公司的出资比例不得低于 30%”，该条款一旦生效，受影响最深的应该是由互联网企业所控制的小额贷款公司利用互联网向客户提供的小额贷款的情景，它会很大程度限制网络小额贷款公司通过助贷扩张规模。有人甚至说这是为蚂蚁小贷量身定做的条款。[1]

虽然这份文件只是一份意见征求稿，但是从上述新规中可以看出官方对于网络小额贷款业务的新的要求，也可以看出尽管自 2017 年年底以来，很长一段时间里中央层面都没有再颁布针对网络小额贷款业务的规范性文件，甚至最后一个专门文件的主题是要立即暂停审批网络小额贷款公司，但其实其并没有放弃对网络小额贷款这个行业的监管。

3. 地方政府规范性文件

(1)《赣州市网络小额贷款公司监督管理暂行办法》

这份文件于 2013 年 10 月 17 日江西省赣州市人民政府第十三次常务会议审议通过、11 月 6 日正式生效，效力级别属于地方政府规章。它是全国最早的一部专门针对网络小额贷款业务的规范性文件。这份

---

〔1〕 参见孙海波：《金融委对马云演讲的表态：全面金融监管！》，载微信公众号“研究院精选”2020 年 11 月 2 日。根据金融监管研究院院长孙海波的观点，蚂蚁小贷目前在联合贷款中自己出资的比例是1% ~2%，所以才能通过 360 亿元表内贷款驱动 1.8 万亿元的联合贷款，如果重庆市蚂蚁商诚小额贷款有限公司的出资比例提高到 30%，意味着同样驱动 1.8 万亿元的联合贷款，至少需要 5400 亿元的表内贷款，外加 1700 亿元 ABS，这意味着总计需要通过蚂蚁小贷放款 7100 亿元，而根据表内贷款最多 5 倍杠杆的原则，蚂蚁小贷资本金需要扩充到 1400 亿元的规模（当前蚂蚁的资本金是 360 万亿元左右）。

文件详细地规定了网络小额贷款监管主体、监管内容、风险管理措施等具体内容,但不足的是它并没有对设立网络小额贷款公司所需要的注册资本数额、具体准入条件、合作平台(如互联网平台、共同放贷机构、增信机构提供方)的资质等实质方面进行规定,从它的条文整体看来撰写得还是比较粗糙,给监管部门以及相关批准部门留下了较大的操作空间。

值得一提的是该份文件中的第2条,即关于网络小额贷款公司的定义,"本办法所称网络小额贷款公司,是指由大规模开展互联网业务、拥有大量网络客户资源的国内电子商务及互联网企业发起,在赣州市行政区域内依法设立,不吸收公众存款,主要为自己互联网上的客户,特别是小微客户业务发展提供小额贷款等服务的新型网络金融组织"。在这个定义当中,我们能看到网络小额贷款公司内涵演变的雏形,即在最初,网络小额贷款公司的内涵仅包括由互联网企业开展网络小额贷款业务的情形,并不包括小额贷款公司依靠互联网技术进行放贷的行为;同时在这份文件中,它对网络小额贷款公司的法律定位不是企业法人,而是属于金融组织。由此可以看出法律定位混乱的问题早有端倪。

(2)《吉安市网络小额贷款公司设立申报工作指引》《吉安市网络小额贷款公司监督管理暂行办法》

这两份文件皆于2016年8月5日江西省吉安市市人民政府第九十三次常务会议审议通过、8月22日正式生效,效力级别分别属于地方政府规范性文件、地方政府规章。《吉安市网络小额贷款公司设立申报工作指引》中详细地规定了网络小额贷款公司的设立的基本条件、投资者的资质、筹建工作以及审批程序等具体内容,其中对于投资者首次进行了细致的区分,将其区分为主发起人、一般发起人企业、自然人参与发起与外商投资发起四种类型,并分别对它们提出了具体要求;对注册资本的要求为不得低于2亿元,且为实收货币需要一次性足额缴纳。《吉安市网络小额贷款公司监督管理暂行办法》详细规定了监管主体、监管内容、风险管理措施等具体内容,这些内容与2013年《赣州市网络小额贷款公司监督管理暂行办法》大致相同,只有一些细节上的修改(如平台的违规情节添加了“违法进行暴力收贷的”一项)。这两份文件弥补了《赣州市网络小额贷款公司监督管理暂行办法》规定粗糙的缺陷,对网络小额贷款公司的设立与监督管理进行了较为详细的规定。但是,两份文件存在一些内在的逻辑矛盾,例如,《吉安市网络小额贷款公司监督管理暂行办法》对网络小额贷款公司的法律定位沿袭了《赣州市网络小额贷款公司监督管理暂行办法》的态度,将其视为金融组织,但是《吉安市网络小额贷款公司设立申报工作指引》却又规定网络小额贷款公司的设立筹建要遵循《公司法》的规则。

尽管这两份文件于2020年3月20日由《吉安市人民政府关于公布市政府(含市政府办公室)规范性文件清理结果的决定》宣布失效,但是不能否认它们在地方规范推动方面,尤其是对投资者对细致区分方面起到的积极作用。

(3)2020年《福建省地方金融监督管理局关于规范小额贷款公司等五类地方金融组织经营行为的通知》

该文件明令禁止“套路贷”行为,并对“套路贷”的行为模式进行了描述,即地方金融组织以非法占有为目的,假借借贷、担保之名,诱使、迫使群众或在校学生签订“借贷”“抵押”“担保”“保险”等相关协议,通过虚增借贷金额、制造虚假给付痕迹、恶意制造违约、肆意认定违约、毁匿还款证据等方式形成虚假债权债务,并借助诉讼、仲裁、公正或者采用暴力、威胁以及其他等手段非法占有他人财物。同时其对贷款催收行为进行详细规定,列举了包括揭发隐私,诬告陷害,扰乱正常生活、工作、生产、经营,寻衅滋事、肢体冲突,以及频繁短信骚扰在内的一系列不当催收行为,禁止委托具有黑社会性质的组织进行催收活动,这对于规范催收行为具有重大意义。该文件还明确要求小额贷款公司回归“普惠金融”的定位,助力缓解融资难、融资贵的问题。(见表4－8所示)

表 4－8　各规范性文件具体整理如下

效力级别	规范性文件名称	发文机关	适用范围	生效时间
法律	《合同法》	全国人大常委会	全国	1999 年
	《破产法》	全国人大常委会	全国	2007 年
	《公司法》	全国人大常委会	全国	2018 年
	《电子商务法》	全国人大常委会	全国	2019 年
部门规范性文件	《关于小额贷款公司试点的指导意见》	中国银行业监督管理委员会（已撤销）、中国人民银行	全国	2008 年 5 月 4 日
	《非存款类放贷组织条例（意见征求稿）》	国务院法制办公室	全国	2015 年 8 月 12 日
	《关于促进互联网金融健康发展的指导意见》	中国人民银行、工业和信息化部、公安部、财政部、工商总局、法制办、原银监会、证监会、保监会、国家互联网信息办公室	全国	2015 年 7 月 18 日
	《小额贷款公司网络小额贷款业务风险专项整治实施方案》	P2P 网络借贷风险专项整治工作领导小组办公室	全国	2017 年 12 月 8 日
	《互联网金融从业机构反洗钱和反恐怖融资管理办法（试行）》	中国人民银行、中国银行保险监督管理委员会、中国证券监督管理委员	全国	2019 年 1 月 1 日
	《关于加强小额贷款公司监督管理的通知》	中国银保监会办公厅	全国	2020 年 9 月 7 日
	《网络小额贷款业务管理暂行办法（征求意见稿）》	中国银保监会和中国人民银行	全国	2020 年 11 月 2 日

续表

效力级别	规范性文件名称	发文机关	适用范围	生效时间
地方规范性文件	《赣州市网络小额贷款公司监督管理暂行办法》	赣州市人民政府办公厅	江西省	2013 年 11 月 6 日
	《厦门市小额贷款公司管理办法》	厦门市人民政府	福建省	2016 年 3 月 22 日
	《吉安市网络小额贷款公司设立申报工作指引》《吉安市网络小额贷款公司监督管理暂行办法》	吉安市人民政府办公室	江西省	2016 年 8 月 22 日
	《广州民间金融街互联网小额贷款公司管理办法(试行)》	广州市越秀区人民政府办公室	广东省	2016 年 11 月 21 日
	《上海市小额贷款公司互联网小额贷款业务专项监管指引(试行)》	上海市金融服务办公室	上海市	2017 年 1 月 1 日
	《内蒙古自治区小额贷款公司开展网络小额贷款业务试点监管指引(试行)》	内蒙古自治区人民政府金融工作办公室	内蒙古自治区	2017 年 5 月 2 日
	《江西省网络小额贷款公司监管指引(试行)》	江西省人民政府金融工作办公室	江西省	2016 年 9 月 6 日
	《大连市小额贷款公司监督管理办法》	大连市金融发展局	大连市	2017 年 4 月 16 日

(二)制度局限

1. 规范的效力层级较低,未形成统一制度体系

我国目前对网络小额贷款的规范主要以中国人民银行、银保监会等部门的发布的政策性文件、各地政府办公室或者金融办公室作出的

规范性文件以及行业协会的自律规则为主，立法层级较低，并未上升至法律，也未能形成关于网络小额贷款方面的统一制度体系，并由上述整理可看出，关于网络小额贷款方面的法律规制缺乏行政法规和地方性法规层级的立法。这主要是由国家鼓励政策先行、立法与监管滞后的态度决定的，虽然这种态度在行业新兴时期有其合理性的存在，但是也使得前些年在网络小额贷款领域，尤其是在"现金贷"领域，业务野蛮生长，金融风险不断积累，金融秩序遭到破坏。例如，由于借款人道德风险引发违约，网络小额贷款公司不得不以高利率以及各种名目的服务费用来覆盖高坏账率，而高利率又会导致借款人多头借贷、以贷养贷甚至恶意骗贷。这一恶性循环使得现金贷这一本是出于普惠目的设计的金融产品偏离了原定的轨迹，也导致了 2017 年 11 月 21 日《关于规范整顿"现金贷"业务的通知》的出台。虽然这份文件明确了要清理的"现金贷"类型，并对国内"现金贷"业务提出了较为详尽的监管要点，但是实际上该文件是"补丁式法律规范"，治标不治本，鉴于此，统一规范体系迫在眉睫。

缺乏高位阶的规范性文件对网络小额贷款业务进行统一规定，导致了不同地区对其管理标准并不统一，且存在较大的地区差异性，部分地区监管趋松；而网络小额贷款公司则以注册地与实际经营地相分离的方式来规避监管严厉地的规则规制。很多互联网金融公司都按照此套路操作，例如，重庆对于互联网金融业务的监管比较宽松、政策导向利好且配套措施相对完善，因此"BAT"等大型互联网公司均在重庆注册网络贷款公司，但公司实际业务却在北京、上海、深圳、杭州等相对发达的城市开展。这种做法将会导致监管难度大大增加。国务院在《关于 2017 年中央决算的报告》中指出抽查的 29 家重庆注册的网络小额贷款公司中，有 12 家主要在浙江等地经营，以此规避实际经营地区的准入审查，并由此引发将网络客户信用识别不精准、非法冒用他人名义借贷等问题。

自《关于小额贷款公司试点的指导意见》以来，我国对于小额贷款行业的探索已有 12 年，即使出于法律的稳定性考虑不将相关成果以法律的形式固定下来，也是时候出台专门规范网络小额贷款的部门规章。

虽然2020年11月2日银保监会与中国人民银行联合发布《网络小额贷款业务管理暂行办法(征求意见稿)》,但是截至2021年5月底该暂行办法仍未出台。

2. 法律定位模糊,身份不明晰

小额贷款公司的法律定位模糊的问题,主要表现为小额贷款公司究竟是属于普通企业法人的身份还是属于类金融机构的身份?不同的行政主体对该问题有不同的看法。原银监会及现银保监会的立场散见于2008年颁布的《关于小额贷款公司试点的指导意见》、2015年颁布并在2018年修正的《非银行金融机构行政许可事项实施办法》中,其认为小额贷款公司仅为普通企业法人。其中,在2008年颁布的《关于小额贷款公司试点的指导意见》中,其在第1条即开宗明义地指出"小额贷款公司是企业法人"。此外,该指导意见并没有规定严格的审批程序,只提出"申请设立小额贷款公司,应向省级政府主管部门提出正式申请,经批准后,到当地工商行政管理部门申请办理注册登记手续并领取营业执照",这与其他金融机构需要层级较高的主体审批,以及需要履行严格的审批程序形成鲜明对比。在2015年颁布且在2018年修正的《非银行金融机构行政许可事项实施办法》所列举的非银行金融机构类型中并不包括小额贷款公司。而以中国人民银行及国家统计局为代表颁布的规范性文件中,则将小额贷款公司划入金融机构的范畴。在中国人民银行2009年颁布的《金融机构编码规范》中,在金融机构二级分类码内,将小额贷款公司归为Z类。国家统计局2017年颁布的《国民经济行业分类》在2011年的基础上新增了"小额贷款公司"一类,同时《金融业企业划型标准规定》又将小额贷款公司与银行业非存款类金融机构并列,归入非货币银行服务类金融机构的范畴。另外,中国银行业协会的行业自律性文件——《中国银行业金融机构社会责任指引》也将小额贷款公司认定为金融机构。由此可见,不同行政主体对该问题的看法不一导致了实务操作中相关问题认定的困难。

例如,在关于现金贷的法定利率上限问题上,如果将小额贷款公司定位为企业法人,则应当适用最高人民法院发布的《关于审理民间借贷案件适用法律若干问题的规定》,根据该规定的第1条第2款:"经金融监管部门批准设立的从事贷款业务的金融机构及其分支机构，因发放贷款等相关金融业务引发的纠纷，不适用本规定。”由于此时定位为企业法人的小额贷款公司，不属于“经金融监管部门批准设立的从事贷款业务的金融机构”，因此将受到最高人民法院关于民间借贷司法解释中对于民间借贷 4 倍 LPR 的利率约束。如果将其定位为金融机构，则应该适用中国人民银行 1996 年颁布的《贷款通则》。根据《贷款通则》第 2 条的规定，贷款人是指在中国境内依法设立的经营贷款业务的中资金融机构，同时根据吴志攀教授的看法，这些中资金融机构主要是指我国境内设立的中资银行、信托公司、金融租赁公司、农村信用社及其他经营贷款业务的金融机构。[1] 因此，持有网络小额贷款牌照的网络小额贷款公司，其放贷利率就需要遵循 1999 年中国人民银行颁布的《人民币利率管理规则》的规定。

对于该问题实务界和理论界不少人士都发表了各自的看法，通说是将小额贷款公司定位为企业法人。例如，程昆教授[2]与张正平教授[3]从《贷款通则》第 21 条出发，认为小额贷款公司没有金融许可证，不属于金融机构。根据《贷款通则》第 21 条，其所称的贷款人必须持有中国人民银行颁发的《金融机构法人许可证》或《金融机构营业许可证》，但是小额贷款公司的设立并不以这两份行政许可为前置条件。杜金向教授对 2008 年原银监会颁布的《关于小额贷款公司试点指导意见》的理解为：该指导意见仅标志着小额贷款公司的合法地位得到确认，但并没有赋予其金融机构的身份[4]。在实务界内，广州市地方金融监督管理局黄慰宏处长在 2020 年 10 月的一次讲座上提及：小额贷款公司不属于金融机构，小额贷款公司对外发放贷款的行为属于最高

[1] 吴志攀：《金融法概论》（第 5 版），北京大学出版社 2011 年版，第 175 页。

[2] 程昆、张康松：《何去何从，农村小型金融机构内生式的发展》，中山大学出版社 2016 年版，第 27 页。

[3] 张正平：《我国微型金融机构可持续发展问题研究》，经济科学出版社 2013 年版，第 133 页。

[4] 杜金向：《新型农村金融机构可持续发展研究》，经济日报出版社 2014 年版，第 17－21 页。

人民法院《关于审理民间借贷案件适用法律若干问题的规定》中规定的民间借贷行为，即自然人、法人和非法人组织之间进行资金融通的行为。另外，在姜再学、高俊岐民间借贷纠纷[1]的再审审查与审判监督民事裁定书中，最高人民法院对小额贷款公司是否属于"金融机构"进行了明确："（七）嘉泰公司是小额贷款公司，其对外放贷业务适用《最高人民法院关于审理民间借贷案件适用法律若干问题的规定》……《最高人民法院关于审理民间借贷案件适用法律若干问题的规定》是人民法院正确审理民间借贷纠纷案件的重要依据，其规制的范围是民间借贷即民间资金融通行为。本案案由为民间借贷纠纷，当事人之间属于民间借贷纠纷，受《最高人民法院关于审理民间借贷案件适用法律若干问题的规定》的规制。姜再学等人、亿鹏公司主张嘉泰公司属于'金融机构'，但并无事实及法律依据，其该项再审申请理由不能成立。"

基于此，中央规范性文件应当与通说做法保持一致，也需要其对小额贷款公司的法律地位予以明确。

3. 监管主体混乱，职责交叉冗杂

学界中不少文章都提出了这个问题，但实际上其关注点都有所偏离，大部分观点都认为网络小额贷款业务在不同规范性文件中对监管主体进行的不同表述导致监管主体混乱的问题，例如，《关于促进互联网金融健康发展的指导意见》明确规定网络借贷业务由原银监会负责监管（银监会根据 2018 年的国家机构改革与保监会合并，并更名为银保监会），但在实践中以及地方的规范性文件中，又规定是由地方金融监管机构进行管理。但真正造成监管主体混乱的原因并不在此。

的确，在现行监管制度下，网络小额贷款的监管主体有二：一是银保监会，二是地方金融监管机构。但是它们的监管职责是不同的，根据 2015 年发布的《非存款类组织（意见征求稿）》中的规定，国务院银行业监督管理机构（银保监会）、中国人民银行在金融监管协调部际联席会议制度的框架内，依据本条例制定公布非存款类放贷组织监督管理

---

〔1〕 参见最高人民法院民事判决书，（2019）最高法民申 2218 号。

规则,指导省、自治区、直辖市人民政府对非存款类放贷组织进行监管和风险处置,协调国务院有关部门解决非存款类放贷组织监督管理及发展中的重大问题。《中国银保监会对十三届全国人大二次会议第6251号建议的答复》明确网络小额贷款公司行业由银保监会负责制定规制,各地地方金融监督管理局具体承担小额贷款公司设立审批、监督管理和风险处置等工作,简单来说就是银保监会负责宏观方面的制度设计,各地地方金融监督管理局负责微观层面网络小额贷款公司的设立审批和日常管理,这种制度设计本不会造成职责交叉和混乱。真正造成监管主体混乱问题的是规范性文件中又赋予了银保监会设立审批和日常管理的权利,如在《网络小额贷款业务管理暂行办法(征求意见稿)》中又将极个别需要跨省级行政区域开展网络小额贷款业务的小额贷款公司的审批、监管、风险处置权交给国务院银行业监督管理机构(银保监会),此处给银保监会又留了一个不确定的保留权利,即什么情形将称为"极个别"? 该征求意见稿并未进行进一步确定。

另外,小额贷款公司的日常监督管理权通常并不是由省一级人民政府直接行使,而是将该权力委派给其直属部门,一般来说有三种主体:一是以北京市为代表,以各省级金融办作为监管主体;二是以重庆市为代表,成立领导小组监管的模式,该领导小组由市金融办、工商局等部门组成;三是由县级政府来承担小额贷款公司的日常监管。目前的网络小额贷款公司既要受到银保监会对于日常事务的监督,又要遵循传统小额贷款公司的规定,这就有可能会导致银保监会与地方金融机构监管重合的可能性。监管重合不仅浪费了行政资源,还有可能造成推诿,从而引发监管效率低下等问题。

二、网络小额贷款的风险样态

网络小额贷款的风险是指由于上述的法律制度局限、金融市场的现状以及金融市场的多变性、不稳定性所带来的风险,主要包括非法经营风险、跨区域经营风险、信用风险以及偏离普惠金融目标四种。

(一)非法经营风险

非法经营的风险主要体现在两个方面:一是未取得放贷资质的平台依靠具有放贷资质的平台开展放贷业务,这种情形常见于现金贷领域;二是获得放贷资质的平台会由于国家政策原因面临非法经营的风险,这种情形是由于国家的政策改变所导致的。

1. 未取得放贷资质的平台依靠具有放贷资质的平台开展放贷业务

目前,市场上存在部分未经批准且不具备放贷资质的机构会依靠有正规牌照的网络小额贷款公司来开展现金贷业务。反之,也有领取了经营牌照的网络小额贷款公司并没有真正开展业务,而是通过转让或买卖的形式转给其他无正规经营牌照的公司来牟利。在国务院《关于2017年中央决算的报告》中其指出抽查60家"现金贷"机构发现,其中40家无从业资质。

种种不合法的经营方式,既扰乱了金融秩序,也隐藏巨大的金融风险隐患,给整个网络小额贷款行业健康发展蒙上了阴影。

2. 获得放贷资质的平台会由于政策原因面临非法经营的风险

自2015年中国人民银行等十部门发布《关于促进互联网金融健康发展的指导意见》承认了网络小额贷款公司的合法地位以来,各地方政府部门纷纷出台本省市的管理办法和监管指引,网络小额贷款公司由此获得了发展的良机,获得网络小额贷款牌照的互联网企业乘着这股东风如火如荼地开展着消费贷和现金贷业务,经过一轮野蛮生长后,中央注意到了包括通过表外融资逃离杠杆率限制,以及发放无场景依托、无指定用途、无客户群体限定、无抵押的现金贷在内的乱象,出于保护金融秩序的考量,互联网金融风险专项整治工作领导小组办公室分别于2017年11月21日以及12月1日发布《关于立即暂停批设网络小额贷款公司的通知》以及《关于规范整顿"现金贷"业务的通知》,并明确规定各级小额贷款公司监管部门一律不得新批设网络(互联网)小额贷款公司,禁止增批小额贷款公司跨省(区、市)开展小额贷款业务;禁止发放暂停发放无特定场景依托、无指定用途的"现金贷"。这一系列的变化导致已经存在的特定"现金贷"业务面临非法经营的风险。

此外,根据《小额贷款公司网络小额贷款业务风险专项整治实施方案》中的规定,网络小额贷款业务的形式是包括跨区域线上和线下经营在内的,即依据该规定当时是允许网络小额贷款公司跨区域线下经营,但在北京市地方金融监督管理局所颁布的《关于外省市互联网(网络)小额贷款公司在京开展线下业务的风险提示》中,其却明文禁止外省市互联网(网络)小额贷款公司在北京市开展线下小额贷款业务。由此亦可得出,由于政策原因,网络小额贷款业务会面临异地发展受阻,甚至非法经营的风险。

(二)跨区域经营风险

网络小额贷款公司的设立由各省市地方金融监管部门审核,并由注册地地方政府金融监管部门进行日常监管。但由于网络小额贷款公司大多在全国范围内开展跨省(市)的业务,而各地地方金融监管部门在异地监管上不具备可操作性,无法及时跟进企业经营情况和业务风险,一旦出现问题,容易造成跨区域经营领域风险的集聚。[1]

1. 平台跨区域经营产生的风险

平台跨区域经营除了会产生异地发展受阻的困境外,最重要的还会造成监管的困境。平台将注册地和实际经营地分离,是出于规避特定地区的准入门槛以及监管措施而为。近年来互联网企业或传统小额贷款公司借助网络小额贷款业务,一方面突破着经营区域的限制将业务扩展至全国,另一方面以资产证券化等表外融资方式融入资金,突破融资杠杆的约束,放大杠杆倍数。这将徒增对平台的监管困难。

网络小额贷款公司尚未在国家层面统一监管要求,各地方政府颁布的监督管理办法重点监管要求各不相同,这将会导致监管套利的情形出现。以网络小额贷款公司的聚居区域——广东和重庆两地为例:在实缴注册金方面,广东的要求就比重庆要低,广东为1亿元即可,重庆则要求达到3亿元;在业务范围方面,重庆的监管办法则规定在符合相关资质的前提下,允许网络小额贷款公司经营票据贴现、资产转让等业务;在融资要求方面,在广东设立的网络小额贷款公司的融资渠道限定在银行和再贷款且通过资产交易中心进行转让所获得的融资需要计算在杠杆内,而重庆不仅将融资渠道拓宽到了同业拆借,并且通过资产

〔1〕 余露:《关于积极规范发展互联网小额贷款公司的思考》,载《知识经济》2018年第5期。

交易中心进行转让所获得的融资不需要计算在内。(见表4－9所示)

表4－9　广东、重庆互联网小额贷款公司的相关要求

项目	广东	重庆
注册资本金	1亿元	3亿元
经营范围	各类小额贷款业务	各类小额贷款业务、票据贴现、资产转让等
融资渠道	银行、再贷款公司、经审批的资产交易中心	银行、再贷款公司、经审批的资产交易中心、股东借款、同业拆借等
对外融资比例	低于资产净值1倍	低于资产净值3倍

各地方不一致的监管要求于互联网小额贷款公司的投资方而言有失公平,存在监管套利空间。有实力的企业会在多个地方同时发起设立互联网小额贷款公司,例如大连万达集团,为更好地适应不同地方监管,同时在重庆、广州、上海三处发起设立了互联网小额贷款公司。此类情况既增加了企业的经营成本又为监管部门对相应公司的真实业务风险的穿透管理提出了更高的挑战。[1] 张敬伟研究员也发表评论称:"由于发照的监管方无法对持照者的跨省业务进行监管,而异地监管者对省外持照的小额贷款公司也鞭长莫及。现有监管体系下,跨省网络小额贷款就成了监管的灰色地带。"[2]

2. 借款人跨区域借贷产生的风险

根据《我国现金贷发展情况报告》的数据,在网络小额贷款公司开展的现金贷业务中,约有200万借款人存在多头借贷情况,其中在1个月之内连续借贷超过10家平台的借款者超过50万人。由于网络小额贷款业务是利用金融科技技术跨省经营甚至在全国范围内经营的,并且目前监管机制未能做到有效管控借款人多头借贷的行为,一旦由于

〔1〕 陈林:《互联网小额贷款公司监管法律机制探讨》,江西财经大学2019年硕士学位论文。

〔2〕 赵鑫:《防范金融风险为网络小额贷款戴上"紧箍咒"》,载《深圳特区报》2020年第11期。

借款人多头借贷、以贷养贷的行为导致大规模违约，那么基于互联网金融科技技术的瞬时性和传播性强的特点，就会在多省之间，乃至全国之间产生系统性风险大范围传导的问题。

除了多头借贷、以贷养贷的行为难以异地防控外，还存在难以监管借款人的借款用途。在传统小额贷款业务中，如果监管人员发现借款人虚构借款用途或者不按约定用途使用借款，那么小额贷款公司可以依据合同法的有关借款合同的规定要求提前归还借款并主张损失。但与传统小额贷款服务于当地、范围有限不同，网络小额贷款的服务范围广、客户数量大，其难以发现借款人的借款用途与约定的不同，消费贷产品由于具有消费场景，出现这个问题的概率可能较低，但现金贷产品就容易出现这种情况，难以实现监控。

（三）信用风险

信用风险，是指交易对手未能履行约定契约中的义务而造成经济损失的风险。[1] 由于网络小额贷款线上运营的特征，故其出现信用风险的可能性会远高于传统的小额贷款。信用风险主要表现为基于信息不对称而出现的借款人的违约风险，以及无抵押物担保的运营模式所导致的风险控制漏洞。

1. 基于信息不对称而产生的违约风险

由于网络小额贷款多是通过申请人线上申请，工作人员线上审批给予额度的方式进行，虽然这种方式方便满足借款人的金融需求，但也同时增加了网络小额贷款的风险性，因为它减少了双方接触，从而导致借款人很有可能利用信息不对称，通过隐瞒或夸大自身的情况，将自己包装成优质借款人，从而获得贷款，此时这种借款人的违约风险则较高。

使用网络小额贷款的客户，一般有提前消费的习惯或是收入较低的人群，主要以在校大学生和都市白领为主，大部分用户每月可支配收入较少，还有部分用户个人信用记录不良，申请信用卡无法通过

---

〔1〕 中国银行业协会声誉风险管理专业委员会：《中国银行业声誉风险管理理论与实务》，中国金融出版社 2018 年版，第 15 页。

审批或者审批额度较低，难以从银行等传统金融机构中获得贷款。而网络现金贷平台对客户资质审查缺少统一标准，大多数平台仅要求借款人提供身份信息并绑定银行储蓄卡、授权读取通讯录、提供网络消费记录等就可通过对借款人的资格审核并发放贷款。部分平台为了实现快速放贷，甚至对借款人资质不进行任何审查。这导致借款人借款后无力偿还的现象频频发生，坏账明显上升。

同时，由于线上审批出现的信息不对称特征，决定了网络小额贷款行业会十分依赖征信系统对借款人的信用评级，但目前本行业征信的建设并不完善，因为网络小额贷款公司依靠自身的信用评级制度无法解决借款人的过度借贷、多头借贷、重复授信等问题，以及以贷养贷的行为。

一方面，过度依赖大数据进行授信。网络小额贷款公司主要通过借款人的消费记录或消费习惯来测算借款人的信用额度，如京东白条、蚂蚁花呗、微粒贷等产品通过对借款人的工作、年龄、学历、以往消费情况等数据进行挖掘，测算出用户的授信额度，这是目前互联网信贷业务广泛采用的模式。借款人在网络上填写的信息越多，数据分析得就越精确。根据借款人的个人信息和意向的消费习惯来预测借款人未来的偿还能力，具有一定的误差，它的科学性有待进一步验证。另一方面，网络小额贷款公司仅依靠自身的信用评级系统无法解决“信息孤岛”的局面，对借款人可能存在的过度借贷、多头借贷等问题无法察觉，进而无法进行有效管控，因此个人负债的杠杆率越发趋高，最后导致巨大的风险敞口。重复借贷、以贷养贷的行为并非个别，根据《我国现金贷发展情况报告》所披露的数据，在网络小额贷款公司所开展的现金贷业务中，有近200万借款人存在多头借贷情形，其中，在1个月之内连续贷款超过10家小额贷款公司的借款者就有超出50万人。[1] 征信体系的缺失，使得网络小额贷款公司没有足够的能力在审核时对融资者信息进行充分把控，或者对其过度借贷持放纵态度，此举将会扩大借

---

〔1〕 陆岷峰、周军煜：《互联网小贷公司生态现状与修复路径研究》，载《长春金融高等专科学校学报》2018年第4期。

贷中的资金回款风险。

2. 由于无担保而导致的风控漏洞

目前网络小额贷款公司都聚焦在借款方资金需求上，目的是争夺客户，以发放更多的贷款。尤其是在当前这个时期，互联网平台发放小额贷款的主要客户基本都属于平台上自有的顾客。以蚂蚁花呗为例，其放贷的对象选择主要是在淘宝平台经常购物的客户，为了控制风险，蚂蚁花叹不会允许所有客户开通，而是以信用分为基本的依据，只有分数达标，才有了开通蚂蚁花呗的权利，目前客户想要开通，要求的最低分数为600分。信用分的获得主要通过判断淘宝的买家的交易量、及时付款率，以及是否存在虚假交易、欺诈交易等，同时由于芝麻信用和公安部门也进行了联网，对违法犯罪分子也有一些档案记录，可以一定程度上防止一些人通过花呗套取资金。因此，花呗通过信用分的模式，对用户的还款意向及还款能力得出综合分析，使用户可以进行力所能及的消费和现金分期，一定程度上抑制了风险。但是，由于缺少抵押物，蚂蚁花呗仍然存在一定的应收账款回收的风险，并且重庆市蚂蚁商诚小额贷款有限公司的信用评级是在全国范围内规模最大的第三方信用评级系统，其他网络小额贷款公司几乎不能做到与其相似的规模程度，而它们的消费贷、现金贷产品也采取无抵押物担保的方式进行，这将为不良资产的爆发埋下伏笔，一旦出现大规模借款人违约，那就会引爆这颗埋在金融市场的定时炸弹，其危害程度、影响的广度和深度将不亚于2008年美国的“次贷危机”。应当指出，这种违约不一定是出于借款人的恶意，也有可能是出于不可抗力的影响。在国外的关于网络小额贷款的研究中就曾指出[1]，长尾客户对于自然灾害以及极端气候的承受能力更差。例如，一场洪水就有可能使得整个村庄的庄稼都毁于一旦，而这些农作物尽管没有作为担保物进行抵押，但却是借款人整个季度的最主要收入来源，因此不得不违约。

---

〔1〕 See Zern - shun Adam Chen, *Securitizing Microcredit: The Implications of Securitization for Microcredit Institutions' Human Rights Missions*, Colum. hum. rts. l. rev (2007), p. 769.

另外，由于无须抵押物提供担保，借款人就相当于“空手套白狼”，他们可能会无惧道德风险而随意改变所得贷款的用途，尤其是在现金贷产品中，借款人可以在额度内随时支取借款，这使借款人有可能改变资金的实际用途，将资金投入监管部门明令禁止的行业。例如，借款人通过微粒贷产品成功借款后，有可能将资金用于房地产、股票、期货等其他投资经营。而一旦借款人改变了借款用途，银行和网络小额贷款公司无法准确掌握资金的实际运用场景，这给借贷资金的流向监测、贷款用途等管控工作造成了极大的困难，使本来可以通过消费场景识别、评估风险的目的落空。

（四）普惠金融目标偏离风险

网络小额贷款的初衷本是使传统金融机构所覆盖不到的长尾客户享受到融资的红利，但有的互联网小额贷款公司却本着逐利原则进入该行业，经营着平均年化利率超过36%的高利率现金贷业务；有的平台则通过广告，甚至是套路贷的方式诱导借款人过度举债。这些都偏离了普惠金融的目标，追求的是平台营利最大化的目的。

1. 产品年化利率偏高

以平安惠普公司旗下的普惠 i 贷产品为例，用户综合成本折算成年化利率19.16%，银行收益折算成年化利率为6.96%，而公司收益折算成年化利率却高达731.96%，这产生了巨大的负面影响：一方面，银行作为主要的出资方，往往收益较少，而网络小额贷款公司采用“以小博大”的放矢，用很少资金获取了超高的收益，这导致借款人并没有享受到低廉的资金成本，与国家倡导普惠金融发展理念相违背；另一方面，小额贷款的额度普遍偏小，由传统银行贷款的以万为单位下降至以千甚至以百为单位，且无须真实的交易作为基础，这样一来，互联网金融原本的服务实体经济的普惠功能被歪曲，高额的利率只会徒增他们融资的成本，与最初的目标南辕北辙。除了原先设立网络小额贷款的初衷变味了外，网络小额贷款针对的客户群主要是没有收入来源的大学生，或是偿债能力不高的中低收入人群，高利率会将这些客户群体推入债务额中，可能会产生局部性金融风险。

2. 平台诱导借款人过度负债

小额贷款公司设立初衷本是具有乡土气息的，是为了覆盖银行类金融机构所服务不到的乡镇企业、“三农”、小微企业，但一旦进行了跨省经营甚至是全国性经营，则会冲淡它的乡土气息，反之成为以逐利为目的的企业，实现了“普”，但未能坚持“惠”，成为普而不惠的行业。《网络小额贷款业务管理暂行办法（意见征求稿）》中专门确立的消费者保护条款规定：“禁止借款人过度负债。”

据此银保监会消费者权益保护局局长郭武平指出：最为严重的是一些金融科技公司过度依赖个人消费和还款意愿，缺乏对还款能力的有效评估，形成过度授信，刺激超前消费，导致不少低收入人群和年轻人深陷债务陷阱，最终损害消费者权益，甚至给家庭和社会带来危害。[1]

与此相对应的是备受争议的蚂蚁花呗的广告，其陷入诱导借款人过度负债的舆论风波之中。其广告主要描述的内容为通过制造不同的文化（如请客、度假等）来让消费者为这些本不属于必需的需求买单，这些广告都被认为鼓励超前消费、诱导过度负债，而这种对消费观的影响是与中央整体倡导的方向是背道而驰的：国家鼓励的是将资金用于发展实体经济，而不是通过借贷无限透支自己的钱袋。一味鼓励超前消费，最终使消费者过度负债，结果只会形成泡沫经济，对我国金融市场的发展只是有害无利的。此外，每年的“618”“双十一”等名为大促的活动，实质上是通过各种分期付款免息、免手续费等手段去鼓励消费者使用蚂蚁花呗、京东白条等消费信贷产品，这样的后果是更大幅度地加剧了人们超前消费和冲动消费的程度。倘若金融服务提供者以开展掠夺性贷款作为其主要业务，或利用金融科技手段误导消费者的金融观，在不久的将来将会造成穷者越穷、富者更富的后果。

---

〔1〕参见郭武平：《银保监会消费者权益保护局局长郭武平：“花呗”、“借呗”侵害消费者权益值得高度关注》，载 http://bank.hexun.com/2020-11-03/202354279.html，最后访问日期：2020 年 11 月 3 日。

第三节　网络小额贷款法律治理的要点

由于存在前节所提及的风险形态，因此需要对网络小额贷款纳入规范化的发展轨道。同时互联网信贷所具有的交互性、便捷性、隐蔽性、离散性[1]，针对传统信贷业务的规制手段不能满足当前网络小额贷款业务的需要，因此需要在立足于传统的信贷规范的基础上，针对网络小额贷款业务的特性提出新的法律治理要点。其主要包括监管机制、准入机制、融资机制、经营机制、利率规则、风险控制规则这六大方面的内容。

一、监管机制

监管机制是为了解决网络小额贷款业务野蛮生长的问题所提出的策略，对其涉及的经营状况、股权管理、信息披露等指标提出要求。除了分级别监管这种一般性监管机制外，针对网络小额贷款业务的监管类型还包括分类监管、分行为监管，这样划分能够将现有的网络小额贷款进行分门别类，最大限度地实现监管的个别化，能够防止“一刀切”规范所带来的不合理后果。

（一）分级监管

《小额贷款公司网络小额贷款业务风险专项整治实施方案》以及《网络小额贷款业务管理暂行办法（征求意见稿）》均体现了对网络小额贷款业务的监管要求，但近几年来网络小额贷款业务迅猛发展的同时暴露了不少问题，如各地审批标准不一导致网络小额贷款公司通过异地经营规避监管的问题，网络小额贷款公司通过多渠道融入资金导致杠杆倍数急剧放大、金融风险增加的问题，以及网络小额贷款公司粗放经营导致信息保护不周、侵害消费者权益的问题等。相关部门依据“先乱后治”的整顿思路，转变了相关监管政策的方向。这突出表现在依据中央与地方关系所进行的分级监管中。

---

〔1〕　盛学军：《互联网信贷监管新规的源起与逻辑》，载《政法论丛》2021年第1期。

根据《小额贷款公司网络小额贷款业务风险专项整治实施方案》(以下简称《实施方案》)的要求,各省一级的小额贷款公司监管部门需要建立长效监管机制,并对经营网络小额贷款业务的机构实行"谁审批、谁监管、谁担责"的原则。其中,长效监管机制需要包括定义、监管体制、准入条件、信息披露及消费者权益保护等方面的内容。而长效机制的监督对象则为全国范围内线上经营网络小额贷款业务的机构,跨区域线上、线下结合开展网络小额贷款的小额贷款公司,以及在省级行政区域内经营线上贷款的小额贷款公司,《实施方案》就网络小额贷款公司从"全国—跨区域—省内"三个层次进行了区分。

根据上述标准,从经营区域层面,可以将网络小额贷款公司分为全国经营和单一省级经营,其中全国经营又可以分为线下跨区域设点和单纯线上经营。因此,结合《实施方案》的相关要求,网络小额贷款公司的区域分级主要分为三类:纯线上的全国经营、兼具线上和线下的跨区域设点经营以及纯线上的单一省级经营。其中,纯线上且全国经营的网络小额贷款公司不允许在线下设置分支机构,而兼具线上和线下的跨区域设点经营的网络小额贷款公司则在此方面没有限制。禁止纯线上且全国经营的网络小额贷款公司发放线下贷款,可视作对其的一种"保护",因为很多线下贷款需要线下力量进行风控,纯线上机构开展业务所面临的风险较大。另外,从结果上看,此规定会产生一种倒逼作用,即网络小额贷款公司要开展此类消费贷,则要么以助贷模式与线下机构合作,或要么线下布点,变成跨区域经营型网络小额贷款公司。值得一提的是,《实施方案》虽然提及了纯线上的单一省级经营的网络小额贷款公司,但却没有将其纳入监管的范围,笔者认为当时这样规定的原因是省内线下经营没有运用互联网技术进行线上操作的必要。

而根据《网络小额贷款业务管理暂行办法(征求意见稿)》的有关规定,小额贷款公司经营网络小额贷款业务应当主要在注册地所属省级行政区域内开展;未经国务院银行业监督管理机构批准,小额贷款公司不得跨省级行政区域开展网络小额贷款业务。而网络小额贷款业务的监督管理制度和经营管理规则由国务院银行业监督管理机构进行制定,并督促指导省级人民政府确定的金融监管部门对网络小额贷款业务进行监督管理和风险处置。而对极个别小额贷款公司需要跨省级行政区域开展网络小额贷款业务的,由国务院银行业监督管理机构负责审查批准、监督管理和风险处置。同时,一个重大的政策转变就在于不允许跨省级行政区域经营网络小额贷款业务的小额贷款公司办理线下业务,这与《小额贷款公司网络小额贷款业务风险专项整治实施方案》中对跨省级线下业务的鼓励态度是截然相反的。

上述规定虽然只是一份意见征求稿的内容,但也体现了中央层面对于网络小额贷款业务监管的大致方向,同时也是对《小额贷款公司网络小额贷款业务风险专项整治实施方案》进一步补充的规定,其明确了宏观的业务规则应当由银保监会进行规定,而日常具体的监管则由各省级人民政府确定的金融监管部门进行管理,同时全国经营和跨区域经营的网络小额贷款业务由银保监会进行具体的日常监管。根据其所体现的监管态度,中央不仅上收了跨省网络小额贷款的监管权,还将网络小额贷款业务的地域范围进行限缩,对跨省级经营的态度由鼓励性规范路径转为限制性规范路径。

(二)分类监管

根据银保监会在2019年7月《对政协十三届全国委员会第二次会议第2617号(财税金融类238号)提案的答复》中体现的态度,其非常赞同分级管理模式,因为分级管理模式有利于完善小额贷款公司激励约束机制、优化监管资源配置、提高监管质效。银保监会在制定网络小额贷款监管制度和经营规则的过程中,已经提高了准入门槛,引入了分级管理模式,对网络小额贷款公司实施差异化管理,并根据分级情况区分展业范围等,力求推动网络小额贷款从业机构扶优限劣、规范发展。此处的"分级监管"不同于作为一般性监管机制的分级别监管,后者是指根据中央与地方关系进行的分层级监管,而此处,分级监管的内涵应为根据网络小额贷款公司经营情况的优劣而进行的分类别监管。

根据2020年9月中国银保监会办公厅发布的《关于加强小额贷款公司监督管理的通知》中第21条的规定:地方金融监管部门应当建立小额贷款公司监管评价制度,根据小额贷款公司的经营规模、管理水平、合规情况、风险状况等对小额贷款公司进行监管评级,并根据评级结果对小额贷款公司实施分类监督管理。此处的分级监管是对小额贷款公司设定一定的评价标准并依此评定优劣级别进行分类监管。

根据上述评级标准可以大致分类为合规类机构、整改类机构和取缔类机构三种。其中,对于已获得网络小额贷款经营资质的机构,按专项整治要求重新审查网络小额贷款经营资质,对确认符合资质要求、依法合规开展业务的纳入合规类机构,继续实施有效监管,督促其规范经营。而对于重新审查后发现不符合经营资质要求的,则需要撤销网络小额贷款经营资质,由机构自己提出整改计划,监管部门监督执行;或者重新审查后确认符合资质要求,但对在股权管理、融入资金、综合实际利率、贷款管理、贷款催收、贷款范围、业务合作、信息安全等方面不符合专项整治要求和有关规定的,责令限期整改,同时,上述机构均纳入整改类机构的范畴。对于经批准或不具备放贷资质却经营网络小额贷款业务的机构,则必须纳入取缔类机构范畴中,并依法予以严厉打击,其涉嫌犯罪的,须移送相关司法机关。

以江西省作为样本,根据江西省小额贷款行业协会所披露的信息,评级的对象为“省金融监管局批设成立、开业满一年”的赣籍小额贷款公司(包括网络小额贷款),等级分为 AAA、AA、A、B、C 五个等级,其中 A 级属于常规监管类,而 B、C 两级则属于“监管关注类”或“重点监管类”。对于评级为 AAA 或 AA 的小额贷款公司,监管政策将会适度放宽。例如,在现场检查频率、杠杆等监管要求方面将会被适当放宽,同时,经营范围也可以申请增加。对于评级为 B、C 的小额贷款公司,当地金融监管部门将提高现场检查的频率,而 C 类小额贷款公司还会面临着被“采取必要的监管措施”等处罚。如果小额贷款公司连续两年被评为 C 级或停业超过 18 个月,将被列为“问题类企业”,如果 6 个月内无法提升评级,将被取消试点资格。此外,在各项评级指标中还包括 8 条“一票否决”项,即在江西省注册的小额贷款公司一旦被发现存在吸收或变相吸收公众存款、组织或参与非法集资活动、恶意抽逃或变相抽逃注册资本金、账外经营、非法进行高利放贷、暴力催收、公司评级期间内累计停业时间超过 8 个月、未接入江西省小额贷款公司监管服务平台、其他省金融监管局认定的严重违规情形8种情形之一的，将被直接评为C级。

（三）分业务监管

分业务监管，是指根据网络小额贷款中涉及的不同业务，由不同的政府部门来进行监管。这种监管模式首次出现在2013年赣州市人民政府办公厅印发的《网络小额贷款公司监督管理暂行办法》中，其后在2016年国务院办公厅印发的《互联网金融风险专项整治工作实施方案》中也有所体现。

以赣州市人民政府颁布的《网络小额贷款公司监督管理暂行办法》为例，它的主要内容为人民银行的赣州市中心支行及其分支机构协助各级监管部门加强对网络小额贷款利率、资金流向的监测，督促其及时准确上报有关金融统计、利率、资金流向等信息，并关注金融风险隐患状况，指导网络小额贷款公司接入征信系统，督促其向征信系统及时、准确、完整报送企业和个人贷款信息。赣州银监分局及其派出机构主要负责督促辖区内银行业金融机构及时、准确报送其向网络小额贷款公司提供融资的相关信息，并按照有关程序协助处置网络小额贷款公司非法集资行为。市工商局主要负责网络小额贷款公司的注册登记（包括设立、变更、注销等），并依照有关法律、法规实施管理。市商务局主要负责对发起或参股网络小额贷款公司的电子商务企业进行跟踪指导，并收集、掌握其业务发展动态。各级公安部门主要负责依法打击网络小额贷款公司涉嫌非法吸收公众存款、集资诈骗等犯罪活动。各级财政部门主要负责督促网络小额贷款公司执行有关财务管理制度，促进网络小额贷款公司稳健发展。各级税务部门主要负责做好网络小额贷款公司的纳税服务工作，加强对网络小额贷款公司纳税的征收监管，并依法落实相关税收优惠政策。各级工信部门要协调各网络运营商保障对网络小额贷款公司的网络运行，指导、督促网络小额贷款公司做好网络安全和用户网络信息的防护措施。这种分业务监管的模式更有利于监管工作的精细化和专门化。

二、准入机制

准入机制，是指网络小额贷款公司的设立必须要满足法定条件，由有关政府部门许可并承认其合法地位，其主要解决非法经营风险的问题，其包括但不限于注册资本、设立人、高管的资质等内容。在讨论准入机制之前，首先要明确网络小额贷款公司的法律身份，这样才能解决高位阶规范性文件的一般性条款的适用问题。《关于小额贷款公司试点的指导意见》采取学界通说观点，认定其为企业法人的身份。

（一）对注册资本的要求

注册资本是指公司登记成立时所填报的财产总额，又称为核定资本或额面资本。注册资本应按公司资本填报，它与公司资本实际上是同一个概念。[1]《公司法》经2014年修改后已经取消了对注册资本最低限额，将注册资本实缴制改为认缴制，但法律，行政法规以及国务院决定对有限责任公司、股份有限公司注册资本实缴、注册资本最低限额另有规定的，从其规定。虽然按照通说网络小额贷款公司的法律定位属于企业法人，但它的性质与有一般的公司不一样，它会对国民经济产生重大的影响，尤其是经营跨省业务甚至是全国性业务的网络小额贷款公司，其融资渠道不仅是股东出资，还包括银行的融资以及通过获得借款人的应收账款在证券市场上实行资产证券化来流通的资金，一旦出现传导性风险是需要国家金融部门兜底的，因此无论是从理论上还是实际中都需要对其注册资本提出刚性要求，并且需要实施实缴制，这样才能在金融风险发生的时候最大程度保护金融消费者以及国家的权益。

在各地方金融监督管理部门已出台的网络小额贷款公司管理办法的内容中，注册资本方面的规定差异较大。在最低注册资本金的要求上，广东最低为1亿元，江西最高为5亿元，其他大部分省市要求3亿元。[2] 银保监会和中国人民银行11月发布的《网络小额贷款业务管理暂行办法（征求意见稿）》对于注册资本的要求以是否跨省经营作为标准进行了区分，具体为：经营网络小额贷款业务的小额贷款公司的注

〔1〕 邹振旅：《经济活动国际惯例大辞典》，当代世界出版社1995年版，第955页。

〔2〕 陈林：《互联网小额贷款公司监管法律机制探讨》，江西财经大学2019年硕士学位论文。

册资本不低于人民币10亿元,且为一次性实缴货币资本。跨省级行政区域经营网络小额贷款业务的小额贷款公司的注册资本不低于人民币50亿元,且为一次性实缴货币资本。该规定还对出资的形式进行了规定,即为实收货币,这是比《公司法》的规定要严格的,在《公司法》中股东可以实物、知识产权、土地使用权等用货币估价并可以依法转让的非货币财产作价出资。(见表4－10所示)

表4－10　出台互联网小额贷款公司管理办法的12省市的最低注册资本及融资要求

省份	注册资本(亿元)	省份	注册资本(亿元)
山西	2	广东	1
重庆	3	河南	3
上海	2	湖南	3
江西	5	云南	3
黑龙江	2	内蒙古	3
宁夏	3	广西	3

资料来源:公开数据整理。

除了对注册资本的数量有要求外,还在注册资本的来源方面进行了规定。注册资本必须是出资人的自有资金,不能用银行贷款以及民间借贷的资金入股,也不得以委托资金、债务资金等非自有资金出资入股。这样规定的理由还是出于维护金融秩序的稳定,因为用银行贷款或民间借贷资金入股的做法与用网络小额贷款所得进行股票、证券投资性质相同,这样的投资行为都具有风险性和不可控性,同时这也是一种"空手套白狼"的行为,一旦公司出现大额亏损无法偿还贷款或借款,则会破坏金融秩序的稳定。

与我国设置较高的注册资本不同,域外对于注册资本的限制一般较低。在美国,关于规范非吸收存款类放贷机构行为的规定一般由各州立法决定,比如加利福尼亚州将下限设定为25000美元这一绝对数额。蒋晓妍教授认为其原因是监管当局认为这些问题可以由市场力量自行解决[1]。尽管加利福尼亚州对非吸收存款类房贷机构的注册资本限制较低,但同时也规定了这一最低的资本净值必须符合美国通用会计原则(GAAP)对保持损失准备的一般要求。在英国《放贷人法》中规定,放贷机构的注册资本最低为50000英镑,其后又多次变更。

(二)对发起人、股东、高管的要求

公司的决策都是由公司管理人员进行决定的,发起人、股东、高级管理人员水平的高低,将直接影响着网络小额贷款公司的运转,因此有必要对他们的水平提出要求,并纳入平台的准入机制中。

高质量的管理团队是网络小额贷款公司良好运作的重要因素,为了确保公司的稳健经营以及防范公司贷款业务的操作风险,必须谨慎选择公司的经营管理人员。网络小额贷款公司应当依据《公司法》的要求健全公司的治理结构,明确董事、监事以及高级管理人员之间的权责关系,以及应当具备的专业素养和道德水平,此举的目的在于提高内部管理水平,以及减少经营管理人员因能力不足而导致公司陷入经营僵局的风险。据此,网络小额贷款公司应当建立员工行为规范管理制度,聘请具备相应专业知识和从业经验的工作人员,出资设立小额贷款公司的自然人、企业法人和其他社会组织,拟任董事、监事和高级管理人员的自然人,应无犯罪记录和不良信用记录,排查平台的股东是否具有良好的社会声誉、诚信记录、纳税记录和财务状况,是否符合法律法规规定和监管要求,高管人员和关键岗位的负责人专职在公司注册地办公,这些措施都能够最大限度地保证平台的运营能力。

有些地方规范性文件还提出了更具体的要求。例如,江西省吉安市就将发起人分为主发起人和一般发起人,对主发起人的资质有更严格的规定,分别体现在:第一,要求主发起人主业突出,且为行业内大型龙头企业(涉及房地产或投资理财类除外)或互联网创新型企业。主发起企业须为大规模开展互联网业务,拥有大量网络客户资源,活跃网络客户量月均不低于100万户,且从事电子商务或其他创新业务的互

---

[1] 蒋晓妍:《民间金融服务机构法律规制研究从比较法的视角》,经济科学出版社2017年版,第60页。

联网企业。第二,经营业绩的要求。原则上要求主发起企业应是存续期满3个完整会计年度、管理规范、信用优良、盈利能力较强,企业连续3年盈利,且利润总额不低于人民币1000万元;或对主营业务收入高增长的创新型互联网企业,要求其主营业务年复合增长率不低于50%。第三,资产资质要求。原则上要求主发起企业在申请设立网络小额贷款公司时,企业净资产在1亿元以上,资产负债率不高于70%。同时对高级管理人员的资质也提出了要求,其应有具备相关学历、金融业工作经历或经济工作经历的高级管理人员。董事长应具备大专以上(含大专)学历,从事相关经济工作5年以上或从事金融业工作2年以上;总经理或副总经理应具备本科以上(含本科)学历,从事金融业工作5年以上,且要有在县级及以上金融机构担任高管或相当职位工作经历。

英国对于网络借贷业中的一般放贷人不要求持有牌照,但对于从事消费信贷的放贷人则设置了准入的门槛,他们需要获得公平交易局(Office of Fair Trading)颁发的牌照才能从事放贷。

美国对于非吸收存款类专职放贷机构尚未形成统一立法规定,但以纽约州为首的部分州对其发起人的资格进行了限制,它们规定专职放贷机构的发起人需要进行包括违约记录、民事及刑事诉讼记录在内的全面背景审查程序——这与我国香港地区申请放贷人牌照的程序相类似。此外,专职放贷机构的高级管理人员、股东及合伙人都需要提交其指纹备案,以及审查它们是否有重罪或轻罪的犯罪记录。[1]

三、融资规则

网络小额贷款中,应对资金来源作出限定,以控制金融风险。资产证券化对于促进网络小额贷款融资具有积极意义,在当前也具备一定可行性,但仍需完善相应制度。

(一)对资金来源的要求

根据现行规定,网络小额贷款公司的资金来源可以分为股东出资、银行融资以及通过资产证券化方式所获得的资金。其中股东出资必须

---

[1] 岳彩申:《民间借贷规制的重点及立法建议》,载《中国法学》2011年第5期。

是用自有资金出资,出资的形式只限于一次性足额缴纳的实收资本,不接受以土地使用权、知识产权、劳动作价的形式出资,资金来源既不能来自银行贷款,也不能向其他自然人、组织借款或接受他人委托进行出资。

在英国,大部分民间放贷机构是不允许从事吸收公众存款的业务的,只有信用合作社和住房抵押贷款互助会属于例外,二者分别由《信用合作社行为准则》和《房屋贷款与储蓄协会法案》这两部规范性文件进行规制〔1〕。但是,无论是信用合作社还是房屋贷款与储蓄协会,虽然它们都具有民间性质,但是与我国的小额贷款公司还是有所区别的,例如,信用合作社在英国的定位相当于我国的农村信用社,具有类金融机构的性质,属于英国主要储蓄机构之一,而住房抵押贷款互助会近年来逐渐由互助组织向股份制银行转变,成为了商业银行的竞争对手。因此,不能将二者与我国的小额贷款公司简单类比。

而在美国,则同样对于非存款类专职放贷组织的资金来源进行规制——不允许它们吸收公众存款。但出于满足资金流动性的考量,它们被允许从银行业金融机构贷款、发行股票债券、资产证券化等渠道获得融资。在我国,也不允许网络小额贷款公司吸收公众存款,即资金来源不能来自公众存款,这部分的内容将放在经营规则的业务规制中介绍。

(二)资产证券化的规定

资产证券化,是指将缺乏流动性但具有预期未来现金流的资产汇集起来,形成一个资金池,通过结构性重组,将其转化为可以在金融市场上出售和流通的证券,据以融通资金的过程。〔2〕

1. 网络小额贷款资产证券化的必要性

(1)资金来源不足

网络小额贷款公司是不吸收公众存款的企业法人,虽然它可以向

〔1〕 See Robert W. McGee, *Commentaries on the Law of Accounting and Finance*: 1997 *Yearbook*, South Orange , NJ, Dumont Institute FOR Public Policy Research, 1998, p. 157.

〔2〕 刘忠燕、娄树本:《商业银行经营管理学》,金融出版社 2002 年版,第 252 页。

金融机构融资,以及在符合法律规定的情况下由股东进行增资,但就总体而言,它的融资渠道较少,且存在杠杆率的限制。根据《网络小额贷款业务管理暂行办法(意见征求稿)》的精神,如果剔除资产证券化方式所融入的资金,其主要资金来源仅为股东缴纳的资本金、捐赠资金,以及不超过其净资产的1倍的银行借款、股东借款等非标准化融资形式所融入的资金。由于长尾客户体量庞大,市场上的贷款需求远高于其资金量,如果不能在法律规定的范围内扩大融资金额,那么资金紧张的情况在所难免,流动性问题将成为制约整个行业发展的绊脚石,因此有必要盘活小额贷款公司的存量资产,加强其自身资本利用率。

正如孟加拉国乡村进步委员会(Bangladesh Rural Advance Commission)的宗旨,小额贷款是为了给穷人带来生活质量的积极改变而奋斗的,因此为了最大化其人权目标,资金的可持续性是小额贷款组织经济计划中最为重要的一部分。为了实现资金的可持续性,借款人的贷款投资组合以及其他收入(如捐赠资金)必须要超过贷款总额以及其他必要支出(如交易成本、风险成本)。如果网络小额贷款公司能够实现资金的可持续运用,那么它服务的客户比不能实现资金可持续运用的平台多6倍,发展的速度也比后者快1.5倍。[1]

(2)分散风险

网络小额贷款公司可以通过将多个平台的小额信贷集中到单个SPV中,创建单个应收账款,然后作为集体筹集资金,实现证券化。这种证券化技术被称为“多商证券化渠道”(multiseller securitization conduit),允许多个发起人将资产集中到单个SPV中,从而创造有吸引力的投资。通过将不同的平台的产品和不同的借款人包括在单个应收账款中,可以降低应收账款的违约和财务损害风险。集合贷款还可以减轻自然事件造成的违约造成的损害,尤其是在平台位于不同地理区域时。通过不同风险规则设立的证券可以改变应收账款的风险分

---

〔1〕 See Zern – shun Adam Chen, *Securitizing Microcredit: The Implications of Securitization for Microcredit Institutions' Human Rights Missions*, Colum. hum. rts. l. rev (2007), p. 775.

布。这种证券化方法可能有利于贷款组合规模较小、利润率小、贷款风险较高的网络小额贷款公司。其中许多贷款甚至可能低于投资级贷款(或投资价值较低的贷款)。因此,这种策略对同时具备风险更大、投资价值更低的小额贷款产品以及发展不太成熟特征的网络小额贷款公司开放,而且这些平台不限于单一地理区域。

(3)融资渠道不通畅

根据《关于小额贷款公司试点的指导意见》,小额贷款公司的融资渠道主要有以下两个:一是股东缴纳的资本金以及增资扩股;二是向银行业等金融机构融资。股东增资扩股不具有持续性,不能完全解决小额贷款公司的资金不足现状,且不利于小额贷款公司的独立经营,一旦股东自身发生经营困难,无法提供资金支持时,会导致小额贷款公司陷入经营困难,严重会引起资金链断裂,导致破产。

通过银行融资的方式,一是融资金额受限,不得超过其资本净额的50%;二是融资机构数量受限,融资机构数量不能超过两家。且在实际运作当中,向金融机构融资存在很多附加条件,因此此种融资方式依然不能解决小额贷款公司资金不足的问题。

2. 网络小额贷款资产证券化的可行性

(1)具备政策支持

2013年,证监会发布了《证券公司资产证券化业务管理规定》、2014年发布《证券公司及基金管理公司资产证券化业务管理规定》,明确了专项资产计划作为SPV独立于发起人、管理人、投资人的法律地位,扩大了开展资产证券化的业务主体及基础资产范围。相关部门关于资产证券化相关系列政策表明,作为盘活存量资产的一种重要手段,资产证券化将会有更好、更规范的发展。

(2)具备资产证券化条件

资产证券化简单而言是指将缺乏流动性,但具有可预期现金流收入的资产,通过一定资产组合,实现在资本市场上发行可交易证券的一种融资形式。资产证券化一般具有这些要素:一是拥有能产生稳定可控的现金流资产;二是该资产对于原始权益人来说缺乏流动性;三是需对基础资产进行重组及风险分散;四是需设立特定目的的机构(SPV)实现风险隔离;五是对基础资产进行信用评级及必要的增级措施。

小额贷款公司的贷款资产可以作为基础资产,通过打包出售给设立特殊目的机构(SPV),SPV 再对基础资产中的现金流进行重组,打包成证券产品,同时引入信用评级等增信措施,最终实现小额贷款公司融资。因此小额贷款公司具备资产证券化的条件。

3. 规制内容

为了发挥资产证券化盘活资产的作用,在确保资产证券化的开展符合《证券法》《证券投资基金法》和其他相关法律法规的前提下,规制的内容必须保证小额贷款公司基础资产的真实出售与破产隔离。

(1)真实出售

所谓资产的“真实出售”,是指原始权益人将与基础资产有关的权益和风险或控制权一并转移给 SPV,使 SPV 获得对资产的合法权利。[1] 实现真实出售的核心步骤是令原始权益人与基础资产的控制权分离。但由于网络小额贷款公司通常兼具原始权益人和资产管理服务机构两种身份,因此上述分离在网络小额贷款业务中是较难实现的。倘若让网络小额贷款公司全资设立一个子公司担任资产管理服务机构,此举虽然能使基础资产脱离原始权益人的控制,起到隔离风险的作用,但却会徒增原始权益人的融资成本,减弱甚至丧失采取资产证券化渠道融资的便利。因此,笔者建议借鉴美国的“安全港”条款,将原始权利人的管理活动纳入“安全港”中,这就能够避免前述提及的原始权益人未实际脱离对基础资产的收益权和控制权,与基础资产“藕断丝连”的质疑。

(2)破产隔离

为了实现破产隔离的效果,需要保证基础资产转让的对价公允。根据《企业破产法》第 31 条的规定,人民法院受理破产申请前 1 年内,以明显不合理价格进行交易债务人财产的,管理人有权请求人民法院予以撤销,即当转让债权涉嫌欺诈性转移时,就有可能被法院撤销从而使真实出售目的落空。另外,在证监会 2014 年颁布的《证券公司及基

〔1〕 洪艳蓉:《资产证券化法律问题研究》,北京大学出版社 2004 年版,第 40 页。

金管理公司子公司资产证券化业务管理规定》中的第3条也指出了基础资产的交易基础应当真实,交易对价应当公允。

但是在网络小额贷款的资产证券化中判断交易对价是否公允并非易事,这是由于此类资产证券化都采取循环购买的结构来解决基础资产中的贷款到期期限与资产支持证券期限之间的错配问题,而采取循环购买结构的弊端就在于资产池余额处于不固定的状态。因此,为了保证基础资产的转让具有公允的对价,需要对资产证券化开展前的尽职调查内容进行相关规定。例如,尽职调查的内容需要保证循环购买安排的合法性和有限性,对基础资产历史表现进行量化分析,以及对基础资产进行压力测试等。

四、经营规则

出于效率的考量,立法技术上主要采取反向列举的模式,即经营规则主要体现为划定不允许小额贷款公司踏足的领域,其不但是为了解决网络小额贷款公司偏离普惠目标的风险,同时也体现了风险控制的理念。通过贯彻以下经营规则,网络小额贷款公司可以重回普惠轨道,服务长尾人群,并将金融风险设定在可预估的范围内。

(一)禁止吸收公众存款

作为小额信贷行业模范的格莱珉银行,其创始人尤努斯曾表示小额贷款公司必须实现既贷又存,否则将无法发挥其普惠的全部效用。我国经济学家茅于轼也曾表达了内容相似的观点,他认为由于小额贷款公司的自有资本始终有限,因此以自有资金放贷并不能具备足够的吸引力,需要放开小额贷款公司的存款业务,才能激发该行业的活力。但是,出于防范金融风险的考量,这些观点都没有得到我国政策文件的承认。笔者认为,应当承认以自有资金放贷的确不能充分发挥小额贷款公司的普惠效能,即茅于轼学者的观点具有一定的合理性,但是经过十数年的发展这个短板可以通过各种合规的融资渠道得以补齐。根据现有规定,以传统小额贷款业务为核心的网络小额贷款公司依然不能从事吸收或变相吸收公众存款的业务。

由于网络小额贷款公司只具有放贷的资质,因此自《关于小额贷款公司试点的指导意见》以来各规范性文件均明文规定不允许其吸收或变相吸收公众存款。根据学界大多数观点的猜测，这是因为一旦放开了网络小额贷款公司吸储的业务，则无疑会变成银行的另一种存在形式，而其准入资格又较银行要低，将会导致金融风险急剧攀升。时任央行副行长吴晓灵认为，之所以不允许小额贷款公司开展吸收存款业务，是出于社会效果和经济秩序的考量，即使小额贷款公司是运营失策面临倒闭，该后果也不会给社会以及其他经济主体带来不良影响。[1]关于"吸收和变相吸收公众存款"的界定，可以参照最高人民法院《关于审理非法集资刑事案件具体应用法律若干问题的解释》中的规定，具体为四个条件，分别为：未经有关部门依法批准或借用合法经营的形式吸收资本，通过媒体、推介会、传单、手机短信等途径向社会公开宣传，承诺在一定期限内以货币、实物、股权等方式还本付息或者给付回报，向社会公众即社会不特定对象吸收资金。"变相吸收公众存款"的表现形式可以为面对社会不特定对象以入股、投资、合伙等名义出具借贷凭证，承诺履行与吸收公众存款性质的行为。

（二）允许不良信贷资产在规定场所内销售和转让

依据《关于规范整顿"现金贷"业务的通知》的规定，其对于小额贷款公司信贷资产的流转是持否定态度，但这一态度在《关于加强小额贷款公司监督管理》中进行了转变，并在《网络小额贷款业务管理暂行办法（征求意见稿）》中得以延续，后者将该规定转变为"禁止通过互联网平台或者地方各类交易场所销售、转让本公司除不良信贷资产以外的其他信贷资产"，言下之意为可以通过互联网平台或者地方各类交易场所销售、转让不良信贷资产获得资金，这有利于不良信贷资产的出清。由于不良资产处置是防范和化解金融风险的重要一环，因此此举可以降低金融市场上的风险。

为了增强抵御风险的能力、盘活小额贷款公司的不良信贷资产，允许其将不良资产流转至特定主体是一个十分重要的举措。我国首次进行不良信贷资产的剥离是在20世纪末的亚洲金融危机发生后，国务院

---

〔1〕参见石朝格：《央行副行长吴晚灵表示：让小额贷款公司为民间金融"正名"》，载《中国证券报》2006年3月23日，第A06版。

为了化解四大国有银行不良贷款风险，专门设立了金融资产管理公司这一特殊的金融机构，其主要职能是收购、管理和处置国有银行不良信贷资产[1]。根据原银监会颁布的《农村银行机构公司类信贷资产风险十级分类指引（试行）》中的规定，不良信贷资产是次级1类和2类、可疑类和损失类的合称，其中，次级1类是指借款人目前的还款能力不足或抵押物不足值，此类贷款存在影响贷款足额偿还的明显缺陷，如果这些缺陷不能及时纠正，银行贷款遭受损失的可能性较大；次级2类是指借款人的还款能力出现明显问题，完全依靠其正常营业收入无法足额偿还贷款本息，即使执行担保，也可能造成一定损失；可疑类是指款人无法足额偿还贷款本息，即使执行担保，也肯定要造成较大损失；损失类是指在采取所有可能的措施和一切必要的法律程序后，贷款本息仍然无法收回，或只能收回极少部分。随着金融市场的发展，不良信贷资产将逐渐被转让普及其他金融主体中。2012年财政部会同原银监会颁布的《金融企业不良资产批量转让管理办法》规定，不良资产的批量转让是指金融企业对一定规模的不良资产（10户/项以上）进行组包，定向转让给资产管理公司的行为，并通过此类行为实现不良资产与金融企业自身剥离，达到化解风险的目的，即金融企业也能实现不良信贷资产的剥离。

（三）禁止发行或者代理销售资产管理产品

《关于网络借贷信息中介机构转型为小额贷款公司试点的指导意见》与《网络小额贷款业务管理暂行办法（征求意见稿）》中均禁止发行或者代理销售理财、信托计划等资产管理产品。

根据中国人民银行、银保监会、证监会、国家外汇管理局联合颁布的《关于规范金融机构资产管理业务的指导意见》中的规定，资产管理业务是指银行、信托、证券、基金、期货、保险资产管理机构、金融资产投资公司等金融机构接受投资者委托，对受托的投资者财产进行投资和管理的金融服务。资产管理产品包括但不限于人民币或外币形式的银

---

[1] 钱晶：《金融资产交易所管理规范之反思与完善——以北京、上海为例》，载《上海法学研究》集刊2020年第18卷。

行非保本理财产品,资金信托,证券公司、证券公司子公司、基金管理公司、基金管理子公司、期货公司、期货公司子公司、保险资产管理机构、金融资产投资公司发行的资产管理产品等。

尽管上述规定并未将小额贷款公司排除在经营资产管理业务之外,并运用了"等"字眼进行兜底,但且无论小额贷款公司是否属于金融机构的法律定位存在争议,仅就资产管理产品的特性而言就可将小额贷款公司排除在发行或代理销售资产管理产品的主体之外。

据前述《关于加强金融消费者权益保护工作的指导意见》可知,资产管理产品是以对受托投资者的财产进行投资和管理为目标,简言之,是投资者将其财产托付给上述金融机构,而金融机构负有对该财产进行保管和增值的义务,这与小额贷款公司的业务是截然相反的。小额贷款公司的业务内容是以自有资金进行放贷,不对任何人的资金负有保管与增值的义务。资产管理产品的资金流向是由投资者向金融机构转移,而小额贷款公司的资金流向是由小额贷款公司向贷款人转移。若小额贷款公司发行或代理销售资产管理产品,则该行为实质上变成了变相吸收公众存款的行为,这将与前述禁止业务相冲突。

(四)其他禁止业务

其他的禁止业务亦能在《关于网络借贷信息中介机构转型为小额贷款公司试点的指导意见》中窥出端倪,在其关于转型后的监管措施规定中,提及了要求小额贷款公司建立业务负面清单。即在小额贷款公司的日常经营中,需要严格执行除禁止以任何方式吸收或者变相吸收公众存款、禁止发行或代理销售资产管理产品外的其他禁止性规定,这些禁止性规定对网络小额贷款业务的资金来源、贷后催收、信息披露等方面提出要求。

以禁止以不当方式催收贷款为例,金融领域的债务催收是借款人信用意识薄弱或经济能力下降等原因导致的逾期欠贷而产生的。在小额贷款领域中,其形式一般分为内部催收和委外催收,内部催收是指由小额贷款公司内设的催收部门对借款人的逾期债务进行催收的行为,而委外催收是指由小额贷款公司委托独立第三方对逾期债务的催收;即对外产生了一个委托合同法律关系,受委托的第三方一般是具有合规资格的资产管理公司、信用咨询公司或其他催收平台等。当上述催收主体所采取的催收手段超过必要的请求限度和强度时就会异化为非法催收的情形，司法实践中这些情形的存在也不在少数，具体整理如表4－11所示。

表4－11　司法实践中存在的非法催收的状况一览

案件类型	案　　由	数量(件)
民事案件	合同、准合同纠纷	183847
	与公司、证券、保险、票据等有关的民事纠纷	387
	侵权责任纠纷	69
	人格权纠纷	10
刑事案件	侵犯财产罪	7752
	破坏社会主义市场经济秩序罪	5406
	妨害社会管理秩序罪	2207
	侵犯公民人身权利、民主权利罪	1292
	危害公共安全罪	147

资料来源：威科先行，数据截至2021年7月。

《关于网络借贷信息中介机构转型为小额贷款公司试点的指导意见》中关于禁止非法催收的规定只是一句笼统性的概括——禁止通过暴力、恐吓、侮辱、诽谤、骚扰等方式催收贷款。这对于规范催收行为而言是远不足够的。根据域外的经验，需要对催收行为的监管主体、催收行业的行为规范等内容进行具体的规定。以对债务催收法律规制较为完善的美国为例，其分别颁布了专门规制债务催收事宜的法律规范——《公平债务催收作业法》和《多德—弗兰克法案》，这些规范性文件明确了其行政监管主体为联邦贸易委员会（The Federal Trade Commission，FTC）和金融消费权益保护局（Consumer Financial Protection Bureau，CFPB），同时还专门设立了催收行业的自律性组织——美国国际信用催收协会，并设置了相关从业人员的执照培训和资格考试，除此之外还通过列举不当催收的行为、明确不当催收的法律责任等方式对催收行业的相关行为进行规范性指引，此举大大规范了催收行业，也使催收行业合法化，催收行为文明化。此外，英国的《消费信贷手册》和日本的《贷金业法》也对催收行为进行了较为详细的规定。

《关于网络借贷信息中介机构转型为小额贷款公司试点的指导意见》还规定了以下禁止实施的业务——在资金来源方面，禁止通过互联网平台为本公司融入资金，这是出于小额贷款公司需要以自有资金放贷以及禁止吸收或变相吸收公众存款的要求；在信息披露与保护方面，禁止隐瞒客户应知晓的本公司有关信息和擅自使用客户信息、非法买卖或泄露客户信息；在会计的账目核算中，禁止在公司账外核算贷款的本金、利息和有关费用。

五、利率规则

利率是指一定时期内利息数额和本金总额的比率，是单位货币在单位时间内的利息水平。利率规则也是为了应对网络小额贷款偏离普惠目的的风险。

（一）贷款利率要求

根据《关于小额贷款公司试点的指导意见》的规定，小额贷款利率上限放开，但不得超过司法部门规定的上限，下限为人民银行公布的贷款基准利率的0.9倍，具体浮动幅度按照市场原则自主确定，这是关于小额贷款业务的贷款利率要求。关于其中提到的“司法部门规定的上限”经历了一系列的变化，在2008年公布《关于小额贷款公司试点的指导意见》时是指最高人民法院《关于人民法院审理借贷案件的若干意见》中第6条的规定，即“民间借贷的利率可以适当高于银行的利率，各地法院可根据本地区的实际情况具体掌握，但最高不得超过银行同类贷款利率的四倍（包括利率本数）”。在2015年8月6日最高人民法院又公布了《关于审理民间借贷案件适用法律若干问题的规定》，此时“上限”又变为了“借贷双方约定的利率未超过年利率24%，出借人请求借款人按照约定的利率支付利息的，人民法院应予以支持。借贷双方约定的利率超过年利率36%，超过部分的利息约定无效。借款人请求出借人返还已支付的超过年利率36%部分利息的，人民法院应当予以支持”，即“两线三区”。在2020年8月20日，最高人民法院又修改了上述规定,变为“出借人请求借款人按照合同约定利率支付利息的,人民法院应予支持,但是双方约定的利率超过合同成立时一年期贷款市场报价利率四倍的除外”。前款所称“一年期贷款市场报价利率”,是指中国人民银行授权全国银行间同业拆借中心自 2019 年 8 月 20 日起每月发布的一年期贷款市场报价利率。此处的贷款利率上限既包括合同约定的贷款利率,也包括逾期利率。

在小额贷款利率的上限层面上,不同的国家有不同的做法。在美国,各州对于贷款利率的上限都有立法权,因此就小额贷款利率事宜形成了多种立法模式。美国的金融市场比较发达,以内华达州为首的部分州立法态度比较开放,它们认为小额贷款利率属于借款人与贷款人之间自由协商的事宜,因此它们倾向于对其不作特殊限制,即不禁止高利贷。大部分州均认为需要将贷款利率的上限进行一定的限制,或至少,需要在满足特定的条件时贷款的利率上限才不受限制;尽管如此,它们的设置的条件也大相径庭。以北卡罗来纳州为例,只有当借贷的标的额超过规定标的额时,利率上限可以不受限制,以此来保护小额借款人的利益;以哥伦比亚州为例,若借贷的性质为非抵押贷款或购入不动产及个人财产时,贷款利率可以不受限制;以新墨西哥州为例,只有存在书面贷款合同时,贷款利率才无上限的限制。此外,以佛罗里达州为首的少部分州是以借贷类型的不同为区分,设置贷款利率的上限。

与美国相比,英国则没有那么细致的区分,但是总体而言,其对借贷的管制都比较宽松,这主要体现在它于 1974 年废除了《消费者信贷法》中对贷款利率不得高于 48% 的限制。这种较为宽松的立法倾向给小额贷款行业创造了足够自由的制度环境,可以吸引更多的资本进入小额借贷行业,但这是建立在具有健全的金融市场体系的基础上的,目前我国尚未具备此类条件。另外,在网络小额贷款利率的设置上,英国的立法仍然没有对其上限进行明确的限制,其行业的惯常做法是由借款人设置自己所希望的利率,贷款人根据这一利率是否符合自己的投资预期来判断是否投入资金。这种设置应是 P2P 模式下利率的规定,因为这种模式下需要有一个中介平台向借款人提供提出自己希望融资的利率的机会,同时如果是网络小额贷款公司根据借款人设定的利率来决定是否向其贷款,那么这个利率就会因为借款人的不同而不同,这会给平台带来较高的管理成本,这种模式在传统小额贷款的运营中都没有出现,那么在服务范围更广的网络小额贷款业务的运营中实现的可能性就更小了。

同时也正因我国网络小额贷款是由网络小额贷款公司在法律范围内设定利率的,所以借贷的主导权在平台处,借款人只能被动接受,因此实践中会存在由于借款人信用状况不明,平台需要以高利息来覆盖高违约率,而不合规的平台又会通过采取名目繁多的费用和高额逾期利息、违约金等手段,变相收取借款人的高额利息。因此贷款利息应以实际贷款金额为基础计算,平台不得从贷款本金中先行扣除利息、手续费、管理费、保证金等。这种规定是为了鼓励小额贷款公司降低贷款利率,降低实体经济融资成本,也为了避免高利率、不透明收费所产生的高利息导致借款人还款困难,进而增加平台坏账率的恶性循环。

（二）税收利率优惠

由于小额贷款设立的初衷是服务“三农”和小微企业,因此财政部和国家税务总局曾在2017年出台关于小额贷款公司的税收优惠的文件,其中规定:为引导小额贷款公司在“三农”、小微企业等方面发挥积极作用,更好地服务实体经济发展,自2017年1月1日至2019年12月31日,对经省级金融管理部门（金融办、局等）批准成立的小额贷款公司取得的农户小额贷款利息收入,免征增值税;对经省级金融管理部门（金融办、局等）批准成立的小额贷款公司取得的农户小额贷款利息收入,在计算应纳税所得额时,按90%计入收入总额;对经省级金融管理部门（金融办、局等）批准成立的小额贷款公司按年末贷款余额的1%计提的贷款损失准备金准予在企业所得税税前扣除。

但是这一优惠政策能否在网络小额贷款业务中予以适用,有学者是持反对意见的,他们认为目前的小额贷款公司,尤其是网络小额公司已经偏离了服务“三农”的角色定位,它们的客户多为中小企业与个体商户,“三农”群体的数量已经不断减少,因此它们已经不具备国家对

"三农"扶持的优惠条件,不应该继续获得税收利率的优惠。[1] 的确,目前大部分的网络小额贷款公司的目标客户群体已经不局限于"三农",也不再需要履行涉农贷款的量化义务,理应不再享受税收优惠,尤其是针对"三农"扶持政策的优惠。但同时也无法否认的是,网络小额贷款公司是蓝海市场金融需求支持的中坚力量,其普惠的性质是无法磨灭的,而且其吸收了传统金融机构剩余的蓝海群体,面临着比传统金融机构更高的信用风险,这些都能成为其享受税收利率优惠的正当性。因此,尽管网络小额贷款公司无法享受涉农扶持的优惠政策,它们也应该获得其他渠道的税收利率优惠。

六、风险控制规则

根据我国现行法律规范以及小额贷款公司的政策定位,其发放的贷款须遵循小额、分散的原则,因此就难以避免借款人信用层次参差不齐的情形,同时由于网络小额贷款公司所发放的消费贷与现金贷几乎都属于无担保物的信用贷款,所以更需要注重小额贷款公司的风险控制规则的构建。

(一)风险补偿机制

有学者认为,小额贷款公司可以通过控制贷款金额来减少贷款业务风险[2],但实际上小额贷款公司的业务风险来自借款人的信用风险,这是不具有确定性的,因此不能简单地认为小额贷款公司发放的贷款数额较少就减少了其贷款的业务风险。既然认识到小额贷款公司的业务风险是固有的,那么就需要建立起风险补偿机制,即在充分预估其业务风险所带来的损失的基础上,通过收取风险费用予以补偿,减少风险发生时的影响。

贷款的损失可以分为预期内损失和预期外损失两种类型,对于预期内损失,一般可以将风险费用转嫁给借款人,即其可以将根据本公司的贷款管理制度在每笔贷款发放前都进行风险评级,依据每笔贷款不

---

[1] 孟飞、李慧雯:《网络小额贷款监管制度的构建》,载《金融经济》2018 年第 2 期。

[2] 陈岱松:《小额贷款公司法律制度研究——上海的实践与探索》,法律出版社 2010 年版,第 103 页。

同的评级以不同的风险调节率收取风险费用予以补偿。其还可以通过设置不良贷款率的标准，为平台的贷款质量设置硬性规定，以此控制风险。一般来说在各地方规范性文件的规定中，不良贷款率低于5%才为合格。同时也可以运用贷款余额占平台净资产比例的要求，例如，平台对同一借款人的贷款余额不得超过小额贷款公司净资产的10%、对同一借款人及其关联方的贷款余额不得超过小额贷款公司净资产的15%。这种做法是贯彻“小额”“分散”的经营原则的内在体现，也能起到将单个或小部分借款人违约的风险最小化的作用，从而实现风险控制的目的。

对于预期外损失，则需要由小额贷款公司承担，目前的贷款损失准备计提制度则是其中一种较为典型的风险补偿机制。根据我国相关制度的要求，贷款损失准备充足率一般需要保持在100%以上。随着公司业务规模的扩大，公司自身应从利润中继续提取风险补偿金，完善风险缓释机制，并合理确定计提比例，确保储备足额的风险准备金，尽可能地覆盖业务风险。

（二）贷款分级管理制度

2020年银保监会办公厅发布的《关于加强小额贷款公司监督管理的通知》中提出了需要将贷款分级管理的要求：小额贷款公司应当按照稳健经营原则制定符合本公司业务特点的经营制度，包含贷款“三查”、审贷分离、贷款风险分类制度等，其中贷款风险分类应当划分为正常、关注、次级、可疑和损失五类，后三类合称不良贷款。而根据各国的实践，大多又以借款人逾期还款的天数作为划分贷款风险的标准，但是由于小额贷款通常采取的是“整借零还”的模式，以逾期还款的天数作为划分贷款风险的依据不够准确，因此，笔者主张可以将借款人逾期的次数作为因素之一，纳入贷款风险划分的标准之中，建立起更符合小额贷款分级管理的制度。

（三）激励还款制度

风险控制制度的内涵应当是为了控制借款人不能按时偿还贷款的风险，因此除了要采取在网络小额贷款公司本身建立风险补偿机制，以及对借款人的贷款进行分级管理这些贷中、贷后的风险控制措施以外，还需要对借款人采取一定的激励措施，如制定激励还款制度，这种贷前的风险控制措施能够从源头上防止借款人不按时偿还贷款。

在我国的现行规定以及实践中，难以觅得关于激励还款制度的要求，因此我们可以参考域外的相关经验。激励还款制度的一种措施就是对于按时还款的借款人给予浮动的还款利率，尽管这种措施会减少网络小额贷款公司的利息收入，但是从长远的角度来看，可以激励借款人按时还款。此外，还可以参考格莱珉银行的管理方法，要求借款人每周都归还一定比例的贷款，而不管这个比例涉及的金额有多小，这种制度可以养成借款人的还款习惯，也可以减少小额贷款的坏账率，更重要的是杜绝向其他借款人发送逾期归还贷款可以被忍受的信号——这种信号会使还款率的下降。采取渐进的贷款方案的方式也不失为一种激励还款的措施，它是指最初借款人只能获得一笔数额较小的贷款，只有按时偿还了该笔贷款，借款人才有资格去借贷更大金额的贷款，如果在这个过程中借款人出现了违约行为，那么他将不再拥有贷款的资格。同时该方案允许网络小额贷款公司根据借款人的收入以及储蓄对借款人的还款水平进行重新校准，在借款人获得数目较大的贷款之前进行风险识别，这样能够为平台提供较为准确的借款人的层级。

第五章　商业银行互联网贷款法律治理的特殊问题

随着互联网技术的发展，近年来互联网信贷业务飞速发展。与起步较早的P2P网络借贷和网络小额贷款相比，商业银行互联网贷款的发展仍处于初期阶段，但其发展潜力不可小觑。根据《商业银行互联网贷款管理暂行办法》第3条的规定，“本办法所称互联网贷款，是指商业银行运用互联网和移动通信等信息通信技术，基于风险数据和风险模型进行交叉验证和风险管理，线上自动受理贷款申请及开展风险评估，并完成授信审批、合同签订、贷款支付、贷后管理等核心业务环节操作，为符合条件的借款人提供的用于消费、日常生产经营周转等的个人贷款和流动资金贷款”。据此可知，商业银行互联网贷款是商业银行传统信贷业务的互联网化，同样具有其他网络借贷模式所具有的效率高、成本低、速度快等特点。

第一节　商业银行互联网贷款的运作状况和法律定位

商业银行互联网贷款是网络借贷版图中的重要组成部分，凭借商业银行的特殊优势，互联网贷款业务形成了特殊的运营模式，风险控制较为有效，法律规制逐渐完善。

一、商业银行互联网贷款的运作状况

近年来，随着互联网经济迅猛发展，互联网金融发展如火如荼，互联网贷款业务大有可为。随着政策的明朗，国有行、股份制银行、城商行、农商行等各类商业银行均积极地踏入互联网贷款业务蓝海。到

2020年6月末，商业银行发放的线上联合消费贷款的余额大概是1.43万亿元[1]。商业银行的线上放贷业务已成为其贷款业务的重要组成部分。受疫情冲击影响，各商业银行传统的线下营销和客户服务面临较大困难。可以预见，商业银行在互联网贷款业务方面必将加大力度。

《商业银行互联网贷款管理暂行办法》的出台，一方面，将互联网贷款的主要风险纳入了商业银行全面风险管理框架，为其长期规范发展奠定了制度基础；另一方面，监管政策落地，消除了互联网贷款业务面临的最大不确定性因素，加之政策为创新留下了巨大的空间，预计互联网贷款将进入全新发展阶段。[2] 商业银行拥有天然的优势，有潜力成为互联网贷款市场的主角。

（一）运作模式

如上所述，各类商业银行均积极参与互联网贷款业务，然而各类商业银行毕竟资源不同，所以其选择的运营模式也会有所差异。根据商业银行是否独立完成互联网贷款业务的全流程不同，可分为自营模式与合作模式。

1. 自营模式

商业银行互联网贷款业务的自营模式是指商业银行独立完成或基本独立完成互联网贷款业务的全流程，包括客户初筛、身份核验、授信审批、贷款支付到贷后管理等各个环节。例如，国内金融系统首个真正网上全流程个人自助贷款——“快贷”，其是建设银行推出的个人客户全流程线上自助贷款，客户可通过建行手机银行、网上银行、智慧柜员机等电子渠道在线完成贷款，包括实时申请、审批、签约、支用和还款，按提示操作即可轻松完成贷款，无须通过任何中介和他人办理。

---

〔1〕 参见《2020年第三季度金融统计数据新闻发布会文字实录》，载 https://finance.sina.com.cn/china/gncj/2020-10-14/doc-iiznezxr5996445.shtml，最后访问日期：2020年10月24日。

〔2〕 曾刚：《互联网贷款的规范发展与趋势展望》，载《中国银行业》2020年第6期。

2. 合作模式

商业银行互联网贷款业务的合作模式是指商业银行与第三方机构共同完成互联网贷款业务的流程，具体又可根据第三方机构是否参与发放贷款的不同分为助贷与联合贷款。

助贷并没有一个明确的概念，大致是指第三方机构发挥自身的场景、数据和科技等优势，帮助银行等放贷机构改善客户筛选、信用评估、风险管控、贷款催收等，缓解信息不对称、定价不精细、资金不充足、风控不完备等导致的信贷供给对信贷需求的不适应问题，并且基于协同效应、规模效应、网络效应等，更好地实现信贷成本、收益和风险的动态平衡。[1] 如航天信息旗下的诺诺金服与工商银行合作的“经营快贷”。助贷的具体合作流程参见图 5 – 1。

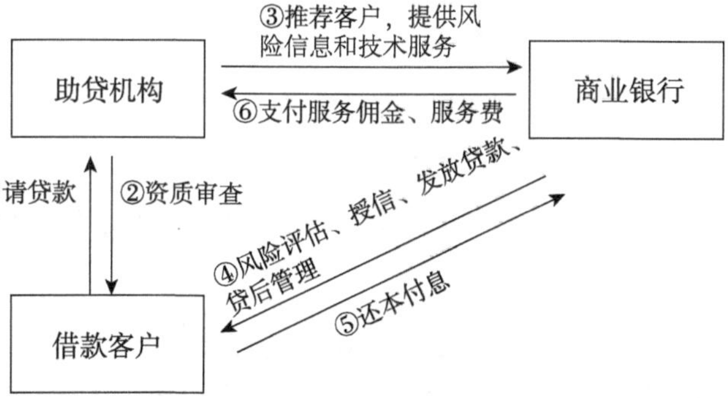

图 5 – 1　商业银行与助贷机构开展互联网贷款业务的合作流程

资料来源：中国银行研究院。

联合贷款也没有明确的概念，“按照央行此次调研通知的定义，线上联合消费贷款是指金融机构经由互联网获取合作机构推送的客户信息，并与其他机构采用同一贷款协议，按约定比例向同一借款人发放的个人消费贷款”。[2] 而根据《中国银保监会办公厅关于进一步规范商

〔1〕 朱太辉、张彧通、张夏明、龚谨：《助贷业务的主要争论和解决方案研究》，载《金融与经济》2020 年第 2 期。

〔2〕 许亚岚：《联合消费贷该如何存在？》，载《经济》2020 年第 9 期。

业银行互联网贷款业务的通知》(银保监办发〔2021〕24 号),商业银行与合作机构共同出资发放互联网贷款的,单笔贷款中合作方的出资比例不得低于 30%。联合贷款模式可以帮助金融机构以少量资金撬动更大的业务规模,在市场竞争中取得优势,或者在与强势的场景和流量方谈判时获取有利条件。[1] 联合贷款的主要流程参见图 5-2。

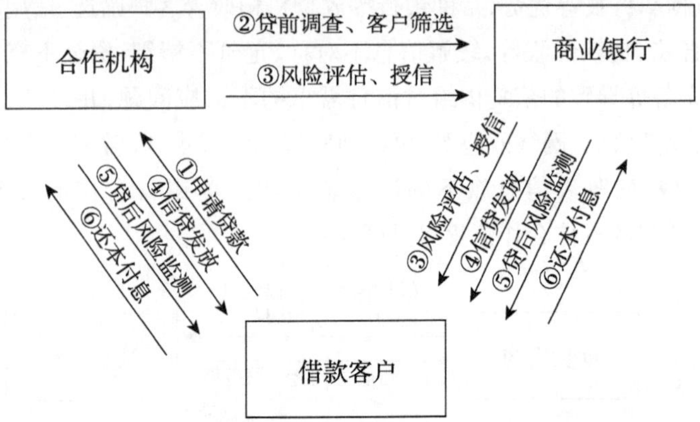

图 5-2 商业银行与合作机构发放"联合贷款"的主要流程

资料来源:中国银行研究院。

总的来说,就实力雄厚的商业银行而言,由于其拥有充裕的资金、完备的风控系统、先进的技术等资源,所以较多采用自营模式;而就中小商业银行而言,受限于资金、内控与技术等,较多采用合作模式。

此外,就互联网消费金融模式而言,依据商业银行向借款人支付贷款的方式不同,可分为现金模式和代付模式。

现金模式是指消费者基于特定的商品或服务需求向商业银行申请贷款,商业银行受理并审核通过后直接向消费者发放贷款,由消费者在消费时自己支付给零售商或服务商,贷款到期后再由消费者向

[1] 王耀增、郭荣、张超:《商业银行互联网贷款业务风控体系构建》,载《当代金融家》2020 年第 9 期。

商业银行还款的模式[1]。例如,中国银行的"中银 E 贷"、中国工商银行的"融 e 借"、中国建设银行的"快贷"等线上的信用消费贷款产品均采用这种运作模式。

代付模式是指消费者在商业银行自有平台或合作平台上直接消费时,由商业银行帮消费者先行垫付,继而形成贷款,到期后再由消费者向商业银行偿还的模式[2]。例如,中国工商银行的"融 e 购商城"、中国建设银行的"善融商城"、招商银行的"网上商城"等电子商务平台均采用此种运作模式。

(二)运营场景

根据消费需求是否特定、消费贷款是否依托于特定消费场景的不同,互联网消费信贷产品可分为消费贷和现金贷。前者的消费需求和资金去向非常明确,后者虽名为消费用途,但资金去向不甚明确。

本书第四章在介绍网络小额贷款的运作情况时已详细介绍了消费贷与现金贷两种不同的运作模式,这在整个互联网信贷行业是共通的,只是基于放贷主体的不同在运营中有所差异。

1. 消费贷:目前,互联网消费贷的消费场景主要是购物、教育、租房、装修、旅游等特定场景,代表产品有"蚂蚁花呗""京东白条"等。在互联网消费贷的市场格局中,互联网电子商务平台依托丰富的消费场景、大量的客户流量等优势独占鳌头。与互联网电子商务平台相比,传统商业银行具有资金成本低、风险控制能力强、产品覆盖面广等优势,其最大的缺点是消费场景的匮乏,导致客户流量和黏性不足。场景消费金融无疑是互联网信贷的发展方向,近年来商业银行也致力于场景化建设,其主要有自建模式和合作模式两种场景建设模式。(见表 5 - 1 所示)

---

〔1〕 柏忠月:《互联网消费金融行业的法律风险与防范》,西南政法大学 2018 年硕士学位论文。

〔2〕 柏忠月:《互联网消费金融行业的法律风险与防范》,西南政法大学 2018 年硕士学位论文。

表 5－1　场景化建设模式

项目	自建模式	合作模式
性质	重模式	轻模式
方式	主导整合产业链上下游资源打造交易闭环	联名合作
		战略合作
		股权合作
优势	掌控力强	成本低、门槛低、难度小
劣势	成本巨大、竞争激烈	掌控力弱

由表 5－1 可知，两种场景建设模式各有利弊，实践中不同类型的商业银行基于自身的特点及目标选择也会有所不同。现阶段，很多银行都倾向于选择合作模式进行场景建设，将优势互补的作用发挥得淋漓尽致。例如，平安银行将平安橙子与“去哪儿网”服务对接，合力拓展旅游场景；招商银行与“波奇网”合作，合力开拓宠物电商场景等。[1]

2. 现金贷：现金贷作为最常见的互联网信贷产品，虽然因其存在着潜在的风险一直受到严管，但是任何放贷主体都不会将其割舍。市场上现金贷产品的设计大同小异，其差异主要体现在额度和利率上。商业银行尤其是大型商业银行相比于其他放贷主体具有资金成本低、客户优质等优势，为了吸引客户一般都将其利率设置得比较低。中国建设银行的“快贷”、招商银行的“招联好期待”、平安银行的“平安 i 贷”等都是典型的银行系现金贷产品。

（三）运作流程

互联网贷款与传统贷款最大的不同在于运作方式，其具体运作流程见图 5－3。互联网贷款平台摆脱了传统金融模式下的局限性，即不需要过多的物质成本、区域空间、金融专业技术能力，更多是借助互联

[1] 参见《银行场景建设及生态建设路径探索》，载 https://www.mpaypass.com.cn/news/202009/02142948.html。

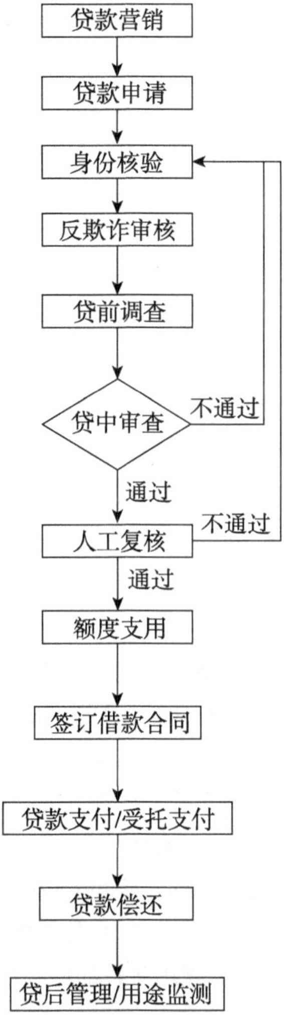

图 5-3　商业银行互联网贷款的主要流程

网信息交换、大数据平台数据处理等技术，围绕大范围的信息交流互动来实现平台借款、资金运转。加之近几年我国互联网技术得到迅猛发展，网络与移动终端设备的全面普及，大范围信息交流、互联网技术支持增强了保障。根据《商业银行互联网贷款管理暂行办法》第 3 条的规定可知，商业银行互联网贷款最明显的特征就是通过信息技术的运用，使贷款的所有核心业务环节得以自动化运作，极大地提高了运行效率。从商业银行的角度看，借贷业务全流程都依托于大数据、人工智能、云计算等金融科技线上化完成，运营所需的人工成本和场地成本可以大大降低。从借款人的角度看，贷款迅速到账，能更好地满足借款人的贷款需求。同时，在线申请、在线签约，也突破了时空的限制，随时随地满足借款人的贷款需求。如此看来，可谓是一举两得。所以商业银行都非常注重小额信用贷款产品的布局。例如，中国建设银行的“快贷”、中国工商银行的“融 e 借”、平安银行的“新一贷”、招商银行的“闪电贷”、兴业银行的“兴闪贷”等都是市场上颇具竞争力的消费贷产品。基于上述优势，现阶段商业银行已不仅仅局限于小额信用贷款业务的线上化运作，数字化运营已成为商业银行未来的发展方向。2019 年 8 月，中国人民银行发布实施《金融科技（FinTech）发展规划（2019—2021 年）》，商业银行等持牌金融机构的发展方向更是进一步明确，在相关政策的指引与支持下，必将推动商业银行数字化转型向纵深发展。

（四）风险状况

1. 流动性风险较低。根据《商业银行流动性风险管理办法》第 3 条的规定，“本办法所称流动性风险，是指商业银行无法以合理成本及时获得充足资金，用于偿付到期债务、履行其他支付义务和满足正常业务开展的其他资金需求的风险”。从资金充足程度来看，商业银行作为信用中介机构资金充裕，而且有国家兜底，所以其流动性风险较低；与之相对的是仅作为信息中介的 P2P 网络借贷平台，其无法像银行一样吸收存款，继而没有足够的资金作为保障，而且无法像商业银行一样有国家作为后盾，一旦出现提现困难将加快平台的流动风险速度，所以其流动性风险较高。

2. 风险控制能力更强。第一，商业银行作为信用中介机构，擅长信息收集、数据分析、模型构建，风险甄别、风险定价、风险监测、风险处置等能力比一般机构更强。第二，贷款业务作为其基本业务地位毋庸置疑，商业银行素来注重贷款方面的风险管控，具备经过长期实践验证的较为有效的风险防范机制。

3. 监管更具持续性且更严格。商业银行作为传统金融机构，同时也是最重要的金融机构,历来受到银行业监管机构强有力的监管。在严格的监管之下,商业银行早已打造了覆盖贷前、贷中、贷后全流程的链条风险管理体系,并深挖数据资源、细化风险管控模型、持续推进金融科技应用,初步形成了形成标准化、系统化、数据化和模型化的全面风险管理体系。来自外部的监管压力有力地推动了商业银行风险管理体系的完善。

总的来说,商业银行由于其独特的性质、内部的自我完善及外部监管压力的推动,其所面临的风险相对来说能得到较为有效的控制,所以其风险较低。

二、商业银行互联网贷款的法律规制状况

商业银行贷款的法律规制,仍主要集中于线下贷款,对于线上贷款,自营模式的监管较为成熟,合作模式的监管仍有待加强。

(一)商业银行互联网贷款的规制沿革

伴随互联网技术的不断发展,互联网贷款业务领域近年来得以快速崛起,但限于相关管理制度的缺失,其发展过程中也伴随一定的市场乱象。《商业银行互联网贷款管理暂行办法》出台前,在国家层面上缺少针对商业银行参与互联网贷款业务的专项规定,主要适用的法规仍为原银监会于2010年发布的《个人贷款管理暂行办法》及《流动资金贷款管理暂行办法》。鉴于前述法规的立法逻辑主要针对线下贷款,与发展迅猛且风险控制难度更高的互联网贷款行业在某些层面并不匹配。因此,在国家层面发布针对商业银行互联网贷款业务的统一监管规定极具必要性。

前已述及,自营模式下的商业银行互联网贷款全流程都由商业银行自身独立或基本独立完成,与合作模式下的监管对象不同,自营模式下的监管对象具有单一性,即只需监管商业银行一个主体即可。此外,商业银行作为银行业金融机构,历来受到银行业监管机构强有力的持续性监管,早已打造了覆盖贷前、贷中、贷后全流程的链条风险管理体系。基于上述原因,自营模式下的商业银行互联网贷款业务监管难度较低,监管机构对于其传统贷款业务的相关监管规定也能部分适用于互联网贷款业务,也正因如此,对于商业银行互联网贷款业务的监管重

点落在了合作模式中。

采合作模式的商业银行互联网贷款业务由于合作机构的多样性以及触及作为核心贷款环节的发放贷款环节，更容易引发各种各样的乱象或产生更严重的危害性，监管难度显然更大。从我国商业银行互联网贷款合作的发展历程来看，虽其具有普惠性金融、高效率金融等优点，但与之伴随的信用风险、法律风险、技术风险也进一步凸显。现金贷、套路贷、暴力催收、恶意爬虫等问题也时有发生。这些风险和问题使其偏离了金融创新本质和普惠金融的发展初衷，给行业健康发展带来了不小冲击，从而引发金融监管、司法公安等部门的高度关注。无论是中央金融监管部门，还是地方监管部门，甚至是公安、检察、法院等司法部门，均出台过相关的政策予以治理。从政策出台的时间和效率上看，2010 年便有出台银行与金融科技公司合作业务的监管政策，即原银监会出台的《银行业金融机构外包风险管理指引》。自 2017 年的“现金贷”整治起，相关的监管政策更是密集出台，仅 2017 年一年各地各部门共出台 7 部相关政策。可见，对待商业银行互联网贷款合作的整体监管趋势是强化合规经营和风险防控。相关监管政策如表 5－2、表 5－3 所示：

表 5－2　商业银行互联网贷款合作监管政策汇总

层面	时间	名称	发文主体
中央	2010 年 6 月	《银行金融机构外包风险管理指引》	原中国银监会
	2017 年 12 月	《关于规范整顿“现金贷”业务的通知》	互金专项整治办、P2P 网络借贷专项整治办
	2018 年 12 月	《关于做好网络借贷机构分类处置和风险防范工作的指导意见》	互金专项整治办、P2P 网络借贷专项整治办
	2018 年 12 月	《关于规范银行业金融机构异地非持牌机构的指导意见》	中国银保监会

续表

层面	时间	名称	发文主体
中央	2019年9月	《关于开展银行保险机构侵害消费者权益乱象整治工作的通知》	中国银保监会
	2019年10月	《个人金融信息（数据）保护试行办法》（征求意见稿）	中国人民银行
	2019年10月	《关于办理非法放贷刑事案件若干问题的意见》	最高法、最高检、公安部及司法部
	2019年10月	《关于印发融资担保公司监督管理补充规定的通知》	中国银保监会
	2020年7月	《商业银行互联网贷款管理暂行办法》	中国银保监会
	2021年2月	《关于进一步规范商业银行互联网贷款业务的通知》	中国银保监会
地方	2017年12月	《关于规范在沪银行业金融机构与第三方平台合作信贷业务的通知》	上海市银保监局
	2018年4月	《关于规范在沪银行业金融机构与第三方平台合作信贷业务的通知》	
	2019年4月	《关于助贷机构加强业务规范和风险防控的提示》	北京市互联网金融行业协会
	2019年10月	《关于规范银行与金融科技公司合作类业务及互联网保险业务的通知》	北京银保监局
	2019年1月	《关于加强互联网助贷和联合贷款风险防控监管提示的函》	浙江省银保监局
	2019年9月	《关于进一步规范个人消费贷款有关问题的通知》	

续表

层面	时间	名称	发文主体
地方	2019 年 11 月	《关于加强商业银行外部合作风险管理的通知》	宁波银保监局
	2020 年 10 月	《关于规范辖内银行业金融机构与第三方机构合作个人贷款业务的通知》	厦门银保监局

表 5－3　政策要点罗列

主要方面	要点
合作机构界定	包括但不限于银行业金融机构、保险公司等金融机构和小额贷款公司、融资担保公司、电子商务公司、非银行支付机构、信息科技公司等非金融机构。（第 4 条）
合作准入	商业银行应： ①建立准入机制，实施分层分类和名单制管理。（第 49 条） ②准入前评估：从经营情况、管理能力、风控水平、技术实力、服务质量、业务合规和机构声誉等方面；重点关注合作方资本充足水平、杠杆率、流动性水平、不良贷款率、贷款集中度及其变化，审慎确定合作机构名单。（第 50 条） ③年度全面评估：无法继续满足准入条件，应当及时终止合作关系，合作机构在合作期间有严重违法违规行为的，应当及时将其列入本行禁止合作机构名单。（第 57 条）
协议约束	商业银行应： ①书面合作协议原则：收益和风险相匹配。（第 51 条） ②协议内容：明确约定合作范围、操作流程、各方权责、收益分配、风险分担、客户权益保护、数据保密、争议解决、合作事项变更或终止的过渡安排、违约责任以及合作机构承诺配合商业银行接受银行业监督管理机构的检查并提供有关信息和资料等内容。（第 51 条）

续表

主要方面	要点
合作披露	商业银行应: ①在相关页面醒目位置向借款人充分披露自身与合作机构信息、合作类产品的信息、自身与合作各方权利责任,按照适当性原则充分揭示合作业务风险,避免客户产生品牌混同。(第 52 条) ②在借款合同和产品要素说明界面等相关页面中,以醒目方式向借款人充分披露合作类产品的贷款主体、实际年利率、年化综合资金成本、还本付息安排、逾期清收、咨询投诉渠道、违约责任等信息。(第 52 条)
联合贷款	商业银行应: ①独立对所出资的贷款进行风险评估和授信审批,并对贷后管理承担主体责任。(第 53 条) ②将与合作机构共同出资发放贷款总额按照零售贷款总额或者贷款总额相应比例纳入限额管理。(第 54 条) ③加强共同出资发放贷款合作机构的集中度风险管理。(第 54 条) ④对单笔贷款出资比例实行区间管理,与合作方合理分担风险。(第 54 条)
负面清单	①商业银行不得向合作机构自身及其关联方直接或变相进行融资用于放贷。(第 51 条) ②除共同出资发放贷款的合作机构以外,商业银行不得将贷款发放、本息回收、止付等关键环节操作全权委托合作机构执行。(第 51 条) ③商业银行在书面合作协议中明确要求合作机构不得以任何形式向借款人收取息费,保险公司和有担保资质的机构除外。(第 51 条) ④商业银行不得以任何形式为无放贷业务资质的合作机构提供资金用于发放贷款,不得与无放贷业务资质的合作机构共同出资发放贷款。(第 53 条) ⑤商业银行不得接受无担保资质和不符合信用保险和保证保险经营资质监管要求的合作机构提供的直接或变相增信服务。(第 55 条) ⑥商业银行不得因引入担保增信放松对贷款质量管控。(第 55 条) ⑦商业银行不得委托有暴力催收等违法违规记录的第三方机构进行贷款清收。(第 56 条) ⑧商业银行应明确与第三方机构的权责,要求其不得对与贷款无关的第三人进行清收。(第 56 条)

(二)《商业银行互联网贷款管理暂行办法》的规定

2020年7月《商业银行互联网贷款管理暂行办法》的正式发布解决了地方性规定囿于效力层级低而适用受限的问题,开启了商业银行互联网贷款规范发展的新时代,既填补了商业银行互联网贷款发展的监管真空,体现了监管层支持发展互联网贷款业务的态度,又有利于商业银行加快布局互联网贷款业务。《商业银行互联网贷款管理暂行办法》共7章70条,分别为总则、风险管理体系、风险数据和风险模型管理、信息科技风险管理、贷款合作管理、监督管理和附则。下文将对其中涉及外部监管的内容予以阐述,主要涵括合作层面、数据层面、监管层面这三方面,具体见表5-4至表5-6所示:

表5-4　合作层面

主要方面	要点
合作机构界定	包括但不限于银行业金融机构、保险公司等金融机构和小额贷款公司、融资担保公司、电子商务公司、非银行支付机构、信息科技公司等非金融机构。(第4条)
合作准入	商业银行应: ①建立准入机制,实施分层分类和名单制管理。(第49条) ②准入前评估:从经营情况、管理能力、风控水平、技术实力、服务质量、业务合规和机构声誉等方面;重点关注合作方资本充足水平、杠杆率、流动性水平、不良贷款率、贷款集中度及其变化,审慎确定合作机构名单。(第50条) ③年度全面评估:无法继续满足准入条件,应当及时终止合作关系,合作机构在合作期间有严重违法违规行为的,应当及时将其列入本行禁止合作机构名单。(第57条)
协议约束	商业银行应: ①书面合作协议原则:收益和风险相匹配。(第51条) ②协议内容:明确约定合作范围、操作流程、各方权责、收益分配、风险分担、客户权益保护、数据保密、争议解决、合作事项变更或终止的过渡安排、违约责任以及合作机构承诺配合商业银行接受银行业监督管理机构的检查并提供有关信息和资料等内容。(第51条)

续表

主要方面	要点
合作披露	商业银行应： ①在相关页面醒目位置向借款人充分披露自身与合作机构信息、合作类产品的信息、自身与合作各方权利责任，按照适当性原则充分揭示合作业务风险，避免客户产生品牌混同。（第52条） ②在借款合同和产品要素说明界面等相关页面中，以醒目方式向借款人充分披露合作类产品的贷款主体、实际年利率、年化综合资金成本、还本付息安排、逾期清收、咨询投诉渠道、违约责任等信息。（第52条）
联合贷款	商业银行应： ①独立对所出资的贷款进行风险评估和授信审批，并对贷后管理承担主体责任。（第53条） ②将与合作机构共同出资发放贷款总额按照零售贷款总额或者贷款总额相应比例纳入限额管理。（第54条） ③加强共同出资发放贷款合作机构的集中度风险管理。（第54条） ④对单笔贷款出资比例实行区间管理，与合作方合理分担风险。（第54条）
负面清单	①商业银行不得向合作机构自身及其关联方直接或变相进行融资用于放贷。（第51条） ②除共同出资发放贷款的合作机构以外，商业银行不得将贷款发放、本息回收、止付等关键环节操作全权委托合作机构执行。（第51条） ③商业银行在书面合作协议中明确要求合作机构不得以任何形式向借款人收取息费，保险公司和有担保资质的机构除外。（第51条） ④商业银行不得以任何形式为无放贷业务资质的合作机构提供资金用于发放贷款，不得与无放贷业务资质的合作机构共同出资发放贷款。（第53条） ⑤商业银行不得接受无担保资质和不符合信用保险和保证保险经营资质监管要求的合作机构提供的直接或变相增信服务。（第55条） ⑥商业银行不得因引入担保增信放松对贷款质量管控。（第55条） ⑦商业银行不得委托有暴力催收等违法违规记录的第三方机构进行贷款清收。（第56条） ⑧商业银行应明确与第三方机构的权责，要求其不得对与贷款无关的第三人进行清收。（第56条）

表 5－5　数据层面

主要方面	要点
数据采集	①商业银行应当在获得授权后查询借款人的征信信息，通过合法渠道和手段线上收集、查询和验证借款人相关定性和定量信息，可以包括但不限于税务、社会保险基金、住房公积金等信息，全面了解借款人信用状况。（第 20 条） ②商业银行进行借款人身份验证、贷前调查、风险评估和授信审查、贷后管理时，应当至少包含借款人姓名、身份证号、联系电话、银行账户以及其他开展风险评估所必需的基本信息。（第 33 条） ③如果需要从合作机构获取借款人风险数据，应通过适当方式确认合作机构的数据来源合法合规、真实有效，对外提供数据不违反法律法规要求，并已获得信息主体本人的明确授权。商业银行不得与违规收集和使用个人信息的第三方开展数据合作。（第 33 条） ④商业银行收集、使用借款人风险数据应当遵循合法、必要、有效的原则，不得违反法律法规和借贷双方约定，不得将风险数据用于从事与贷款业务无关或有损借款人合法权益的活动，不得向第三方提供借款人风险数据，法律法规另有规定的除外。（第 34 条）
数据存储 数据处理 数据传输 数据销毁	①商业银行应当建立风险数据安全管理的策略与标准，采取有效技术措施，保障借款人风险数据在采集、传输、存储、处理和销毁过程中的安全，防范数据泄露、丢失或被篡改的风险。（第 35 条） ②商业银行应当采用有效技术手段，保障借款人数据安全，确保商业银行与借款人、合作机构之间传输数据、签订合同、记录交易等各个环节数据的保密性、完整性、真实性和抗抵赖性，并做好定期数据备份工作。（第 47 条） ③商业银行应当对风险数据进行必要的处理，以满足风险模型对数据精确性、完整性、一致性、时效、有效性等的要求。（第 36 条） ④商业银行应当合理分配风险模型开发测试、评审、监测、退出等环节的职责和权限，做到分工明确、责任清晰。商业银行不得将上述风险模型的管理职责外包，并应当加强风险模型的保密管理。（第 37 条）

表5-6　监管层面

主要方面	要点
日常监管措施	新业务报告:商业银行应于产品上线后10个工作日内,向其监管机构提交书面报告,涵括业务规划情况、风险管控措施、上线的互联网贷款产品基本情况。消费者权益保护及其配套服务情况以及银行业监督管理机构要求提供的其他材料。(第58条)
	年度评估:每年4月30日前向银行业监督管理机构报送上一年年度评估报告。(第60条)
	重大调整:互联网贷款的风险治理架构、风险管理策略和程序、数据质量控制机制、管理信息系统和合作机构管理等在经营期间发生重大调整的,商业银行应当在调整后的10个工作日内向银行业监督管理机构书面报告调整情况。(第62条)
授信额度	单户用于消费的个人信用贷款授信额度应当不超过人民币20万元,到期一次性还本的,授信期限不超过一年。中国银行保险监督管理委员会可以根据商业银行的经营管理情况、风险水平和互联网贷款业务开展情况等对上述额度进行调整。商业银行应在上述规定额度内,根据本行客群特征、客群消费场景等,制定差异化授信额度。 商业银行应根据自身风险管理能力,按照互联网贷款的区域、行业、品种等,确定单户用于生产经营的个人贷款和流动资金贷款授信额度上限。对期限超过一年的上述贷款,至少每年对该笔贷款对应的授信进行重新评估和审批。(第6条)
预留监管措施 ↓ 审慎性监管	①没有禁止跨区域经营限制。 ②联合贷出资比例未明确规定比例要求。 ③银行业监督管理机构可以根据商业银行的经营管理情况、风险水平和互联网贷款业务开展情况等对商业银行与合作机构共同出资发放贷款的出资比例及相关集中度风险、跨注册地辖区业务等提出相关审慎性监管要求。(第62条)

综上可知,《商业银行互联网贷款管理暂行办法》主要对商业银行互联网贷款合作进行以下几个方面的监管:

首先,首次对贷款合作机构进行规范,防止合作中的一些乱象或者监管套利行为,强化合规经营。从合作机构的准入机制、合作协议内容必备要素、合作披露等方面均提出了具体要求,对合作机构的管理,设计了较为严格和完整的框架。比较《商业银行理财业务监督管理办法(征求意见稿)》,更强调给予商业银行与第三方合作更多差异化的发展选择,监管要求从《商业银行理财业务监督管理办法(征求意见稿)》中单一的"总行层级审批"到《商业银行互联网贷款管理暂行办法》中的"按照层级和类别确定审批权限",体现了监管部门对于商业银行同相关机构的合作持高度开放的态度。

其次,对商业银行与合作机构贷款合作的风控环节进行强制规定。《商业银行互联网贷款管理暂行办法》第55条明确商业银行必须自己控制核心风控环节,不得接受合作机构直接和变相的风险兜底承诺,延续了对助贷业务正向限制性要求。早期不少监管文件也曾要求不得兜底承诺,如在《关于规范整顿"现金贷"业务的通知》就明确指出"银行业金融机构不得接受无担保资质的第三方机构提供增信服务以及兜底承诺等变相增信服务"。所谓兜底模式,是指由助贷机构按5%~15%的比例向资金方缴纳风险保证金,若业务出现逾期或坏账,银行则先从保证金计提相应坏账损失,若坏账逾期额超过保证金,助贷机构则根据逾期代偿协议(通常逾期80~90天)迅速补足资金缺口。实质上这是商业银行与合作机构双方协商达成的风险共担机制。虽该风险共担机制有助于约束助贷机构的行为,防范助贷机构与客户串通,骗取贷款,但与此同时也存在很大弊端,如当助贷机构需要对一笔逾期80~90天的贷款代偿时,机构往往以资金周转需要时间为由拖延,导致代偿款迟迟没有到账,加之保本协议往往是一纸口头承诺或缺乏正规渠道的合同签订,银行也难以向助贷平台直接追偿贷款损失;况且倘若兜底比例未设置合理,整个业务模式将由合作机构承担所有风险,显然这也是不合理的做法。为此,监管部门对商业银行与合作机构合作的业务环节进行规定,是风险防控的体现,但诚然也应当考虑如何构建商业银行与合作机构的风险共担机制,促使其既能防范道德风险,也能防止银行成为单纯的资金提供方。

最后，明确各方参与主体的权责。《商业银行互联网贷款管理暂行办法》第4条就明确规定合作机构包括但不限于银行业金融机构、保险公司等金融机构以及小额贷款公司、融资担保公司、电子商务公司、非银行支付机构、信息科技公司等非金融机构。可见，商业银行互联网贷款合作机构众多，明确各方主体权责显然尤为重要，有助于风险防控。《商业银行互联网贷款管理暂行办法》明晰合作双方的责任，确定了合作业务的责任主体、风险承担主体等——是监管部门强化监管的表现。

（三）《关于进一步规范商业银行互联网贷款业务的通知》的规定

2020年7月颁布实施的《商业银行互联网贷款管理暂行办法》初步建立了商业银行互联网贷款业务制度框架，促进了商业银行互联网贷款业务平稳健康发展。然而，部分机构的互联网贷款业务行为与《商业银行互联网贷款管理暂行办法》的要求仍有一定差距，存在风险隐患。为进一步规范互联网贷款业务行为，2021年2月20日银保监会下发了《关于进一步规范商业银行互联网贷款业务的通知》。《关于进一步规范商业银行互联网贷款业务的通知》在《商业银行互联网贷款管理暂行办法》的框架内作了诸多细化，其充分体现了2020年11月以来，金融监管部门对互联网金融业务的收紧态势。总的来说，《关于进一步规范商业银行互联网贷款业务的通知》根据《商业银行互联网贷款管理暂行办法》第62条[1]的授权，从以下方面细化审慎监管要求：

首先，从严要求商业银行独立把控互联网贷款风险。《商业银行互联网贷款管理暂行办法》第53条就提出“商业银行应当独立对所出资的贷款进行风险评估和授信审批，并对贷后管理承担主体责任”。

---

〔1〕《商业银行互联网贷款管理暂行办法》第62条规定，银行业监督管理机构可以根据商业银行的经营管理情况、风险水平和互联网贷款业务开展情况等对商业银行与合作机构共同出资发放贷款的出资比例及相关集中度风险、跨注册地辖区业务等提出相关审慎性监管要求。

《关于进一步规范商业银行互联网贷款业务的通知》进一步明确要求“落实风险控制,要求商业银行强化风险控制主体责任,独立开展互联网贷款风险管理,自主完成对贷款风险评估和风险控制具有重要影响的风控环节,严禁将关键环节外包”。这有利于最大限度避免第三方外包机构的操作风险和道德风险,促进互联网贷款良性创新和稳步发展。[1]

其次,制定具体量化指标,细化监管标准。具体如下:

一是出资比例。《关于进一步规范商业银行互联网贷款业务的通知》要求商业银行与合作机构共同出资发放贷款,单笔贷款中合作方的出资比例不得低于30%。其实《商业银行互联网贷款管理暂行办法》第54条就已经提出“商业银行应当对单笔贷款出资比例实行区间管理,与合作方合理分担风险”。限定合作方的最低出资比例是为了解决实践中个别银行存在信贷风险管理薄弱、与合作方权责利不对等等情况和问题。这一标准是根据当前商业银行互联网贷款业务开展的实际情况,经充分调研测算确定的,同时也考虑到与《网络小额贷款业务管理暂行办法(征求意见稿)》的相关规定保持一致,避免监管套利。[2] 总的来说,纵观《商业银行互联网贷款管理暂行办法》的立法沿革,这实际上是恢复了《商业银行互联网贷款管理暂行办法》征求意见稿对联合放贷双方出资比例和行内比例的数额限制。“合作方出资比例不得低于30%的要求,主要为了避免由于联合贷款合作方的杠杆率过高造成的系统性风险。”国家金融与发展实验室主任曾刚表示,在联合贷款中,合作机构出资比例太少,银行出资过高,就意味着合作机构会过度使用杠杆,也即借助商业银行的资金开展“借鸡生蛋”的投机行为。另外,如果合作机构本身也是金融机构,就会导致自己的风险过高。

二是集中度指标。《关于进一步规范商业银行互联网贷款业务的

---

〔1〕 顾雷:《商业银行互联网贷款监管从严》,载《中国银行保险报》2021年第2期。

〔2〕 中国银保监会有关部门负责人就《关于进一步规范商业银行互联网贷款业务的通知》答记者问,载 http://www.cbirc.gov.cn/cn/view/pages/ItemDetail.html?docId=967470&itemId=917&generaltype=0。

通知》要求商业银行与单一合作方发放的本行贷款余额不得超过一级资本净额的25%。其实《商业银行互联网贷款管理暂行办法》第53条就已明确提出，商业银行应当按照适度分散的原则审慎选择合作机构，避免对合作机构的过度依赖；第54条规定，商业银行应加强共同出资发放贷款合作机构的集中度风险管理。对商业银行开展互联网贷款提出了合作机构集中度管理要求，这主要是为了促进商业银行提高精细化管理水平，防范合作机构风险向银行体系传染。[1]

三是限额指标。《关于进一步规范商业银行互联网贷款业务的通知》要求商业银行与全部合作机构共同出资发放的互联网贷款余额，不得超过全部贷款余额的50%。而《商业银行互联网贷款管理暂行办法》第54条就已规定"将与合作机构共同出资发放贷款总额按照零售贷款总额或者贷款总额相应比例纳入限额管理"。限额指标同样是为了防范合作机构风险向银行体系传染，此外，50%的限制旨在对贷款结构进行限定，这也释放出一个信号：贷款不能被过度互联网化。

最后，严控跨区域经营互联网贷款业务。《商业银行互联网贷款管理暂行办法》第62条专门提出，监管机构可对跨注册地辖区业务提出审慎性监管要求。而《关于进一步规范商业银行互联网贷款业务的通知》明确规定了地方法人银行不得离开所属注册地开展互联网贷款业务。这是因为近年来个别地方性银行利用互联网技术拓展业务区域，严重偏离定位，盲目无序扩张，带来较大风险隐患。[2] 从金融风险控制的角度来看，一旦地方性金融机构的经营地域范围脱离本区域的话，难免会产生鞭长莫及的管理不力情形，所以按照地域原则进行管理的思路是对的。严控跨地域经营与地方法人银行回归本地、回归本源的总体原则是一致的。要求地方法人银行不得跨注册地辖区开展

---

〔1〕中国银保监会有关部门负责人就《关于进一步规范商业银行互联网贷款业务的通知》答记者问，载 http://www. cbirc. gov. cn/cn/view/pages/ItemDetail. html? docId = 967470&itemId = 917&generaltype = 0。

〔2〕中国银保监会有关部门负责人就《关于进一步规范商业银行互联网贷款业务的通知》答记者问，载 http://www. cbirc. gov. cn/cn/view/pages/ItemDetail. html? docId = 967470&itemId = 917&generaltype = 0。

互联网贷款业务，或对已经开展互联网贷款业务的中小银行带来较大冲击。

商业银行在开展互联网贷款业务中暴露出诸多问题和风险隐患，对该业务加强监督至关重要且刻不容缓。《商业银行互联网贷款管理暂行办法》初步建立起商业银行互联网贷款业务制度框架，《关于进一步规范商业银行互联网贷款业务的通知》则对《商业银行互联网贷款管理暂行办法》中商业银行与合作机构共同开展互联网贷款业务的事项细化了监管标准。从这些监管动态来看，就法律规制层面而言，监管触角延伸得越来越广，法律漏洞必将越来越少。但也应当看到，商业银行互联网贷款业务作为新生事物，问题仍将层出不穷，与此相对的是监管机构也必将保持高压态势严阵以待，相关监管细则定会与时俱进。可以预见，商业银行互联网贷款业务定会朝着规范化方向发展。

三、商业银行互联网贷款所涉及的法律关系

传统的借贷是双方主体，借贷双方处于核心地位，借款合同最基本的要素之一就是有借款双方当事人。商业银行传统贷款业务的流程简单来说就是借款人提出申请，然后商业银行审核，审核通过后就直接发放贷款。商业银行的互联网贷款业务虽然是全程线上化运作，但就其内部法律关系而言，其尚未超越借款合同的范畴，所直接涉及的仍然是借款人与商业银行之间的法律关系，法律关系相对简单。然而基于商业银行互联网贷款业务线上化的运作特点和不同的运作模式，就其外部法律关系而言，所间接涉及的主体呈现多样性和复杂性的特点，尤其是合作模式下商业银行与合作机构之间的法律关系更需厘清。此外，商业银行贷款业务中普遍的外部法律关系也不能忽略，如商业银行与监管机构等的关系等。

（一）商业银行与借款人之间的法律关系

商业银行的互联网贷款业务所涉法律关系与其传统的贷款业务所涉及的法律关系有所不同，依据商业银行向借款人支付贷款的方式不同，可分为现金模式和代付模式。为了行文方便，下文主要从消费贷的角度分析，经营贷的法律关系大体相似，在此不再赘述。

1. 现金模式下的法律关系

在现金模式中,只涉及借款人与商业银行两方主体,它们之间形成直接的借款合同关系,法律关系较为简单。因权利和义务是相对应而存在的,考察它们之间的法律关系可择一而行。从义务的角度来看,第一,就给付义务而言,商业银行负有提供贷款的义务,借款人相应地负有贷款到期后还本付息的义务。第二,就附随义务而言,基于此类借款合同的特殊性,其义务范围也有所扩张。比如由于订约形式的线上化,商业银行负有更重的信息审查义务,如必须查明与贷款安全息息相关的借款人身份信息、信用评价等,而借款人则负有诚实告知的义务;又因借款人同时也是消费者,其相对弱势,商业银行必须负有一定的提醒义务、告知与说明义务等。

2. 代付模式下的法律关系

在代付模式中,有消费者(借款人)、商业银行和第三方这三类主体,其法律关系与现金模式相比较为复杂。以代付模式中的典型产品"快e贷"为例,建设银行是其中的互联网消费金融服务商,支持"快e贷"服务场景的交易方如建设银行旗下购物平台、善融商务个人商城和其他电商平台是其中的第三方,消费者使用建设银行提供的互联网消费金融服务,先在善融商城或其他电商平台进行消费,之后再向建行按约还款,在此过程中形成了三类法律关系见图5-4所示:

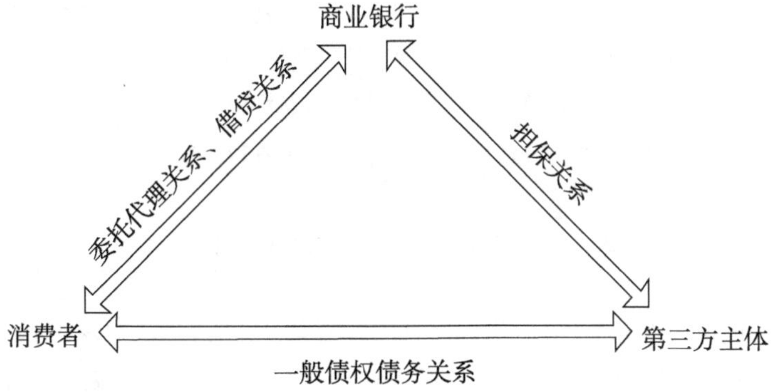

图5-4　代付模式下三方主体之间的法律关系

(1)商业银行与消费者之间的法律关系

一是委托代理关系,即消费者委托商业银行处理自己与商业银行的自建电商平台或其他电商平台等第三方之间的资金结算事宜。在此法律关系中,消费者作为委托人可授权商业银行进行转账结算,并就其代理行为承担法律后果,而商业银行作为受托人必须按照消费者的指示在授权范围内负担对第三方的付款义务。

二是借贷关系,但与以货币所有权转让为形式的传统借贷关系不同,商业银行与消费者之间的借贷关系表现为商业银行给予消费者一定的授信额度,消费者在此额度内消费时实际上就与商业银行缔结了借款合同。在此法律关系下,商业银行的权利见表5-7所示:

表5-7　法律借贷关系下商业银行的权利

权利类型	权利内容
贷前阶段的权利	①要求借款人提供与借款有关的资料
	②根据借款人的条件,有权决定贷与不贷、贷款金额、期限和利率等
	③贷款人有权要求借款人在合同中对与贷款相关的重要内容作出承诺
贷中阶段的权利	①依合同约定从借款人账户上划收贷款本金和利息
	②借款人未能履行合同规定义务的,贷款人有权要求借款人提前归还贷款或停止支付借款人尚未使用的借款
	③有权对借款人的贷款使用情况进行监督检查
	④在贷款将受或已受损失时,贷款人有权依据法律规定或合同约定采取使贷款免受损失的措施
	⑤贷款人有权拒绝借款合同约定以外的附加条件

而其义务包括:对借款人信息的保密义务;在法律法规规定和合同约定范围内使用借款人信息的义务;向借款人完整、准确披露贷款必要信息的义务;法律法规规定的其他义务。

借款人作为金融消费者的权利主要包括:①享受金融服务权;②金

融资产保密权、安全权；③金融获知权；④金融消费自由权；⑤金融消费公平交易权；⑥金融消费求偿求助权。[1] 其义务包括：向贷款人提供真实、完整、有效的材料；按约定用途使用贷款，并配合贷款人进行贷款支付管理、贷后管理及相关检查等。

(2)商业银行与第三方之间的法律关系

代付模式下的第三方通常是商业银行的合作平台，比如，消费者可以在与商业银行有合作关系的天猫商城、京东商城等网络购物平台消费。在此种交易模式下，商业银行与第三方之间实际上形成担保法律关系。具体而言，第三方会与商业银行预先签订合作协议，在消费者发生消费时，商业银行会在消费者的授权之下将其账户内的授信资金转至第三方的账户。乍看之下，商业银行与消费者之间并无实际的交易关系，其只是作为消费者的化身参与到消费者与第三方的债权债务关系中，仅仅充当一个支付者的角色。然而，为规避第三方提前提供商品或服务可能产生的交易风险，商业银行与第三方签订合作协议时就明确了商业银行对第三方承担担保责任，而且是第一付款人的担保责任。当第三方持有消费者的有效票据和有关凭证要求商业银行支付时，商业银行不得以其他事由予以拒绝。因此，代付模式下的商业银行与第三方实际上存在担保关系，商业银行负有保证第三方债权实现的义务。

(3)消费者与第三方之间的法律关系

在代付模式中，消费者与第三方之间的法律关系与一般的消费者与经营者之间的法律关系无异，均是买卖合同关系或者服务合同关系。其特殊之处在于由于商业银行的介入，消费者与第三方之间的法律关系之稳定性受到影响。具体而言，代付模式中的商业银行作为连接消费者与第三方之间的桥梁，与二者都形成了特定的法律关系。在这个相互联结的法律关系中，它与消费者之间形成的借款合同是主合同，它与第三方之间形成的担保合同是从合同，当主合同的法律效力有所异动时，从合同也会受到波及。以“融 e 借”为例，消费者负有按时向工

---

〔1〕 钟谦益：《论 P2P 网络借贷的内外部法律关系及其监管》，华东政法大学 2016 年硕士学位论文。

行还本付息的义务,一旦逾期,消费者就不能再以工行提供的消费额度向第三方付款,此时消费者这边不再具有支付对价的能力,那么消费者与第三方之间的买卖合同关系或服务合同关系之建立便无从谈起。

（二）商业银行与监管机构之间的法律关系

随着金融综合经营的加快发展,近年来我国原有的分业监管体制也发生了变化,原有的"一行三会"监管体制,发展为人民银行、银保监会、证监会和国务院金融稳定发展委员会相结合的监管机构体系。这是我国监管体制为适应金融混业发展而进行的积极调整。一方面,国务院金融稳定发展委员会的设立是为了从宏观上解决混业经营中带来的金融监管协调问题,基于其功能定位,一般不会直接监管商业银行互联网贷款平台的运作,所以它们之间并没有直接的法律关系。另一方面,中国人民银行更侧重于制定和执行金融宏观政策,仅保留了少量监管职能,主要管银行间、同业拆借等市场和征信行业,但是央行主要工作不是监管;而银保监会则侧重于商业银行进行日常监管。所以,此处讨论商业银行互联网贷款平台与监管机构的关系主要是讨论其与银保监会的关系。

根据《商业银行互联网贷款管理暂行办法》第 11 条的规定,"中国银行保险监督管理委员会及其派出机构（以下简称银行业监督管理机构）依照本办法对商业银行互联网贷款业务实施监督管理"。所以平台与银保监会之间是监管与被监管的法律关系。这是一种行政监督关系,所以两者之间并没有相对等的权利义务,它们之间的关系更多体现为银保监会的监管职权,与之相对应的是平台的职责。具体而言,根据商业银行互联网贷款纲领性规定《商业银行互联网贷款管理暂行办法》可知,银保监会主要从以下方面对商业银行互联网贷款进行监管:

一是监管原则方面,明确互联网贷款必须遵循小额、短期、高效和风险可控原则。

二是风险管理方面,要求商业银行应当针对互联网贷款业务建立全面风险管理体系,在贷前、贷中、贷后全流程进行风险控制,加强风险数据和风险模型管理,同时防范和管控信息科技风险。

三是合作机构管理方面,要求商业银行建立健全合作机构准入和退出机制，在内控制度、准入前评估、协议签署、信息披露、持续管理等方面加强管理、压实责任。对与合作机构共同出资发放贷款的，《商业银行互联网贷款管理暂行办法》提出加强限额管理和集中度管理等要求。

四是消费者保护方面，要求商业银行应当建立互联网借款人权益保护机制，对借款人数据来源、使用、保管等问题提出明确要求。此外，还要求商业银行应当加强信息披露，不得委托有违法违规记录的合作机构进行清收。

五是日常监管方面，《商业银行互联网贷款管理暂行办法》对商业银行提交互联网贷款业务情况报告、自评估、重大事项报告等提出监管要求。此外，监管机构还会实施监督检查，对违法违规行为依法追究法律责任。

（三）商业银行与合作机构之间的法律关系

关于平台与合作机构之间的法律关系是从合作贷款模式的层面上探讨的，根据《商业银行互联网贷款管理暂行办法》第 4 条第 3 款的规定，“本办法所称合作机构，是指在互联网贷款业务中，与商业银行在营销获客、共同出资发放贷款、支付结算、风险分担、信息科技、逾期清收等方面开展合作的各类机构，包括但不限于银行业金融机构、保险公司等金融机构和小额贷款公司、融资担保公司、电子商务公司、非银行支付机构、信息科技公司等非金融机构”。

根据《商业银行互联网贷款管理暂行办法》第 5 章贷款合作管理的相关规定，监管机构对商业银行以及合作机构设定了许多原则性的义务，这些义务无论在贷款合作的哪个阶段都是必须遵守的，具体如下：

商业银行的原则性义务主要包括：第一，对合作机构准入的审核义务，即商业银行要建立适用于各类合作机构的全行统一的准入机制并实行名单制管理，根据不同的合作机构的性质实施分类管理；第二，对合作机构的准入前评估义务，即商业银行应当对合作机构进行准入前评估，并罗列主要的评估指标；第三，签订包含法定内容的书面合作协议的义务。

合作机构的原则性义务主要包括：第一，采用合法方式收集目标客户数据的义务;第二,信息披露义务,即商业银行通过合作机构向目标客户推介互联网贷款产品时,合作机构也应当在醒目位置充分披露贷款主体、贷款条件、实际年利率、年化综合资金成本、还本付息安排、逾期清收、咨询投诉渠道和违约责任等基本信息。

在合作贷款模式中,无论是金融合作机构还是非金融合作机构均深度参与贷款的很多流程,甚至在某一流程中同时会有金融合作机构与非金融合作机构的共同参与,所以下文将在助贷模式与联合贷款模式这两种不同的合作模式下探讨平台与合作机构之间的法律关系。由于合同中双方当事人权利义务对等的特性,本文在此仅就各方承担的义务展开论述。

1. 助贷模式下平台与合作机构之间的法律关系

合作机构向商业银行提供一定的服务,平台为此向其支付一定的报酬,所以它们之间形成服务合同关系。具体而言,根据不同合作机构与平台之间合作内容的差异,又可以进一步细分为不同类型的服务合同。

第一,在贷前合作中,涉及的服务内容主要为营销获客,合作机构主要是一些信息科技公司。在此过程中,法律关系应属于服务合同关系,只是其内容与一般服务合同的内容有所不同:法律关系的主体是商业银行与信息科技公司;法律关系的客体则表现为潜在客户及其相关信息;法律关系的内容则是提供获客服务与支付报酬。

第二,在贷中合作中,助贷机构主要提供支付结算、风险分担(增信)、电子面签等服务,商业银行则完成授信审查、资金发放等工作。具体而言,在支付结算方面,涉及的合作机构是非银行支付机构,它们之间形成金融服务合同关系;商业银行的义务主要是配合义务以及支付报酬,非银行支付机构的义务主要是为银行提供支付结算服务。在风险分担方面,涉及的合作机构是融资担保公司和保险公司,它们之间形成担保法律关系;商业银行的义务主要是对融资担保公司以及保险公司的资质进行审核,融资担保公司的义务是为贷款人的借款提供担保,保险公司的义务是为贷款人的借款出具贷款信用保险。在信息科技方面,比较典型的合作是电子面签,助贷机构主要是信息科技公司,它们之间形成技术服务合同关系；商业银行的义务为对信息科技公司的协助义务以及支付相应的报酬，信息科技公司的义务则是为商业银行创建信息化的业务系统。

第三，在贷后合作中，助贷机构主要承担清收工作，涉及的合作机构是清收公司。商业银行与清收公司会签订清收服务合同，更具体而言是委托代理合同，两者之间会形成委托代理关系；商业银行的义务主要包括：向清收公司交付清收名单、支付报酬，清收公司的义务主要包括：合法清收、把清收所得的贷款移转给商业银行等。

2. 联合贷款模式下平台与合作机构之间的法律关系

一般而言，商业银行作为出资大户，合作方仅小比例出资，而根据《关于进一步规范商业银行互联网贷款业务的通知》的最新规定，单笔贷款中合作方的出资比例不得低于30%。联贷模式下各类机构与商业银行开展业务的合作历程同样可分为贷前阶段、贷中阶段和贷后阶段，相应的合作机构及其参与的业务与助贷模式下的情况是一样的，所以对于各合作机构在不同阶段参与不同的业务合作中与商业银行之间的法律关系不再重复分析。联贷模式下商业银行与合作机构有独有的业务合作，即商业银行与具备放贷资质的合作机构共同发放贷款。

共同发放贷款方面的业务合作涉及的合作机构是银行业金融机构与小额贷款公司。具体而言，商业银行与银行业金融机构或小额贷款公司共同作为贷款合同的一方当事人——贷款人，向借款人发放贷款。就外部法律关系而言，它们作为一个整体与借款人之间形成借贷法律关系；就内部法律关系而言，它们之间以合作协议的方式达成业务合作关系。一方面，虽然联贷模式强调的是双方共同发放贷款，但是实践中商业银行基于其雄厚的资金实力仍然是出资大户，合作机构所占的出资比例相对较小；另一方面，在联贷模式下，具备放贷资质的合作机构不仅仅参与共同发放贷款，它们还更多地提供风控等方面服务，业务合作范围更加广泛。至于法律关系的内容，双方负有出资义务，同时都有获取收益的权利。如果涉及其他方面的合作，双方的权利义务与上文分析的平台与合作机构在各流程合作中形成的权利义务关系一致，在此不再赘述。

第二节　商业银行互联网贷款平台的内部风险监管

《商业银行互联网贷款管理暂行办法》第8条对从事互联网贷款业务的商业银行风控管理提出了总体要求，强调"涉及合作机构的，授信审批、合同签订等核心风控环节应当由商业银行独立有效开展"。第53条亦明确："商业银行应当独立对所出资的贷款进行风险评估和授信审批，并对贷后管理承担主体责任"。围绕"自主风控原则"的落实，《商业银行互联网贷款管理暂行办法》第2章和第3章分别从风险的管理体系与风险模型全周期规范等方面提出要求。因此，可以从四个层面考察商业银行互联网贷款平台的内部风险管控。

一、治理层面的风险监管

风险治理是指在组织和制度方面建立必要的机制体系，是风险管理体系的底层建筑和基本保障。一般而言，治理架构应该包括决策层、管理层和执行层。有代表性的风险治理组织架构一般包括董事会及高级管理层、风险治理委员会、风险治理主管部门以及风险治理执行部门。

《商业银行互联网贷款管理暂行办法》要求商业银行应当建立互联网贷款风险治理架构，明确董事会和高级管理层对互联网贷款风险管理的职责，以及建立考核和问责机制。《商业银行互联网贷款管理暂行办法》将网络借贷风险管理的最终责任赋予了银行董事会，重要的工作职责赋予了高级管理层。在实践中，商业银行的风险治理架构有三种模式：集中式（风险管理部门独立于业务部门而设）、派驻式（全行风险管理部门为各条业务线指定风险管理负责人或团队）和嵌入式（各业务部门各有其风险管理人员或团队）。集中式的风险管理模式多为国有大行所采，部分全国性股份制商业银行如民生银行、平安银行、兴业银行等则采取风险派驻或内嵌。[1]

就风险的管理体系论,《商业银行互联网贷款管理暂行办法》第 12 条至第 15 条从治理架构、董事会、高管职责和企业风控资源的角度,明确放贷机构从事互联网贷款业务所必须的组织架构与职责。《商业银行互联网贷款管理暂行办法》第 16 条至第 30 条则针对业务全流程中重要节点的风控要点提出较为具体的要求。其中与“自主风控原则”关系密切的部分,集中在第 17 条至第 20 条,包括贷款营销环节对目标客户的初步风险评估(资金需求、还款意愿、还款能力等),客户引入环节的身份核验(联网核查、生物识别等)以及贷前征信情况的调查。以上环节曾是网络借贷行业服务外包的“重灾区”,在此次《商业银行互联网贷款管理暂行办法》中均明确为放贷机构的职责,其中 18 条更是明确禁止对借款人身份核验的全权委托行为。《商业银行互联网贷款管理暂行办法》的出台,将在未来加强放贷机构在诸多贷前环节的风控责任,从而倒逼放贷机构加强投入,提升效能,落实贷前风控管理。

二、业务层面的风险监管

业务层面的风险管控,是指在网络借贷业务全流程中各环节的风险识别、预防、控制和缓释。《商业银行互联网贷款管理暂行办法》中定义的网络借贷业务全流程包括贷款营销、身份核验、反欺诈建设、贷前调查、贷中审查、人工复核、合同签订、资金用途、合同存储、放款控制、贷款支付、受托支付、贷后管理、贷款用途监测等。由此可知《商业银行互联网贷款管理暂行办法》要求商业银行互联网贷款风险管理制度应当涵盖贷前、贷中、贷后的业务全流程。具体而言:

第一,在营销获客阶段,一是要求商业银行必须以合法途径获取目标客户数据,同时要充分评估营销对象的贷款意愿及其资质情况;二是要求商业银行尽到告知义务和信息披露义务,尊重金融消费者的真实意愿及其权利。

第二,在贷前调查阶段,商业银行要通过各种信息全面评估借款人

〔1〕 张海波:《转型背景下我国商业银行组织架构改革方向》,载《中国银行业》2019 年第 12 期。

的信用状况,做好欺诈甄别与信用评价,从而防患于未然。

第三,在贷中审查阶段,其风险管控有效与否,并不依赖于大数据风控决策平台极短时间内的自动审查,而是取决于作为审查主体的风险模型之设计的科学性与有效性,只要风险模型有效、稳定,那么该阶段自然不会出问题。

第四,在贷后阶段,商业银行一是要建立以风险监测预警模型为主、人工核查为辅的贷后管理模式,对借款人经营状况、财务状况等进行监测,以防不良贷款的产生;二是要关注客户的资金流向,在借款人违法或违约使用贷款时提前收回贷款以及时止损。

此外,除了商业银行依靠自有系统开展的互联网贷款业务之外,针对商业银行与互联网银行、消费金融公司、信托公司、小额贷款公司、融资担保公司、电子商务公司、非银行支付机构、信息科技公司等合作开展的联合贷款和助贷等业务模式,《商业银行互联网贷款管理暂行办法》要求商业银行建立合作机构的准入与退出机制,实行名单制管理,并对准入前评估、合作协议、信息披露、集中度管理、担保增信、清收等方面提出具体要求。

三、风控层面的风险监管

《商业银行互联网贷款管理暂行办法》最基本的要求就是,商业银行应当独立有效地开展核心风控环节。此外,由于风控数据、风控模型、信息科技是商业银行开展互联网贷款业务的要素,《商业银行互联网贷款管理暂行办法》对风险数据来源、使用、保管、质量,风控模型开发、测试、评审、监测、验证、优化、退出、记录,以及系统安全、客户端安全、数据安全进行了细致规定。

(一)风险数据管理

《商业银行互联网贷款管理暂行办法》第 4 条第 1 款明确了“风险数据”的定义,“本办法所称风险数据,是指商业银行在对借款人进行身份确认,以及贷款风险识别、分析、评价、监测、预警和处置等环节收集、使用的各类内外部数据”。互联网贷款业务中的风险数据,涵盖了用户基本属性数据、设备数据、社交网络数据、电商消费数据、网络借贷数据、运营商数据等,除银行自有数据外,还通过接入外部合规数据源扩充数据量级，为风控决策提供客观依据。该类风险数据，是与借款人切身利益相关的信息，如借款人姓名、身份证号、联系电话、银行账户等其他基本信息。通过风险数据，可以识别特定借款人的身份或者反映特定借款人金融活动情况，但一旦遭到泄露、非法提供或滥用，可能危及借款人，尤其是个人借款人的人身和财产安全，极易导致借款人名誉、身心健康受到损害或歧视性待遇。

《商业银行互联网贷款管理暂行办法》中“风险数据”的范围非常广泛，必须对其分类监管，具体而言：第一，在风险数据来源方面，根据《商业银行互联网贷款管理暂行办法》第33条和第34条的规定，商业银行无论自己收集风险数据还是从合作机构处获取借款人数据的，都应当核查数据来源是否合法合规、真实有效；第二，在风险数据使用方面，根据《商业银行互联网贷款管理暂行办法》第34条的规定，商业银行使用借款人风险数据应当遵循合法、必要、有效的原则；第三，在风险数据保管方面，强调要保证风险数据的安全性，根据《商业银行互联网贷款管理暂行办法》第35条的规定，商业银行应当采取有效的技术措施保障数据在采集、传输、存储、处理和销毁过程中的安全，防范数据泄露、丢失或被篡改的风险；在发生或者可能发生个人信息泄露、毁损、丢失的情况时，应当立即采取补救措施，按照规定及时告知用户并向有关主管部门报告；第四，在风险数据质量方面，强调要保证风险数据的质量，根据《商业银行互联网贷款管理暂行办法》第36条的规定，商业银行应当对风险数据进行必要的处理，保证风险数据的准确、完整并及时更新。

（二）风险模型管理

对模型管理的要求在国内银行监管制度文件中首次涉及。模型的应用大大提高了决策效率，更精准量化地控制风险；但模型自身的风险不容忽视，一是模型自身的错误，二是模型被不适当地使用。因此，《商业银行互联网贷款管理暂行办法》“第三章风险数据和风险模型管理”中对模型生命周期、模型评审、模型监测、模型记录均提出了一定要求。

根据《商业银行互联网贷款管理暂行办法》第4条第2款的规定，

"本办法所称风险模型,是指应用于互联网贷款业务全流程的各类模型,包括但不限于身份认证模型、反欺诈模型、反洗钱模型、合规模型、风险评价模型、风险定价模型、授信审批模型、风险预警模型、贷款清收模型等"。而《商业银行互联网贷款管理暂行办法》第37条至第42条分别从风险模型的管理、开发、评审、监测、退出、记录这几个方面作出规定。《商业银行互联网贷款管理暂行办法》第37条明确禁止风控模型开发测试、评审、监测、退出等环节管理职责的外包,并要求放贷机构应当加强模型的保密管理。我们理解,这一规定并非禁止包括商业银行在内的放贷机构采购模型开发服务,相反,《商业银行互联网贷款管理暂行办法》的精神鼓励放贷机构借助金融科技公司的力量升级风控算法,提升风控效能,但前提是算法与模型的管理掌握在放贷机构的手中,日常监测的职责也由放贷机构承担。出于模型的保密义务规定,未来风控模型部署于放贷机构的服务器或成通行做法,故放贷机构应加强设施建设与人才队伍培养,以满足监管层对于数据与模型层面实现"自主风控原则"的要求。

(三)信息科技风险管理

信息科技风险具有专业性强、复杂程度高,影响范围广、破坏性和溢出性强,突发性强、应急处置难度大,隐蔽性强、难以察觉和有效追溯等特点,所以必须构建全面的信息科技风险管理体系对其进行系统监管。早在2009年,为加强商业银行信息科技风险管理,原银监会发布了《商业银行信息科技风险管理指引》,对商业银行运用信息科技过程中由于自然因素、人为因素、技术漏洞和管理缺陷产生的操作、法律和声誉等风险进行全面管控。《商业银行互联网贷款管理暂行办法》自然是积极吸收先行法律的经验,其以专章规定信息科技风险管理,主要提出"四个安全":

一是网络安全,根据《商业银行互联网贷款管理暂行办法》第45条的规定,"商业银行应当采取必要的网络安全防护措施,加强网络访问控制和行为监测,有效防范网络攻击等威胁。与合作机构涉及数据交互行为的,应当采取切实措施,实现敏感数据的有效隔离,保证数据交互在安全、合规的环境下进行"。总的来说,该规定一方面要求商业银行自身建立起完备的网络安全防护体系，另一方面要求商业银行注重数据交互时的安全保障。关于网络安全的要求，早在中国人民银行2019年8月22日印发的《金融科技（FinTech）发展规划（2019—2021年）》中就有所提及，主要体现在"（十六）加强金融网络安全风险管控"[1]，而《商业银行互联网贷款管理暂行办法》第45条的规定则是商业银行互联网贷款业务方面的网络安全风险管控。

二是客户端安全，根据《商业银行互联网贷款管理暂行办法》第46条的规定，"商业银行应当加强对部署在借款人一方的互联网贷款信息系统客户端程序（包括但不限于浏览器插件程序、桌面客户端程序和移动客户端程序等）的安全加固，提高客户端程序的防攻击、防入侵、抗反编译等安全能力"。客户端与服务端可谓是一体两翼，其重要性不言而喻。因此，笔者认为还可以参照《商业银行应用程序接口安全管理检测规范》和《移动金融客户端应用软件安全检测规范》对照其中客户端应用软件安全的要求，进一步提高客户端安全能力。

三是数据安全，根据《商业银行互联网贷款管理暂行办法》第47条的规定，"商业银行应当采用有效技术手段，保障借款人数据安全，确保商业银行与借款人、合作机构之间传输数据、签订合同、记录交易等各个环节数据的保密性、完整性、真实性和抗抵赖性，并做好定期数据备份工作"。数据安全主要强调两个方面的内容：其一，数据本身的安全，这是指采用现代密码算法等有效技术手段对数据进行主动保护，

---

[1] 《金融科技（FinTech）发展规划（2019—2021年）》（十六）加强金融网络安全风险管控。严格落实《中华人民共和国网络安全法》等国家网络安全法律法规及相关制度标准，持续加大网络安全管理力度，健全全流程、全链条的网络安全技术防护体系，加快制定并组织实施金融业关键软硬信息基础设施安全规划，增强与网信、公安、工信等部门的协调联动，切实提高金融业关键软硬信息基础设施安全保障能力。完善网络安全技术体系建设，健全金融网络安全应急管理体系，优化金融业灾难备份系统布局，提升金融业信息系统业务连续性。加强网络安全态势感知，动态监测分析网络流量和网络实体行为，绘制金融网络安全整体态势图，准确把握网络威胁的规律和趋势，实现风险全局感知和预判预警，提升重大网络威胁、重大灾害和突发事件的应对能力。加强顶层设计和统筹协调，建设跨业态、统一的金融网络安全态势感知平台，支撑金融业网络攻击溯源和精确应对，提升重大网络攻击的全面掌控和联合处置能力。

保证数据的保密性、完整性、真实性和抗抵赖性等;其二,数据防护的安全,这是指采用现代信息存储手段对数据进行主动防护,如通过数据备份等手段防止因操作失误或系统故障等原因导致的数据丢失。

四是合作机构系统安全,根据《商业银行互联网贷款管理暂行办法》第48条的规定,“商业银行应当充分评估合作机构的信息系统服务能力、可靠性和安全性以及敏感数据的安全保护能力,开展联合演练和测试,加强合同约束,确保不因外部合作而降低商业银行信息系统的安全性,确保业务连续性”。商业银行自身的系统安全由于受到上级部门的严格监管一般都能得到保证,而金融监管部门缺乏对合作机构的监管权力和职责,一般只能要求商业银行落实主体责任加强对合作机构的管理,所以该条文要求商业银行充分评估合作机构的系统安全并对其加强约束。商业银行与合作机构都必须遵守网络安全合规要求,不断提高网络安全保护能力,如此才能相辅相成,整个系统的安全才能得到保障。

四、内审层面的风险管控

根据《商业银行内部审计指引》第3条的规定,“本指引所称内部审计是商业银行内部独立、客观的监督、评价和咨询活动,通过运用系统化和规范化的方法,审查评价并督促改善商业银行业务经营、风险管理、内控合规和公司治理效果,促进商业银行稳健运行和价值提升”。商业银行互联网贷款的内部审计是商业银行内部审计的重要组成部分,《商业银行互联网贷款管理暂行办法》对于商业银行互联网贷款平台的内审要求与该指引是一脉相承的。

根据《商业银行内部审计指引》第16条的规定,“商业银行的内部审计事项应包括:(一)公司治理的健全性和有效性;(二)经营管理的合规性和有效性;(三)内部控制的适当性和有效性;(四)风险管理的全面性和有效性;(五)会计记录及财务报告的完整性和准确性;(六)信息系统的持续性、可靠性和安全性;(七)机构运营、绩效考评、薪酬管理和高级管理人员履职情况;(八)监管部门监督检查发现问题的整改情况以及监管部门指定项目的审计工作;(九)其他需要进行审计的事项”。参考《商业银行互联网贷款管理暂行办法》第31条的规定,内审层面的风险管控是指商业银行互联网贷款平台应当开展内部审计，审查评价、督促改善互联网贷款业务经营、风险管理和内控合规效果。所以具体到商业银行开展互联网贷款业务时，其内部审计的事项应该包括以下几个方面。

（一）经营管理的合规性和有效性

从内审层面来看，对商业银行互联网贷款业务经营管理的内部审计主要是以其合规性与有效性为标准，合规性为具体要求，有效性强调审计效果。首先，需要明确的是对互联网贷款业务经营管理的内部审计是审计的重点。其次，要精准把握合规性的要求，必须先明确其含义。参见《商业银行合规风险管理指引》第3条的规定，[1]合规管理是指为了防范商业银行因没有遵循法律、规则和准则可能遭受法律制裁、监管处罚、重大财务损失和声誉损失的风险，由商业银行内部设立的专门负责合规管理职能的部门、团队或岗位对商业银行的经营活动进行规范管理，确保依法合规经营。合规风险管理在银行全面风险管理中处于基础性地位，是主动管理合规风险的动态过程。[2] 最后，就审计内容而言，对商业银行互联网贷款业务经营管理的内部审计重点是审查各种业务流程的合法性和合规性，以及商业银行业务运营状况的真实和有效性上，合理监控各部门的经营业务是否真实有效。

（二）风险管理的全面性和有效性

从内审层面来看，对互联网贷款业务经营管理的内部审计主要以其全面性与有效性为标准，全面性为具体要求，有效性为效果要求。首先，商业银行互联网贷款的风险管理是指商业银行为保障其互联网信

[1] 《商业银行合规风险管理指引》第3条规定："本指引所称法律、规则和准则，是指适用于银行业经营活动的法律、行政法规、部门规章及其他规范性文件、经营规则、自律性组织的行业准则、行为守则和职业操守。本指引所称合规，是指使商业银行的经营活动与法律、规则和准则相一致。本指引所称合规风险，是指商业银行因没有遵循法律、规则和准则可能遭受法律制裁、监管处罚、重大财务损失和声誉损失的风险。本指引所称合规管理部门，是指商业银行内部设立的专门负责合规管理职能的部门、团队或岗位。"

[2] 蔡宁伟：《商业银行合规风险管理内涵解析与改进路径》，载《金融监管研究》2017年第12期。

贷业务健康稳定发展，根据监管要求和内部相关制度规定，对互联网信贷业务贷前调查、贷中审查、贷后检查及风险监督等流程环节可能出现的风险进行防控，以达到降低互联网信贷整体风险的目的，从而促使商业银行互联网信贷业务风险可控，健康发展。[1] 其次，对于商业银行互联网贷款业务风险管理必须把握全面性的要求。基于商业银行互联网贷款业务的运作流程与运营模式的特殊性，内部审计的内容、方式、范围等必须有所不同。具体如下：第一，就风险管理的内容而言，要包括风险回避、风险减少、风险留置、风险分散及风险转移五个方面的内容。第二，就风险管理的流程而言，要涵盖风险识别、风险分析、风险计划、风险监测及风险应对等五项基本过程。第三，就风险管理的手段而言，要将现代化审计技术引入信贷风险管理中，通过对贷前、贷中、贷后三个环节的风险管理手段进行改善，改变目前实践中常用的“老三表”（财务报表、税表、存货表）和“新三表”（水表、电表、工资表）等评价方法。第四，就审计范围而言，商业银行开展互联网贷款业务除了自营模式外还广泛采用合作模式，所以审计的范围不应局限于商业银行互联网贷款平台自身的审计，还要加强对合作方平台的审计。如此，全面性方能得到贯彻。最后，还要对风险管理的有效性进行动态评估，及时调整不相适应的内审模式。

（三）内部控制的适当性和有效性

从内审层面来看，对互联网贷款业务内部控制的内部审计主要是以其适当性与有效性为标准。根据《商业银行内部控制指引》第 3 条的规定，“内部控制是商业银行董事会、监事会、高级管理层和全体员工参与的，通过制定和实施系统化的制度、流程和方法，实现控制目标的动态过程和机制”。就内部控制与内部审计的关系而言，其一，内控是内审的“风向标”，内控的完善程度与有效性始终是内审设计成效的重要考量；其二，内审是内控的“检测仪”，内审是检验内控是否完善的主要手段；其三，内控与内审双管齐下是商业银行目标实现的“催化

---

[1] 田亚飞：《山东邮储银行 Y 支行小微信贷风险管理改进研究》，西安理工大学 2019 年硕士学位论文。

剂”,两者相互依赖、相互促进。据此可知,内控在内审事项中的重要性不言而喻。具体到对商业银行互联网贷款业务内部控制的审计方面,一是要把握适当性要求,与时俱进调整内部控制制度。如果商业银行的内部控制未能根据互联网贷款业务的发展及时改进和完善,其适用性就会降低,即使严格执行原有内部控制制度,也可能产生反作用。二是要注重有效性的测试与评价。商业银行传统的内部审计对内部控制有效性的测试和评价侧重于业务细节,往往局限于业务发生的某一时点内部控制的有效性,并不能对商业银行运营相关目标的实现提供合理保证。只有建立起全面的内部控制管理体系,由内部审计机构及其人员对内部控制进行系统评价与整体审核,才能发现重大缺陷,进而提出管理建议。[1]

第三节　商业银行互联网贷款合作的风险监管

商业银行互联网贷款合作有联合贷款与助贷两种形式,在监管方面仍存在诸多争议,有必要进一步理顺监管逻辑,完善监管措施。

一、商业银行互联网贷款合作的现实发展状况

如前所述,我国互联网贷款潜力巨大,所以各商业银行也纷纷与合作机构合作开展互联网贷款业务。具体情况如下:

(一)联合贷款业务实践(见表5-8所示)

表5-8　部分商业银行联合贷款业务实践

商业银行	联合贷款合作机构
浦发银行	蚂蚁金服、京东金融、招联金融(产品:浦联点贷)等
上海银行	微粒贷、蚂蚁金服、京东金融等

[1] 王会金、王璨:《强化商业银行内部控制与内部审计的现实思考——从内部控制与内部审计的互动关系谈起》,载《中国内部审计》2011年第6期。

续表

商业银行	联合贷款合作机构
天津银行	招联金融(产品:天天贷)、微粒贷、蚂蚁金服、度小满金融等
华夏银行	微粒贷等
长安银行	西安市和谐小额贷款股份有限公司等
晋城银行	微粒贷、美团贷等
东亚银行	微粒贷等

资料来源:根据公开资料整理所得。

联合贷款联通银行资金与互联网机构流量,对于提升银行金融科技水平、破解普惠金融难题具有很大作用。据中国人民银行统计,截至2020年6月底,商业银行发放的线上联合消费贷款余额约1.43万亿元。虽然不到1.5万亿元的贷款总量在银行业贷款余额中的占比不高,但在短期消费贷款中的占比还是值得关注的。根据中国人民银行公布的数据,2020年8月,金融机构消费贷款余额达到47.53万亿元(短期和中长期分别为8.32万亿元和39.21万亿元),由于线上联合消费贷款的期限大多为1年以内,这就意味着线上联合消费贷款在全部短期消费贷款中的占比超过17%,且这一比例还在持续上升。[1]

(二)助贷业务实践

商业银行互联网贷款合作的助贷业务也不逊色。助贷机构在贷前获客、贷后风控催收等方面为商业银行提供辅助服务。近年来在蓬勃发展的互联网金融的浪潮下,助贷业务快速发展,各银行纷纷与机构合作开展助贷业务,优化原有信贷结构。

在消费金融领域,助贷业务极为常见。据相关统计,2020年消费贷助贷市场规模为5000亿~10000亿元。即使在消费助贷服务渗透率仅20%的情况下,该市场的市场规模到2020年为1000亿~2000亿

---

〔1〕 参见《关于银银合作的新思考——联合贷款》,载腾讯网,https://new.qq.com/rain/a/20201113a0e90b00,最后访问日期:2020年3月10日。

元。[1] 助贷业务发展迅速,部分助贷机构相关数据如下:

1. 2020 年二季报显示,360 数科撮合贷款规模达 589 亿元,环比增长 13.8%,同比增长 21.8%;乐信撮合贷款 411 元,环比增长20.5%,同比增长 57.8%;信也科技撮合贷款 131 亿元,环比持平,同比降 39.2%。[2]

2. 截至 2020 年 3 月 31 日,移卡科技已撮合超过 2660 名贷款申请人,总金额超过 1490 万元,其中 110 万元已逾期,撮合贷款的年利率在 20.1%至36%。移卡科技的助贷合作伙伴有 5 家,包括马上消费金融、招联消费金融等。[3]

3. 2020 年第二季度小赢科技撮合贷款 61.53 亿元,核心贷款业务小赢信用贷贷款金额为 45.83 亿元。小赢科技新增贷款已实现了 100%的机构资金占比。在新冠肺炎疫情的冲击下,小赢科技的风险管理能力仍得到机构合作伙伴的认可。截至 2020 年 6 月 30 日,小赢科技的机构合作伙伴提供的授信总额已从上季度末的 586 亿元扩大到 621 亿元。[4] 在小微金融领域,助贷业务同样存在。一般情况下,商业银行会采取调查等方式了解企业的财务、信用等情况,然后据此发放贷款。随着大数据技术的快速发展,目前部分银行已开启半自动审核授信模式,即在传统授信模式中,加入企业经营、运营中的核心信息数据,利用金融科技手段,实现部分授信自动化,提升风控效果。此背景下,小微金融助贷平台掌握着小微企业营销信息、社保缴纳、税务等核心数据,他们更清晰地了解小微企业经营、运营之道。于此,各商业银行争相与具备丰富核心数据资源的助贷平台合作。小微金融助贷平台

---

〔1〕 参见雷芳:《助贷发展历程、商业模式、风险及估值方法探讨》,载微信公众号"清泉石资本"2019 年 10 月 19 日。

〔2〕 参见《疫情冲击下,乐信、360 数科、信也科技谁的助贷业务更强?》,载零壹财经,http://www.01caijing.com/article/268646.htm,最后访问日期 2020 年 9 月 20 日。

〔3〕 参见《第三家第三方支付上市公司来了乐刷母公司移卡将于 6 月 1 日港交所挂牌》,载财经网,https://fintech.caijing.com.cn/20200522/4667441.shtml,最后访问日期:2020 年 9 月 20 日。

〔4〕 参见《小赢科技 2020 年 Q2:控险增效迎接市场复苏》,载金融界,https://www.sohu.com/a/414281301_114984,最后访问日期:2020 年 9 月 20 日。

与商业银行合作，利用自身数据参与前期风控，但不对风控负责。据相关统计，在小微类助贷业务中，截至2019年6月底，中国银行业金融机构用于小微企业的贷款余额35.63万亿元，其中单户授信总额1000万元及以下的普惠型小微企业贷款余额10.7万亿元，同比增长26.6%。[1] 表5－9为新流财经整理的相关信息。

表5－9　部分小微金融助贷平台

企业	助贷平台	合作银行	数据优势
航天信息	诺诺金服	浦发、招行、工行、瀚华金控、宁波银行、兴业银行等	财税数据、企业征信数据
	爱信诺	光大银行、华通银行、华夏银行等	
百望	小望金科	工行、读秒、网商银行、浦发、民生、交行等	财税数据、企业征信数据
金蝶	金蝶效贷	平安银行、网商银行、瀚华金控、宜信等	财税数据、企业征信数据
用友	友金所	建行、瀚华金融、宜信等	财税数据
大查柜	查柜金服	微众银行等	财税数据
微众税银	—	微众银行、江苏银行、交行、华兴银行等	税务数据
平安金融壹账通	壹企业	平安银行	财税数据
东方微银	—	重庆银行、桂林银行、大连农商行、齐鲁银行等	税务数据
客如云	云金融	工行、钱包金服等	收银流水数据
河姆渡	灵芝快贷	蚂蚁金服、浦发银行等	企业采购数据等

资料来源：新流财经整理。

[1] 参见《我国银行业普惠型小微企业贷款余额超10万亿》，载人民网，http://money.people.com.cn/GB/n1/2019/0816/c42877－31299313.html，最后访问日期：2020年2月20日。

总之，无论是联合贷款，还是助贷，其现实发展情况势头良好。然而，其背后也潜藏着经营风险、信用风险等，乱象丛生。鉴于此，审视我国相关的监管制度，完善商业银行互联网贷款合作的监管制度显得尤为必要。本部分接下来对此进行探讨。

二、商业银行互联网贷款合作的争论问题

商业银行互联网贷款合作涉及多方关系，在风险监管上存在各种争议，包括合作机构的准入、息费的收取、跨区域的经营以及贷后催收等问题，尚未得以解决，这会大大增加商业银行互联网贷款合作的法律风险。

（一）关于合作机构的名单制问题

《商业银行互联网贷款管理暂行办法》第 49 条和第 50 条明确规定，商业银行应实行名单制管理，并对合作机构进行准入前评估。准入前评估的因素涵盖了经营情况、管理能力、风控水平、技术实力、服务质量、业务合规和机构声誉等因素，同时联合贷款还应注意合作方资本充足水平、杠杆率、流动性水平、不良贷款率、贷款集中度及其变化。对合作机构严格规范是监管部门出于风险防控考虑，避免因合作机构不当行为引起金融风险。况且，从业界上不断爆出的行业乱象考量，实行名单制管理是时代所趋，是监管部门从源头上防范金融风险的体现。但与此同时，该举措也颇受业界争议。对合作机构实行名单制管理的影响在于可能导致助贷行业的集中化、头部化趋势进一步增强，挤压中小助贷平台的生存空间。对商业银行等资金方而言，对合作机构进行准入前评估及名单制管理，很多时候就意味着和大平台、资本实力雄厚的平台合作。[1] 合作机构准入门槛的提高，会加剧合作机构的竞争压力，增加合作成本，不利于小的合作机构的生存发展。对此，名单制管理是否有马太效应也是接下来值得思考的问题。

（二）关于息费收取问题

2021 年 3 月 18 日，中国银保监会消费者权益保护局发布 2021 年

---

〔1〕 参见《网络借贷平台最新政策落地式：加强助贷制造行业羊群效应推动轻资产方式》，载网络贷款之家，https://www.wdzj.com/hjzs/ptsj/20200720/1526715-1.html，最后访问日期：2020 年 9 月 10 日。

第5号通报《关于新网银行侵害消费者合法权益案例的通报》,通报了四川新网银行股份有限公司(以下简称新网银行)侵害消费者合法权益的案例。《关于新网银行侵害消费者合法权益案例的通报》披露,调查发现新网银行与某互联网平台合作业务存在侵害消费者合法权益的行为主要有三,其中之一便是新网银行与该互联网平台合作业务推高了消费者融资成本。消费者承担的费率、利率等融资综合成本大幅高于汽车消费贷款正常息费水平。[1]

《商业银行互联网贷款管理暂行办法》第51条对息费收取问题进行了规定,与征求意见稿相比,该条款保留了保险公司和有担保资质的机构可以向借款人收费的除外规定,删除了"按照有关规定向借款人收取合理费用"的规定。这或是出于对于合理费用难以把握的考虑,为借款人提供更切实的保障。然而,在商业银行互联网贷款的收费模式下,仍然存在一些问题需要重新审视。一方面,合作机构不能向借款人收费,其是否可以向银行收费?且以往P2P的实践中存在向借款人收取一些与该笔贷款看似无关的服务费等情形,此种情况下应当如何监管,是接下来亟须解决的问题。诚然,针对联合贷款来说,合作机构本身具有放贷资格,其与借款人不是代理与被代理的关系,而是形成了民事法律关系,此种情况下合作机构应当有权向借款人收费,但也应当保持警惕;对于助贷来说,合作机构只是提供辅助作用,合作机构基于自身工作所获报酬,可以先由银行统一向借款人收取后再支付给合作机构。可见,对于息费收取的主体以及如何收取,仍然是一个悬而未决的难题。

另一方面,值得关注的问题是,最高人民法院2020年修订的《关于审理民间借贷案件适用法律若干问题的规定》中关于民间借贷利率不超过4倍LPR的规定,会对商业银行互联网贷款合作有何影响以及如何应对。纵观各助贷平台,多家平台已主动调整,以迎合新的利率要

---

[1] 《中国银保监会消费者权益保护局关于新网银行侵害消费者权益案例的通报》(银保监消保发〔2021〕5号),载 http://www.cbirc.gov.cn/cn/view/pages/ItemDetail.html?docId=971352&itemId=925&generaltype=0。

求，诸如拉卡拉对客展示利率调整为 IRR15.4%，分期乐对客展示利率调整为 APR15.4%。[1] 对此，银行部门的强势地位使得在助贷合作过程中的大多助贷机构都要以这样或那样的形式兜底，导致助贷机构的生存压力加大。同样，从长期看，金融机构贷款利率也会下降，特别是与助贷机构合作，原来是按照综合利率不超过 36% 的标准进行收费，此政策之后，可能会大幅度压缩贷款综合利率，导致大量助贷机构退出消费金融市场。[2] 据腾讯科技报道，金融监管机构计划限制重庆市蚂蚁商诚小额贷款有限公司向借款人收取消费贷款的利率，此举再次将以重庆市蚂蚁商诚小额贷款有限公司为代表的互联网集团推向了风口浪尖，在一定程度上压缩了助贷体量。

（三）关于地方银行开展跨区域互联网贷款业务问题

虽然《商业银行互联网贷款管理暂行办法》明确地方法人银行应审慎开展跨注册地辖区业务，但实际上是允许了商业银行可以跨区域开展互联网贷款业务，且对于部分无实体经营网点、业务主要在线上开展的银行（主要以民营银行为主）则不受跨区域经营的限制。诚然，这对于网点布局不够广泛的地方法人银行、资本金相对较为稀缺的民营银行以及直销银行来说是明显利好。此问题一直是学界讨论的重点，早在《商业银行互联网贷款管理暂行办法》出台之前，业界对此就已展开争论。其中，持反对观点认为，地方银行跨区域开展业务的风险控制能力较弱，且地方银行应坚持其本质特性，服务支持本地经济，立足本地，允许其跨区域开展助贷业务实质上规避了属地经营的监管要求。相反，持支持观点认为应坚持结果导向，地方银行与合作机构合作恰好可弥补其不足之处，如今社会人口流动性大，企业经营范围也时常变化，金融科技的迅速发展，把地方银行困于本区域发展已明显不合理。

---

〔1〕参见《360 数科、乐信等 10 余家助贷平台，如何应对民间借贷利率新规》，载消金界，https://www.jiemian.com/article/4910725.html，最后访问日期：2020 年 9 月 10 日。

〔2〕参见《民间借贷新规冲击助贷机构银行或下调合作成本》，载中国经营网，http://www.cb.com.cn/index/show/bzyc/cv/cv13470921642，最后访问日期：2020 年 9 月 10 日。

《商业银行互联网贷款管理暂行办法》采取了"支持跨区域经营论"态度,在很大程度上放松了监管。

《商业银行互联网贷款管理暂行办法》第9条既取消了20%的比例限制,也取消了商业银行只能在本地开展互联网贷款业务的限制,改称"审慎开展跨注册地辖区业务"。这意味着互联网贷款的范围将大幅拓宽,国家为互联网贷款更快、更好地发展创造了"法治"条件,让商业银行互联网贷款尽快填补原来网络借贷平台受到清理整顿之后所形成的发展空档。[1] 然而,随之引来的问题是现行监管体制的属地化监管,如银行有全国性银行和区域性银行之分,区域性银行资金不出省;小额贷款公司有普通小额贷款公司和网络小额贷款平台之分,普通小额贷款公司不得跨区域。显然,地方银行开展跨区域互联网贷款业务,将意味着现行监管体系下的区域限制便形同虚设。这也是接下来监管机构进一步审慎性监管应着重解决的关键点。

(四)关于贷后非法催收问题

《关于新网银行侵害消费者合法权益案例的通报》披露了新网银行与某互联网平台合作业务中侵害消费者合法权益的行为之一便是新网银行催收管理不到位。新网银行存在短信催收缺乏相应的管理制度、电话催收操作规程不完备等问题。[2] 《商业银行互联网贷款管理暂行办法》第56条对贷后非法催收予以明确规定,由此可见,监管部门对于贷后非法催收是零容忍的态度。关于此问题在早期的监管文件中也多次强调,比如《关于规范整顿"现金贷"业务的通知》中规定各类机构或委托第三方机构均不得使用暴力、恐吓、侮辱、诽谤、骚扰等方式催收贷款。《商业银行互联网贷款管理暂行办法》延伸了对其的监管,强调商业银行对催收机构风险的隔离,其本质是对商业银行互联网贷款合作的风险防控。审视我国贷后非法催收问题,归根结底在于我国司

〔1〕 莫开伟:《互联网贷款管理暂行办法有利商业银行尽快占领网络借贷阵地》,载《杭州金融研修学院学报》2020年第6期。

〔2〕《中国银保监会消费者权益保护局关于新网银行侵害消费者权益案例的通报》(银保监消保发〔2021〕5号),载http://www.cbirc.gov.cn/cn/view/pages/ItemDetail.html?docId=971352&itemId=925&generaltype=0。

法追偿机制不畅。综观我国现今的司法追偿机制，贷后催收情形下，银行等持牌金融机构和小额贷款公司等准金融机构所获支持大有不同。《刑法》第175条规定的骗取贷款罪、第193条规定的贷款诈骗罪和第196条规定的信用卡诈骗罪，这三项罪名仅适用于持牌的金融机构，而无金融牌照机构利益受损后，无法得到司法保护。况且，我国目前的司法追偿机制是以线下追偿为前提的，对于互联网贷款的追偿显得力不从心，司法追偿效果并不理想。据此，完善司法追偿机制，探索构建科学有效的争议解决机制显得尤为必要。

三、商业银行互联网贷款合作的监管逻辑

《商业银行互联网贷款管理暂行办法》虽促使商业银行互联网贷款合作获得监管的正名，但也只是笼统提出审慎监管的理念。而对于监管导向、相关具体监管建议等须接下来进一步探索。为此，以下本部分内容将从商业银行互联网贷款合作监管的理论基础出发，立足于商业银行互联网贷款合作的内在规律和风险实质，准确把握商业银行互联网贷款合作的金融本质，确定正确的监管导向与监管原则。

（一）商业银行互联网贷款合作监管的理论基础

之所以要对商业银行互联网贷款合作进行监管，就在于其蕴含着丰富的理论基础，并在实践中指导着商业银行互联网贷款合作的监管。市场失灵理论、风险配置理论、激励相容的金融监管理论等为商业银行互联网贷款合作监管提供理论依据。

其一，市场失灵理论。美国经济学家巴托教授首次指出市场失灵是一种理想的市场机制中或多或少不能达到合意，或者不能阻止不合意的活动。[1] 即市场失灵是指市场中总存在某些因素，致使市场机制本身无法解决；商业银行互联网贷款合作亦是如此。一方面体现在其负外部性。所谓负外部性，是指金融机构在经济活动中给其他经济主体造成伤害，而又没有因伤害而得到相应的补偿。商业银行互联网贷款合作的外部性表现为部分助贷机构存在提供虚假贷款资料、无担保

---

〔1〕 See Francis M. Balor, *The Anaomy of Markel Filure*, The Quarerly Joumal of Economics, Vol. 72(3), p. 351(1958).

资质承诺兜底以及违规大量收集个人信息等行为，这些问题损害借款人的利益，还会通过风险传导机制，波及银行业，引发金融危机。基于此，须对商业银行互联网贷款合作进行合理、适度的监管，来限制或消除其负外部性。另一方面体现在其信息不对称性。所谓信息不对称，是指借贷双方无法拥有同等消息的事实，从而导致逆向选择和道德风险，对金融体系产生严重的影响。[1] 对于商业银行互联网贷款合作来说，基于我国现行征信体系尚不完善，商业银行与助贷机构未完全掌握一些个人与小微企业的信用信息，仍然存在虚假材料、伪造信用骗取贷款等乱象。因此，有必要通过监管来缓解信息不对称，降低金融风险。

其二，风险配置理论。奈特（1921年）提出风险不是利润的一个合理的解释。因为风险是可以估计的，而且有各种制度来消除风险，所以不仅有风险市场，企业制度也是一个典型的风险交换和分担的组织。在企业中，承担风险的人获得剩余收益，不承担风险的人获得固定的合同收益。对于商业银行互联网贷款合作来说，通过外部干预将风险控制在一个适宜水平显得尤为重要。商业银行互联网贷款合作本身就是一种金融创新，亦难免各类风险凸显。因此，强调以风险监管为基础，利用市场化的手段进行风险配置，规范市场行为，是保障行业健康发展的有效举措。同时，通过监管制度合法配置各方风险，也是公平、正义的体现，有助于维护良好运作的金融市场秩序。

其三，激励相容的金融监管理论。所谓激励相容的金融监管理论，是指从金融的本质属性出发，注重从金融机构、金融体系内部的激励相容，探索金融机构主动防范金融风险。[2] 在设计商业银行互联网贷款合作的相关监管制度时，可通过使用激励机制来更好地平衡商业银行互联网贷款合作中各方主体的利益。具体而言，使用规定核心风控环节须由商业银行控制，由此激励商业银行不断完善自身风险控制体系；规定合作机构名单制管理，由此激励合作机构不断加强自身实力，剔除

---

〔1〕零壹财经·零壹智库：《中国P2P借贷服务行业发展报告（2017）》，中国经济出版社2018年版。

〔2〕武长海、涂晟：《互联网金融监管基础理论研究》，中国政法大学出版社2016年版。

违法违规行为。运用激励相容的金融监管理论,有利于科学合理处理金融创新与金融稳定的关系,避免过度监管,从而阻碍商业银行互联网贷款合作的发展和实现普惠金融的目标。

(二)商业银行互联网贷款合作的监管导向

正如中国人民大学中国普惠金融研究院2019年9月发布的《助贷业务创新与监管研究报告》所述,商业银行互联网贷款合作的底层经济逻辑在于节约成本与优势互补,是从"网点银行"到"无网点银行"的体现,其是对传统信贷体系的有效补充。可见,商业银行互联网贷款合作金融在定位上与传统银行有着本质区别。基于此,对商业银行互联网贷款合作的监管应当注意其自身定位的特殊性,既考虑其本身与传统银行的共性,也注重其互联网金融的特性,在创新与稳定之间谋求监管的平衡点。

一方面,应当坚持底线监管的思维,避免其由正规化堕入体制化。底线监管只是对金融市场基本制度的维护,而对于商业银行互联网贷款合作来说,究竟底线在哪里?李凯怡在《从监管逻辑看国内互联网贷款的发展趋势》一文中指出互联网贷款应该有三个元素共同铸就的底线:一是法律法规,无论是业务本身还是底层的数据技术都应做到敬畏法规,远离红线;二是社会责任,做到崇尚社会公德、正视社会舆论,战略定位应尊重公序良俗,否则差之毫厘谬以千里;三是经济发展规律,应随经济的周期波动调整策略,尤其要兼顾到长尾客户信用的敏感度,主动减少"相互伤害"。商业银行互联网贷款合作亦是如此,底线应当在于风险防控,即只要满足现行制度对于其合规方面的相关制度,则不应当对其实行强监管,只有当市场失灵时,才予以进行监管。坚持底线监管的思路,才能保持助贷行业内部的优胜劣汰,才能在正规化助贷机构的同时避免其体制化的倾向。所谓正规化,是指金融监管制度完备,金融机构开展业务有章可循;体制化是指金融机构已经失去创新活力,寻求的是维持自身的垄断收益。综观我国金融市场,体制化的惯性束缚了我国金融市场的创新,具备创新能力的金融机构困于监管层长期奉行的"堵"的思路,缺乏实现正规化的渠道。在对待商业银行互联网贷款合作的监管问题上,应当认识到其只是对传统信贷体系的创新，更多在市场上发挥最后一公里触角的补位作用。鉴于此，对其应当采取变“堵”为“疏”的导向，创造互联网金融正规化的渠道，合理平衡好创新与稳定的关系。

另一方面，应当达成金融和司法的共识，促进金融与司法的融合。美国金融学会前主席、沃顿商学院教授富兰克林·艾伦（Franklin Allen）曾对我国民间金融市场作了两个类别的划分：一个是建设性的民间金融，另一个是毁灭性的民间金融。建设性的民间金融在推动我国小微企业成长和创新方面发挥了比银行体系更为突出的价值，而毁灭性的民间金融则对于小微企业成长和创新带来长远伤害。也正是基于差异化的民间金融市场对于微观企业的不同影响，对于助贷机构的政策举措的实施需要更为审慎，要鼓励助贷机构赋能，实现其推动正规金融解决建设性民间金融所解决的小微创新创业问题，从而使得助贷机构本身更加具有建设性。针对非持牌金融从业机构的规范，金融监管和司法之间一直都存在分歧，有所处角色的因素，也有专业背景认识上的差异。这些年，央行层面上推动了小额贷款公司、融资租赁公司、保理公司以及一些互联网金融机构接入央行征信系统，这体现了政策的开明。但当前我国很多普惠金融层面的创新以及推动民间金融阳光化的努力越来越受制于司法方面相对谨慎态度的约束，金融监管方面腾挪的空间已经相对有限。如果助贷机构作为一种业态要在国内迎来大的发展，需要加快达成金融和司法的共识。[1]

（三）商业银行互联网贷款合作监管的基本原则

要对商业银行互联网贷款实行有效的监管，就需要基于其本身金融特性，着眼于其相关理论基础和监管导向，审视和考量监管的基本原则。监管的基本原则是监管部门进行监管的行为准则，对于金融活动的发展具有至关重要的作用。鉴于此，本节主要论述商业银行互联网贷款合作监管的基本原则，具体如下：

---

〔1〕 参见《互贷新规下，助贷机构应“正规化”，而不是“体制化”》，载腾讯网，https://new.qq.com/omn/20200731/20200731A0NDZS00.html，最后访问日期：2021 年 4 月 1 日。

一是鼓励创新与防范风险并重的基本原则。《关于促进互联网金融健康发展的指导意见》中就提出了“鼓励创新、防范风险、趋利避害、健康发展”的总体要求。商业银行互联网贷款合作是互联网金融的一种类别,亦应适用。商业银行互联网贷款一直在进行产品和技术创新,商业银行和其他机构合作,在促进金融资源的合理配置、服务小微企业、促进经济发展等方面具有无法替代的作用。基于此,应当制定适应性的监管规则,鼓励负责任的金融创新,给予其行业发展空间。但与此同时,商业银行互联网贷款合作的金融创新不能脱离监管,而要坚持通过监管防范风险的原则。商业银行互联网贷款合作在金融创新的同时可能出现异化与风险,因此防范风险是必要的。

二是渐进性原则。监管部门要想一步到位了解业务运营和行业发展情况是有很大困难的,监管的穿透和浸入是一个渐进的过程。最开始可采取原则性或方向性的监管,后来随着行业的不断发展,监管部门不断摸索新监管模式,逐步促使监管向具体性方向演进。就商业银行互联网贷款合作来说,监管部门对于一些尚不确定且颇具争议的问题,可先划定刚性底线,然后根据业务运营情况,逐步细化和规范监管规则。这种动态演进的监管模式内含试错和迭代机制,有助于避免金融监管和金融创新之间出现恶性博弈。

三是刚性底线和柔性边界相协调的基本原则。商业银行互联网贷款合作作为金融体系的补充,顺应了互联网时代的发展趋势。作为金融与科技融合的典型代表,商业银行互联网贷款合作的监管与实施也应设置灵活的管理边界,为业务和行业预留足够的发展空间。为此,要守住刚性底线,坚守合规标准,守住不发生系统性金融风险的底线。而促进刚性底线和柔性边界的协调统一,可探索推行监管沙盒制度。

四、商业银行互联网贷款合作的监管建议

正如前文所述,《商业银行互联网贷款管理暂行办法》对商业银行互联网贷款合作的监管尚只是原则性的建议,因此,如何完善我国商业银行互联网贷款合作的监管制度成为一项现实而又紧迫的任务。从宏观上看,可构建多层次的复合监管体系:一是建立底线风险管控机制,对违法违规行为严重处置;二是坚持包容的态度,鼓励头部机构在其展

业经验继承上形成企业标准,进而通过行业自律组织上升为行业规范,从软法的角度对发展进行规范;三是监管部门可从合作机构、银行等监管对象出发,规范各方主体行为。总的说来,针对商业银行互联网贷款合作应采取机构监管与功能监管并重,行为监管与审慎监管并举。基于上一节内容所论述的监管基础理论、监管导向与监管基本原则,本节试图对我国商业银行互联网贷款合作监管提出相关的完善建议,笔者拟主要从联合贷款和助贷共有属性角度出发的普适性监管,以及联合贷款与助贷各自风险的特殊性监管展开阐述。

(一)商业银行互联网贷款合作的普适性监管

所谓普适性,是指某一事物(特别是观念、制度和规律等)普遍适用于同一类对象或事物的性质。商业银行互联网贷款合作包括联合贷款和助贷,两者普适性的监管主要包括准入监管和日常风险监管两方面,均主要强调风险防控。

其一,准入监管。具体而言,对商业银行互联网贷款来说,准入监管涵括市场准入、业务准入、机构准入这三方面。首先是市场准入,早期引起业界广泛讨论的一个问题是,助贷机构是否须持牌经营。对此主要存在两种观点:一种是非持牌经营论,认为倘若助贷机构仅为银行等发放贷款提供辅助服务,就不应该实施准入和牌照监管;另一种是持牌经营论,认为无论是否参与放贷资金,均属金融业务,应持有牌照才可从事助贷行为。诚然,无论是联合贷款还是助贷,都是对传统金融体系的一种创新,倘若实行严格的市场准入机制,势必压抑其发展空间,反而不利于普惠金融目标的实现。况且,从我国实际情况来看,获取金融相关牌照并非易事。对于联合贷款和助贷应具体情况具体分析,根据助贷机构是否出资,来明确其是否需要持牌经营。其次是业务准入,《商业银行互联网贷款管理暂行办法》规定了各类机构开展业务的条件,也提出了相关的负面清单,即禁止开展的业务。值得注意的是,《商业银行互联网贷款管理暂行办法》第55条规定商业银行不得接受无担保资质和无信用保证保险资质的合作机构提供的直接或变相增信服务。显然,立法原意是不接受商业银行与合作机构共同开展增信业务。最后是机构准入,《商业银行互联网贷款管理暂行办法》规定合作机构的准入条件,第 50 条规定"商业银行应当主要从经营情况、管理能力、风控水平、技术实力、服务质量、业务合规和机构声誉等方面对合作机构进行准入前评估。选择共同出资发放贷款的合作机构,还应重点关注合作方资本充足水平、杠杆率、流动性水平、不良贷款率、贷款集中度及其变化,审慎确定合作机构名单"。强化了对合作机构的监管,探索助贷合作机构资质要求,注重合作机构资质和合作业务的双重合规,从源头上防范商业银行互联网贷款业务的各类风险。

其二,日常风险监管。主要包括核心业务开展、地方银行跨区域经营、催收环节这几方面的监管。一是对核心业务开展来说,其一直是互联网贷款监管的重点。《商业银行互联网贷款管理暂行办法》比较于以往监管文件,采取了差异化的监管思路。依其第 8 条规定,核心的风控环节必须由商业银行自行实施。但是第 37 条、第 51 条规定的涉及贷款发放、本息回收等关键环节以及风险模型开发测试、退出等环节,均可与第三方机构共同开展。这充分考虑了风控能力较差的商业银行,摒弃了"核心业务禁止外包"的观点。二是对地方银行跨区域经营来说,正如前文所述,对待地方银行跨区域经营应持审慎态度,可先制定原则性政策,再根据情况进行动态调整,同时根据实际情况动态调整异地贷款比例。三是对催收环节来说,针对非法催收采取"零容忍"态度,同时加强合作催收机构的准入与管理,解决我国互联网贷款催收机制不健全的难题。

(二)联合贷款的特殊风险监管

对于联合贷款来说,其特殊性主要表现在其持有金融牌照,具有放贷资格,合作机构与商业银行共同放贷。《商业银行互联网贷款管理暂行办法》对其的监管主要集中在放贷资质、集中风险管理两方面。

其一,放贷资质。根据《商业银行互联网贷款管理暂行办法》第 53 条的规定可知,对联合贷款而言首先关注的就是其放贷资格,合作机构须持有金融牌照,以此避免通过风险传导机制,使商业银行遭受风险感染。南京银行与第三方平台开展联合贷款业务,唯品花无放贷资质,南京银行与唯品花的联合贷款合作已经违规。此前的小象优品与云南信托也因经营资质问题卷入违规放贷风波。同时,2020 年 7 月据相关媒体报道：中国人民银行向商业银行下发了《关于开展线上联合消费贷款调查的紧急通知》，调查主要内容为统计商业银行联合消费贷款信息，涉及贷款余额、不良率、利率等核心信息。这也在一定程度上释放监管部门进一步规范联合贷款的信号。

其二，集中风险管理。《商业银行互联网贷款管理暂行办法》第54规定“商业银行应当充分考虑自身发展战略、经营模式、资产负债结构和风险管理能力，将与合作机构共同出资发放贷款总额按照零售贷款总额或者贷款总额相应比例纳入限额管理，并加强共同出资发放贷款合作机构的集中度风险管理。商业银行应当对单笔贷款出资比例实行区间管理，与合作方合理分担风险”。第55条“商业银行与有担保资质和符合信用保险和保证保险经营资质监管要求的合作机构合作时应当充分考虑上述机构的增信能力和集中度风险”。《商业银行互联网贷款管理暂行办法》摒弃了对出资比例的限制要求，充分考虑了实践中合作方情况的多样化，将联合贷款的额度和出资比例交由商业银行自主管理，采取审慎性的监管要求。

此外，值得关注的问题是合作的出资机构倘若是多方不同机构，比如消费金融公司、小额贷款公司等，那么如果涉及地方金融监管单位，其在参与监管过程中该如何与地方银保监会合作？从《商业银行互联网贷款管理暂行办法》来看，商业银行以及合作机构必须配合银保监会的要求。由此产生的问题即地方金融监管单位面对借款人的投诉，是否可转银保监会来处理？针对商业银行互联网贷款合作的监管主体方面须进一步具体化，明确各方监管主体职责，构建多方主体联动机制，更好地服务于实体经济。

（三）助贷的特殊风险监管

《商业银行互联网贷款管理暂行办法》明确商业银行必须自己掌握核心风控环节，原先的担保模式渐行渐难，且经过前两年兜底模式下的合作，机构风控能力有了很大提升，具备能够开展“轻资本模式”业务的基础。在此客观环境下，原本兜底的助贷模式无法维系，轻资本模式快速发展。所谓轻资本模式，也叫“分润模式”，是指助贷机构在与金融机构合作时，承担“导流＋初筛”的职责，即只需将借款客户做完第一道风控后导流给银行；而是否放贷给客户、额度多少都由金融机构自行决定。相比较于兜底模式而言，助贷机构不需要再对资产进行兜底，相对应也无法获取风险收益，只是赚取获客渠道和风控技术的服务费。此模式其实早在2016年就已存在，只不过那时不受业界欢迎，但如今情况发生了变化，更多的平台开始加大“轻资本模式”的助贷业务量，如蚂蚁、京东金融、度小满、乐信等。360金融的一季报显示轻资本模式的贷款的未偿余额占未偿余额总贷款的21.2%，乐信则在其一季报发布的电话会议中透露，不保留风险储备、且不承担风险的这种特殊模式在第一季度已占贷款资金约26%，且360金融向零壹财经表示，这个比例在年底将达到35%～40%。[1] 可见，对于助贷机构来说，目前正在逐步进行轻资本模式的转换。然而，轻资本模式并非适合所有的助贷平台。对于规模较大的助贷平台而言，由于不用再承担坏账风险，即使分润比例有所下降，总体利润依然可观。相反，对于规模较小的助贷平台而言，若放弃兜底模式，其核心竞争力只剩金融科技能力，而小平台的金融科技能力与大平台相比显然略逊一筹，如此一来其竞争压力极大，可见轻资本模式并不利于其发展。

总的来说，一方面，“轻资本模式”与“兜底模式”并不是简单的替代关系，所以助贷平台的业务未来也不可能全部切换成“轻资本模式”。另一方面，虽然“轻资本模式”是助贷平台的发展趋势，但是开展“轻资本模式”的影响因素众多，包括自有客户基础和潜在客户、自身的筛选与催收能力、与金融机构合作中表现和信任关系等，所以也不能贸然切换该模式。

---

〔1〕 参见零壹财经：《助贷切换“新资本模式”：互联网贷款新博弈出局》，载 http://www.01caijing.com/article/265802.htm，最后访问日期：2020年9月10日。

参 考 文 献

[1]何光辉、杨咸月、蒲嘉杰:《中国 P2P 网络借贷平台风险及其决定因素研究》,载《数量经济技术经济研究》2017 年第 11 期。

[2]欧阳本祺:《论网络时代刑法解释的限度》,载《中国法学》2017 年第 3 期。

[3]逄索、程毅:《大学生网络借贷成因分析及其风险规避路径——基于上海市大学生消费行为调查的实证研究》,载《思想理论教育》2017 年第 2 期。

[4]王修华、孟路、欧阳辉:《P2P 网络借贷问题平台特征分析及投资者识别——来自 222 家平台的证据》,载《财贸经济》2016 年第 12 期。

[5]郑春梅、贾珊珊:《国内外校园贷平台比较及规制分析》,载《财经界(学术版)》2016 年第 26 期。

[6]马强、王军:《我国 P2P 网络借贷行业的现状、困境和未来》,载《财经科学》2016 年第 8 期。

[7]黄勇、徐会志:《论 P2P 网络借贷金融消费者权益保护》,载《河北法学》2016 年第 9 期。

[8]黄志敏、熊纬辉:《"校园贷"类 P2P 网络借贷平台面临的风险隐患及监管对策》,载《福建警察学院学报》2016 年第 3 期。

[9]叶青、李增泉、徐伟航:《P2P 网络借贷平台的风险识别研究》,载《会计研究》2016 年第 6 期。

[10]李莉莎、王智浩:《P2P 网络借贷征信:现实困境与机制完善》,载《金融理论与教学》2018 年第 4 期。

[11]王立勇、石颖:《互联网金融的风险机理与风险度量研究——以 P2P 网络借贷为例》,载《东南大学学报(哲学社会科学版)》2016 年第 2 期。

[12]陈霄、叶德珠:《中国 P2P 网络借贷利率波动研究》,载《国际金融研究》2016 年第 1 期。

[13]李建军、王德:《搜寻成本、网络效应与普惠金融的渠道价值——互联网借贷平台与商业银行的小微融资选择比较》,载《国际金融研究》2015 年第

12 期。
[14]张巧良、张黎:《P2P 网络借贷平台风险评价指标研究——基于层次分析法》,载《南京审计学院学报》2015 年第 6 期。
[15]俞林、康灿华、王龙:《互联网金融监管博弈研究:以 P2P 网络借贷模式为例》,载《南开经济研究》2015 年第 5 期。
[16]闫春英、张佳睿:《完善我国 P2P 网络借贷平台风险控制体系的策略研究》,载《经济学家》2015 年第 10 期。
[17]刘玉:《我国互联网消费金融的现状和趋势研究》,载《中国集体经济》2015 年第 24 期。
[18]杨东:《P2P 网络借贷平台的异化及其规制》,载《社会科学》2015 年第 8 期。
[19]王锦虹:《基于逆向选择的互联网金融 P2P 模式风险防范研究》,载《财经问题研究》2015 年第 5 期。
[20]何欣奕:《民商法视域下 P2P 网络借贷平台法律问题思考——以涉及到的主要法律风险与合同类型为中心的观察》,载《法律适用》2015 年第 5 期。
[21]姚国章、赵刚:《互联网金融及其风险研究》,载《南京邮电大学学报(自然科学版)》2015 年第 2 期。
[22]伍坚:《我国 P2P 网络借贷平台监管的制度构建》,载《法学》2015 年第 4 期。
[23]刘然:《我国 P2P 网络借贷平台的法律性质》,载《法学杂志》2015 年第 4 期。
[24]李平、陈林、李强、冯毅、赵洪江:《互联网金融的发展与研究综述》,载《电子科技大学学报》2015 年第 2 期。
[25]刘志阳、黄可鸿:《梯若尔金融规制理论和中国互联网金融监管思路》,载《经济社会体制比较》2015 年第 2 期。
[26]潘锡泉:《我国 P2P 网络借贷发展中蕴含的风险及监管思路》,载《当代经济管理》2015 年第 4 期。
[27]霍兵、张延良:《互联网金融发展的驱动因素和策略——基于长尾理论视角》,载《宏观经济研究》2015 年第 2 期。
[28]卢馨、李慧敏:《P2P 网络借贷的运行模式与风险管控》,载《改革》2015 年第 2 期。

[29]郭海凤、陈霄:《P2P 网络借贷平台综合竞争力评价研究》,载《金融论坛》2015 年第 2 期。
[30]易燕、徐会志:《网络借贷法律监管比较研究》,载《河北法学》2015 年第 3 期。
[31]董妍:《互联网金融风险控制以 P2P 网络借贷平台为视角》,载《商业经济研究》2015 年第 3 期。
[32]孙同阳、谢朝阳:《基于决策树的 P2P 网络借贷信用风险评价》,载《商业经济研究》2015 年第 2 期。
[33]王国刚、张扬:《互联网金融之辨析》,载《财贸经济》2015 年第 1 期。
[34]王嵩青、田芸、沈霞:《征信视角下 P2P 网络借贷模式的信用风险探析》,载《征信》2014 年第 12 期。
[35]田光宁:《互联网金融发展的理论框架与规制约束》,载《宏观经济研究》2014 年第 12 期。
[36]刘权:《P2P 网络借贷犯罪及其刑法治理研究》,载《中国人民公安大学学报(社会科学版)》2014 年第 6 期。
[37]李莉莎:《后监管时代下 P2P 网络借贷的法律治理》,载《法治社会》2018 年第 5 期。
[38]谈超、孙本芝、王冀宁:《P2P 网络借贷平台的羊群行为研究——基于 Logistic 模型的实证分析》,载《南方金融》2014 年第 12 期。
[39]田俊领:《我国 P2P 网络借贷发展现状及其监管思考》,载《金融理论与实践》2014 年第 12 期。
[40]王建文、奚方颖:《我国网络金融监管制度:现存问题、域外经验与完善方案》,载《法学评论》2014 年第 6 期。
[41]戴东红:《互联网金融对小微企业融资支持的理论与实践——基于小微企业融资视角的分析》,载《理论与改革》2014 年第 4 期。
[42]姜涛:《互联网金融所涉犯罪的刑事政策分析》,载《华东政法大学学报》2014 年第 5 期。
[43]罗斯丹、王苒:《我国加强 P2P 风险的监管研究》,载《经济纵横》2014 年第 9 期。
[44]雷舰:《我国 P2P 网络借贷行业发展现状、问题及监管对策》,载《国际金融》2014 年第 8 期。
[45]张雪楳:《P2P 网络借贷相关法律问题研究》,载《法律适用》2014 年第

8 期。
[46]李莉莎:《论 P2P 网络借贷中的投资者适当性机制》,载《重庆邮电大学学报(社会科学版)》2019 年第 1 期。
[47]柴珂楠:《欧盟众筹金融监管法律框架及评析》,载《南方金融》2014 年第 7 期。
[48]柴珂楠、蔡荣成:《美国 P2P 网络借贷监管模式的发展状况及对中国的启示》,载《西南金融》2014 年第 7 期。
[49]魏鹏:《中国互联网金融的风险与监管研究》,载《金融论坛》2014 年第 7 期。
[50]彭冰:《P2P 网络借贷与非法集资》,载《金融监管研究》2014 年第 6 期。
[51]马亮:《P2P 网络借贷的风险分析及防控对策》,载《金融经济》2014 年第 12 期。
[52]李莉莎:《P2P 网络借贷平台的法律定位及改进对策》,载《海南金融》2018 年第 11 期。
[53]莫易娴:《国内 P2P 网络借贷平台发展模式比较分析》,载《开发研究》2014 年第 3 期。
[54]沈良辉、陈莹:《美国 P2P 网络借贷信用风险管理经验及对我国的启示》,载《征信》2014 年第 6 期。
[55]陈冬宇:《基于社会认知理论的 P2P 网络放贷交易信任研究》,载《南开管理评论》2014 年第 3 期。
[56]郭喜才:《基于互联网金融背景下的中小型科技企业融资问题研究》,载《科学管理研究》2014 年第 2 期。
[57]王欢、郭文:《P2P 的风险与监管》,载《中国金融》2014 年第 8 期。
[58]于健宁:《我国互联网金融发展中的问题与对策》,载《人民论坛》2014 年第 8 期。
[59]陈霄:《民间借贷成本研究——基于 P2P 网络借贷的实证分析》,载《金融经济学研究》2014 年第 1 期。
[60]杨宇焰、陈倩、田忠成:《P2P 网络信贷平台的主要模式、风险及政策建议》,载《西南金融》2014 年第 1 期。
[61]胡吉祥、吴颖萌:《众筹融资的发展及监管》,载《证券市场导报》2013 年第 12 期。
[62]张芬、吴江:《国外互联网金融的监管经验及对我国的启示》,载《金融与

经济》2013 年第 11 期。
[63]刘英、罗明雄:《互联网金融模式及风险监管思考》,载《中国市场》2013 年第 43 期。
[64]刘丽丽:《我国 P2P 网络借贷的风险和监管问题探讨》,载《征信》2013 年第 11 期。
[65]陈霄、丁晓裕、王贝芬:《民间借贷逾期行为研究——基于 P2P 网络借贷的实证分析》,载《金融论坛》2013 年第 11 期。
[66]罗微:《互联网金融对传统银行业的影响分析》,载《中国商贸》2013 年第 31 期。
[67]姚海放、彭岳、肖建国、刘东、左坚卫:《网络平台借贷的法律规制研究》,载《法学家》2013 年第 5 期。
[68]杜晓山:《国内外 P2P 网络借贷机构发展及相关政策思考》,载《西部金融》2013 年第 8 期。
[69]黄震:《P2P 网络借贷行业的发展现状与未来趋势》,载《经济导刊》2012 年第 Z3 期。
[70]于博:《P2P 网络借贷:交易决策、风险传导与监管策略——文献综述与研究反思》,载《中央财经大学学报》2017 年第 10 期。
[71]李莉莎、邱嘉晓:《网络小额贷款征信的法律分析》,载《北方金融》2019 年第 7 期。
[72]李玫、徐颖:《我国互联网校园贷市场法律问题与规制路径》,载《深圳大学学报(人文社会科学版)》2017 年第 4 期。
[73]林明惠:《大学生网络借贷消费行为调查分析及引导策略》,载《思想理论教育》2017 年第 5 期。
[74]刘巧莉、温浩宇:《P2P 网络信贷中投资行为影响因素研究——基于拍拍贷平台交易的证据》,Hong Qin 译,载《管理评论》2017 年第 6 期。
[75]冯博、叶绮文、陈冬宇:《P2P 网络借贷研究进展及中国问题研究展望》,载《管理科学学报》2017 年第 4 期。
[76]李莉莎、陈丽仪:《粤港澳大湾区金融监管合作的法律思考》,载《区域金融合作》2020 年第 3 期。
[77]裴平、郭永济:《基于贝叶斯网络的 P2P 网络借贷借款人信用评价模型》,载《中国经济问题》2017 年第 2 期。
[78]苏亚、成春林:《P2P 网络借贷借款人违约行为影响因素的实证研究》,载

《金融发展研究》2017 年第 1 期。
[79]杨东:《用法律红线整治不良“校园网络借贷”》,载《人民论坛》2016 年第 34 期。
[80]宋雁慧:《大学生网络借贷行为的社会心理分析》,载《中国青年社会科学》2016 年第 5 期。
[81]刘芬华、吴非、李华民:《互联网金融:创新金融体征、泡沫风险衍生与规制逻辑》,载《经济学家》2016 年第 6 期。
[82]宋程程:《大学生金融风险防范与金融素养培养问题浅谈——基于郑德幸校园贷悲剧的个案研究》,载《时代金融》2016 年第 15 期。
[83]陈虹、马永健:《P2P 网络借贷行业利率定价模式研究》,载《当代财经》2016 年第 5 期。
[84]李鑫:《金融监管与中国 P2P 网络借贷的发展及异化》,载《财经科学》2016 年第 5 期。
[85]陆岷峰、杨亮:《互联网金融与科技金融融合创新研究——基于投贷联动思维模式的思考》,载《西南金融》2016 年第 7 期。
[86]吕勇斌、姜艺伟、张小青:《我国 P2P 网络借贷平台网络借贷逾期行为和羊群行为研究》,载《统计与决策》2016 年第 4 期。
[87]李莉莎、刘赛眉:《网贷平台市场退出的障碍与完善路径》,载《技术经济与管理研究》2020 年第 6 期。
[88]林辉、杨旸:《互联网金融及其在中小企业融资中的应用研究》,载《华东经济管理》2016 年第 2 期。
[89]张岭、张胜:《互联网金融支持小微企业融资模式研究》,载《科技管理研究》2015 年第 17 期。
[90]李从刚、童中文、曹筱珏:《基于 BP 神经网络的 P2P 网络借贷市场信用风险评估》,载《管理现代化》2015 年第 4 期。
[91]李渊琦、陈芳:《我国 P2P 网络借贷的风险分析及监管对策》,载《上海金融》2015 年第 7 期。
[92]贾丽平、邵利敏:《P2P 网络借贷的监管边界:理论探讨与中国的检验》,载《经济社会体制比较》2015 年第 3 期。
[93]方增平、叶文辉:《互联网金融背景下发展新型征信机构的思考》,载《征信》2015 年第 5 期。
[94]陆岷峰、虞鹏飞:《互联网金融:商业银行转型战略的创新驱动力》,载《南

都学坛》2015 年第 3 期。

[95]宋琳、郝光亮:《委托代理视角下 P2P 网络借贷平台风险防控研究》,载《山东社会科学》2015 年第 3 期。

[96]方也媛:《P2P 网络借贷可能涉及的犯罪及其防治》,载《税务与经济》2015 年第 1 期。

[97]李超、骆建文:《基于互联网金融的小微企业融资策略》,载《现代管理科学》2015 年第 1 期。

[98]唐嘉悦、郝蒙:《基于 AHP 的 P2P 风险综合评价及控制》,载《经济研究导刊》2014 年第 32 期。

[99]邱兆祥、孙成旺:《我国 P2P 网络借贷的发展现状及其对金融监管的挑战》,载《金融理论与实践》2014 年第 11 期。

[100]曹亚廷:《P2P 网络借贷与征信系统关系研究》,载《征信》2014 年第 11 期。

[101]刘俊棋:《众筹融资的国际经验与中国实践研究》,载《湖南财政经济学院学报》2014 年第 5 期。

[102]谭中明、朱文瑶:《我国 P2P 网络借贷行业典型运营模式比较研究》,载《武汉金融》2014 年第 9 期。

[103]黎四奇:《我国网络信贷风险规制法律问题研究》,载《法律科学(西北政法大学学报)》2014 年第 4 期。

[104]邓建鹏:《互联网金融法律风险的思考》,载《科技与法律》2014 年第 3 期。

[105]贾希凌、马秋萍:《P2P 网络借贷平台的主要风险及防范策略》,载《上海商学院学报》2014 年第 2 期。

[106]张璐:《P2P 网络借贷信用风险及对策研究》,载《财会月刊》2014 年第 2 期。

[107]杨姗媛:《P2P 借贷平台的信息安全风险分析》,载《现代经济信息》2014 年第 1 期。

[108]李莉莎:《P2P 网络借贷增信的法律规制》,载《财会月刊》2020 年第 23 期。

[109]中国人民银行开封市中心支行课题组,赵继鸿:《基于服务主体的互联网金融运营风险比较及监管思考》,载《征信》2013 年第 12 期。

[110]傅晓锋:《P2P 网络借贷平台的现状及其风险》,载《中国商贸》2013 年第

32 期。
[111]张宏:《美国 P2P 网络借贷平台的法律规范及对中国的启示——以美国 Prosper 网站为例》,载《财经界(学术版)》2013 年第 30 期。
[112]何德旭、王进成:《网络借贷平台的风险与监管》,载《武汉金融》2013 年第 8 期。
[113]沈杰:《P2P 网络借贷平台的成因、问题和发展思路》,载《商》2013 年第 13 期。
[114]蔡水花:《中小企业进行 P2P 网络借贷的风险探析》,载《福建金融》2013 年第 5 期。
[115]谭中明、钱珍、王书斌:《新监管体系下我国 P2P 网络借贷风险管控现状的检视及改进对策》,载《西南金融》2019 年第 4 期。
[116]兰虹、熊雪朋、胡颖洁:《大数据背景下互联网金融发展问题及创新监管研究》,载《西南金融》2019 年第 3 期。
[117]塔琳、李孟刚:《区块链在互联网金融征信领域的应用前景探析》,载《东北大学学报(社会科学版)》2018 年第 5 期。
[118]李翠、李茜:《互联网消费金融的风险防范及法律规制》,载《商业经济研究》2017 年第 18 期。
[119]李鑫:《分享经济监管困境与信用监管体系构建》,载《学习与实践》2017 年第 8 期。
[120]万存知:《个人信息保护与个人征信监管》,载《中国金融》2017 年第 11 期。
[121]冯博、叶绮文、陈冬宇:《P2P 网络借贷研究进展及中国问题研究展望》,载《管理科学学报》2017 年第 4 期。
[122]戈志武:《大数据征信监管研究》,载《西南金融》2017 年第 4 期。
[123]裴平、郭永济:《基于贝叶斯网络的 P2P 网络借贷借款人信用评价模型》,载《中国经济问题》2017 年第 2 期。
[124]吴晶妹:《展望 2017 年中国征信:尊重市场　加强监管　稳步发展》,载《征信》2017 年第 1 期。
[125]苏亚、成春林:《P2P 网络借贷借款人违约行为影响因素的实证研究》,载《金融发展研究》2017 年第 1 期。
[126]黎来芳、牛尊:《互联网金融风险分析及监管建议》,载《宏观经济管理》2017 年第 1 期。

[127]宋雁慧:《大学生网络借贷行为的社会心理分析》,载《中国青年社会科学》2016 年第 5 期。
[128]彭星:《欧盟〈一般数据保护条例〉浅析及对大数据时代下我国征信监管的启示》,载《武汉金融》2016 年第 9 期。
[129]谭中明、黄丹:《基于生态圈视角的 P2P 网络借贷信用风险形成机制及防范研究》,载《西南金融》2016 年第 9 期。
[130]冯文芳:《互联网金融背景下小微企业大数据征信体系建设探析》,载《国际金融》2016 年第 3 期。
[131]叶文辉:《大数据征信机构的运作模式及监管对策——以阿里巴巴芝麻信用为例》,载《武汉金融》2016 年第 2 期。
[132]牛强、胡艺:《互联网金融:创新、风险及其监管政策研究》,载《云南社会科学》2015 年第 6 期。
[133]冯文芳、李春梅:《互联网 + 时代大数据征信体系建设探讨》,载《征信》2015 年第 10 期。
[134]张永亮、张蕴萍:《P2P 网络借贷平台法律监管困局及破解:基于美国经验》,载《广东财经大学学报》2015 年第 5 期。
[135]李真:《中国互联网征信发展与监管问题研究》,载《征信》2015 年第 7 期。
[136]郭喜才:《互联网金融风险及其监管研究》,载《江西社会科学》2015 年第 7 期。
[137]张雅婷:《我国企业和个人征信系统发展探析》,载《征信》2015 年第 3 期。
[138]福建省工商局课题组,黄培惠:《市场主体“宽进严管”视角下的企业信用监管研究》,载《中国工商管理研究》2015 年第 1 期。
[139]邓舒仁:《关于互联网征信发展与监管的思考》,载《征信》2015 年第 1 期。
[140]宁连举、刘茜:《互联网金融的创新发展及监管建议》,载《宏观经济管理》2015 年第 1 期。
[141]刘绘、沈庆劼:《我国 P2P 网络借贷的风险与监管研究》,载《财经问题研究》2015 年第 1 期。
[142]林平:《大数据背景下加快我国征信市场发展的思考》,载《南方金融》2014 年第 11 期。

[143]汪振江、张驰:《互联网金融创新与法律监管》,载《兰州大学学报(社会科学版)》2014 年第 5 期。

[144]李东卫:《互联网金融:国际经验、风险分析及监管》,载《长春市委党校学报》2014 年第 3 期。

[145]李真:《互联网金融:内生性风险与法律监管逻辑》,载《武汉金融》2014 年第 5 期。

[146]王桂堂、闫盼盼:《互联网金融、诚信与征信体系建设问题探讨》,载《征信》2014 年第 4 期。

[147]于健宁:《我国互联网金融发展中的问题与对策》,载《人民论坛》2014 年第 8 期。

[148]高汉:《互联网金融的发展及其法制监管》,载《中州学刊》2014 年第 2 期。

[149]张璐:《P2P 网络借贷信用风险及对策研究》,载《财会月刊》2014 年第 2 期。

[150]杨姗媛:《P2P 借贷平台的信息安全风险分析》,载《现代经济信息》2014 年第 1 期。

[151]王婉芬:《〈征信业管理条例〉实施中存在的问题及建议》,载《征信》2013 年第 12 期。

[152]王希军、李士涛:《互联网金融推动征信业发展》,载《中国金融》2013 年第 24 期。

[153]武彦坤、代晓雪:《解决中小企业融资困境的关键:健全中小企业征信体系》,载《征信》2013 年第 5 期。

[154]张金艳:《完善我国个人征信体系　防范“人人贷”中的信用风险》,载《征信》2013 年第 3 期。

[155]谢金楼、吴晓俊:《我国小额贷款公司的特点、问题及对策研究》,载《河南社会科学》2012 年第 5 期。

[156]彭浩、邢欣:《村镇银行发展的现状、问题及应对策略》,载《首都经济贸易大学学报》2010 年第 4 期。

[157]占硕:《信用评级监管:后危机时代的变革与借鉴》,载《征信》2010 年第 3 期。

[158]毕家新:《美国征信体系模式及其启示》,载《征信》2010 年第 2 期。

[159]武逸:《美国信用评级监管体系改革对我国的启示》,载《征信》2010 年第

1期。
[160]梁涛:《银行信贷过度集中的理论解释及对策分析》,载《南方金融》2009年第11期。
[161]徐淑芳:《征信体系的法律和监管框架:欧美的经验及其借鉴》,载《上海金融》2009年第3期。
[162]吴国平:《关于征信立法中几个重大疑难问题的探析》,载《学海》2005年第5期。
[163]张忠军:《征信法律制度中的政府角色》,载《法学》2005年第9期。
[164]王锐、熊键:《个人信用征信业:美国模式的缺陷及相应政府监管的博弈分析》,载《上海金融》2002年第1期。
[165]刘宪权:《金融犯罪刑法学原理》,上海人民出版社2017年版。
[166]马兆林:《人工智能时代》,人民邮电出版社2017年版。
[167]宋华:《互联网供应链金融》,中国人民大学出版社2017年版。
[168]周虹:《电子支付与结算》,人民邮电出版社2016年版。
[169]工业和信息化部教育与考试中心,陈晓华等:《互联网金融风险控制》,人民邮电出版社2016年版。
[170]范小云、刘澜飚、袁梦怡:《互联网金融》,人民邮电出版社2016年版。
[171]工业和信息化部教育与考试中心,赵永新等:《互联网金融概论》,人民邮电出版社2016年版。
[172]中国再生资源回收利用协会:《再生资源"互联网+"创新之路》,人民邮电出版社2016年版。
[173]孙超:《互联网金融来袭,银行如何做好立体化营销?》,人民邮电出版社2016年版。
[174]郭春光、赵月阳:《众筹》,人民邮电出版社2016年版。
[175]鲁书玲:《移动金融模式与创新》,人民邮电出版社2015年版。
[176]梁剑、吴肇庆等:《互联网金融教程》,四川大学出版社2015年版。
[177]吴晓求:《互联网金融》,中国人民大学出版社2015年版。
[178]周曙东:《电子商务概论》,南京东南大学出版社2015年版。
[179]程艳红:《电子商务案例分析》,人民邮电出版社2015年版。
[180]胡世良:《互联网金融模式与创新》,人民邮电出版社2015年版。
[181]姜达洋:《看懂互联网金融这局棋》,中国人民大学出版社2014年版。
[182]胡晓军:《中国金融新生态》,人民邮电出版社2014年版。

[183]郭福春、陈利荣等:《互联网金融发展理论与实践探索》,浙江工商大学出版社 2017 年版。

[184]李鸿昌、范实秋:《互联网金融实务》,南京大学出版社 2017 年版。

[185]果怀恩、张燕等:《互联网金融》,人民邮电出版社 2017 年版。

[186]屈燕、钮小萌等:《电子商务理论与实务》,人民邮电出版社 2017 年版。

[187]王文革:《互联网时代的金融创新》,上海人民出版社 2016 年版。

[188]Liu Yuhang & Ma Huifang & Jiang Yanbin & Li Zhixin, *Learning to Recommend Via Random Walk With Profile of Loan and Lender in P2P Lending*, Expert Systems With Applications 174(2021).

[189]Song Jae Geun & Kang Eung seon & Shin Hyeon Woo & Jang Ju Wook, *A Smart Contract - Based P2P Energy Trading System with Dynamic Pricing on Ethereum Blockchain*,21 Sensors 6(2021).

[190]Zhao Chengguo & Meng Li & Wang Jun & Ma Shujian, *The Mechanism of Credit Risk Contagion Among Internet P2P Lending Platforms Based on a SEIR Model with Time - Lag*, Research in International Business and Finance(2021).

[191]Eliseu C. Miguel & Cristiano M. Silva & Fernando C. Coelho & Ítalo F. S. Cunha & Sérgio V. A. Campos, *Construction and Maintenance of P2P Overlays for Live Streaming*, 4 Multimedia Tools and Applications1 (2021).

[192]Nitin Singha & Yatindra Nath Singh, *New Incentive Mechanism to Enhance Cooperation in Wireless P2P Networks*,4 Peer - to - Peer Networking and Applications 1(2021).

[193]Shaheen S. & Martin E. & Hoffmanstapleton M. ,*Shared Mobility and Urban form Impacts:A Case Study of Peer - to - Peer (P2P) Carsharing in the US*, Journal of Urban Design 1(2019).

[194]Bandara Kosala Yapa & Thakur Subhasis & Breslin John, *Flocking - Based Decentralised Double Auction for P2P Energy Trading Within Neighbourhoods*, 1 International Journal of Electrical Power and Energy Systems 129 (2021).

[195]An Jongbaek & Hong Taehoon & Lee Minhyun, *Development of the Business Feasibility Evaluation Model for a Profitable P2P Electricity Trading*

by Estimating the Optimal Trading Price, Journal of Cleaner Production 295 (2021).

[196] Ying Li & R. K. Shyamasundar & Mohammad S. Obaidat, Yuyu Yin, *Guest Editorial Special Issue on "P2P Computing for Deep Learning"*, Peer – to – Peer Networking and Applications (2021).

[197] Yuyu Meng & Shah Nazir & Jing Guo & Irfan Uddin, *A Decision Support System for the Uses of Lightweight Blockchain Designs for P2P Computing*, 12 Peer – to – Peer Networking and Applications (2021).

[198] Zheng Hui & Piao Xuexu & Park Sangmoon, *The Role of Founder – CEO, Human Capital and Legitimacy in Venture Capital Financing in China' s P2P Lending Industry*, Sustainability 13(2021).

[199] Kalbantner Jan & Markantonakis Konstantinos & HurleySmith Darren & Akram Raja Naeem & Semal Benjamin, *P2P Edge: A Decentralised, Scalable P2P Architecture for Energy Trading in Real – Time*, 3 Energies 14 (2021).

[200] Xiongfeng Pan & Shucen Guo & Junhui Chu, *P2P Supply Chain Financing, R & D Investment and Companies' Innovation Efficiency*, Journal of Enterprise Information 1Management 34(2021).

[201] Sim Jungsub & Kim Minsoo & Kim Dongjoo, Kim Hongseok, *Cloud Energy Storage System Operation with Capacity P2P Transaction*, 2 Energies 14 (2021).

[202] Golnoosh Babaei & Shahrooz Bamdad, *A New Hybrid Instance – Based Learning Model for Decision – Making in the P2P Lending Market*, Computational Economics(2021).

[203] Wu Fengpei & Su Xiang & Ock Young Seok & Wang Zhiying, *Personal Credit Risk Evaluation Model of P2P Online Lending Based on AHP*, 1 Symmetry 13(2021).

[204] Huang Jin & Sena Vania & Li Jun, Ozdemir Sena, *Message Framing in P2P Lending Relationships*, Journal of Business Research 122(2021).

[205] Leonard Barolli & Makoto Takizawa et al., *Advances on P2P, Parallel, Grid, Cloud and Internet Computing*, Springer Publishing Company, 2018.

[206] Gao M. & Yen J. & Liu M., *Determinants of Defaults on P2P Lending*

Platforms in China, 72 International Review of Economics and Finance (2021).

[207] Alaya Bechir, *Efficient Privacy – Preservation Scheme for Securing Urban P2P Vanet Networks*, Egyptian Informatics Journal(2020).

[208] Kumar Dharmendra, Pandey Mayank, *An Effective and Secure Data Sharing in P2P Network Using Biased Contribution Index Based Rumour Riding Protocol (BCIRR)*, 4 Optical Memory and Neural Networks 29(2020).

[209] Multimedia Advances in, *Retracted: Enhanced P2P Services Providing Multimedia Content*, 2020 Advances in Multimedia 1(2020).

[210] Bhatia Max & Sharma Vikrant & Singh Parminder, Masud Mehedi, *Multi – Level P2P Traffic Classification Using Heuristic and Statistical – Based Techniques: A Hybrid Approach*, 12 Symmetry 2117(2020).

[211] Galema Rients, *Credit Rationing in P2P Lending to SMEs: Do Lender – Borrower Relationships Matter?*, 65 Journal of Corporate Finance(2020).

[212] Jenkins Mark & Kockar Ivana, *Impact of P2P Trading on Distributed Generation Curtailment in Constrained Distribution Networks*, 189 Electric Power Systems Research 106666(2020).

[213] Valor Carmen, *Anticipated Emotions and Resistance to Innovations: the Case of P2P Car Sharing*, 37 Environmental Innovation and Societal Transitions 50(2020).

[214] Daneshgar Fateme Faraji & Abbaspour Maghsoud, *A Two – Phase Sequential Pattern Mining Framework to Detect Stealthy P2P Botnets*, 55 Journal of Information Security and Applications(2020).

[215] Li Tingting & Xie Jinxing & Liu Xin, *Consumer Return Policies in Presence of a P2P Market*, 97 Omega(2020).

[216] Mary Subaja Christo & Christo Mary Subaja & Bommi R. M. & Mariyappan K., *Multi Path Routing Technique Based RRP for P2P Network*, 994 IOP Conference Series: Materials Science and Engineering 012029(2020).

[217] A. I. Kononova & L. G. Gagarina, *Dynamic Model of Growing File – Sharing P2P Network*, 54 Automatic Control and Computer Sciences 645 (2020).

[218] Junhui Xu & Jitka Hilliard & James R. Barth, *On Education Level and*

Terms in Obtaining P2P Funding: *New Evidence from China*, 20 International Review of Finance 801(2020).

[219] Tritto Angela & He Yujia & Junaedi Victoria Amand, *Governing the Gold Rush Into Emerging Markets*: *A Case Study of Indonesia's Regulatory Responses to the Expansion of Chinese – Backed Online P2P Lending*, 6 Financial Innovation 1(2020).

[220] Lein Harn & Zhe Xia & Chingfang Hsu, *Non – Interactive Secure Multi – Party Arithmetic Computations with Confidentiality for P2P Networks*, 14 Peer – to – Peer Networking and Applications 722(2020).

[221] Luciano Caroprese & Ester Zumpano, *Declarative Semantics for P2P Data Management System*, Journal on Data Semantics1(2020).

[222] Sanjeev Kumar Singh & Chiranjeev Kumar & Prem Nath, *Analysis and Modelling the Effects of Mobility*, *Churn Rate*, *Node's Life Span*, *Intermittent Bandwidth and Stabilization Cost of Finger Table in Structured Mobile P2P Networks*, Wireless Networks 1(2020).

[223] Daneshgar Fateme Faraji & Abbaspour Maghsoud, *A Two – Phase Sequential Pattern Mining Framework to Detect Stealthy P2P Botnets*, 55 Journal of Information Security and Applications(2020).

[224] Mohammed Ali Abdulwahhab & Kadhim Dheyaa Jasim, *Analysis of Threats and Security Issues Evaluation in Mobile P2P Networks*, 10 International Journal of Electrical and Computer Engineering 6435(2020).

[225] Leonard Barolli & Makoto Takizawa & Tomoki Yoshihisa & Flora Amato & Makoto Ikeda, *Advances on P2P*, *Parallel*, *Grid*, *Cloud and Internet Computing*, Springer, 2021.

[226] Leonard Barolli & Peter Hellinckx & Juggapong Natwichai, *Advances on P2P*, *Parallel*, *Grid*, *Cloud and Internet Computing*, Springer, 2020.

[227] Fatos Xhafa & Fang Yie Leu & Massimo Ficco & Chao Tung Yang, *Advances on P2P*, *Parallel*, *Grid*, *Cloud and Internet Computing*, Springer, 2019.

[228] P2P Global Investments PLC, *P2P Global Investments PLC – Annual Report – December* 31, 2017, Reportal, 2018.

[229] Yipeng Zhou & Dah Ming Chiu & Richard T. B. Ma., *Modeling and Analy-*

sis of P2P Content Distribution Systems, CRC Press, 2018.

[230] Shankar Karuppayah et al. , *Advanced Monitoring in P2P Botnets*, Springer, 2018.

[231] Xhafa, F. & S Caballé & Barolli, L. , *Advances on P2P, Parallel, Grid, Cloud and Internet Computing*, Springer Publishing Company, 2018.

[232] P2P Global Investments PLC, *P2P Global Investments PLC – Annual Report – December* 31, 2016, Reportal, 2017.

[233] Yipeng Zhou & Dah Ming Chiu & Richard T. B. Ma. , *Modeling and Analysis of P2P Content Distribution Systems*, CRC Press, 2017.

[234] Fatos Xhafa & Leonard Barolli & Flora Amato, *Advances on P2P, Parallel, Grid, Cloud and Internet Computing*, Springer, 2017.

[235] P2P Global Investments PLC, *P2P Global Investments PLC – Annual Report – December* 31, 2015, Reportal, 2016.

[236] Yipeng Zhou & Dah Ming Chiu & Richard T. B. Ma, *Modeling and Analysis of P2P Content Distribution Systems*, CRC Press, 2016.

[237] Yipeng Zhou & Dah Ming Chiu, *Modeling and Analysis of P2P Content Distribution Systems*, Taylor and Francis, 2014.

[238] P2P Global Investments PLC, *P2P Global Investments PLC – Interim – June* 30, 2014, Reportal, 2014.

[239] P2P Global Investments PLC, *P2P Global Investments PLC – Prospectus – May* 19, 2014, Reportal, 2014.

[240] Abdelkader Hameurlain & Tran Khanh Dang & Franck Morvan, *Data Management in Cloud, Grid and P2P Systems*, Springer, 2014.

[241] Simpson Wes, *Video Over IP: IPTV, Internet Video, H. 264, P2P, Web TV, and Streaming: A Complete Guide to Understanding the Technology*, Taylor and Francis, 2013.

[242] Abdelkader Hameurlain & Wenny Rahayu & David Taniar, *Data Management in Cloud, Grid and P2P Systems*, Springer Berlin Heidelberg, 2013.

[243] Esther Pacitti & Reza Akbaranian & Manal El Dick, *P2P Techniques for Decentralized Applications*, Morgan & amp, Claypool Publishers, 2012.

[244] Clarissa Cassales Marquezan & Lisandro Zambenedetti Granville, *Self – and P2P for Network Management*, Springer London, 2012.

[245] Abdelkader Hameurlain & Farookh Khadeer Hussain & Franck Morvan & A Min Tjoa, *Data Management in Cloud, Grid and P2P Systems*, Springer, Berlin, Heidelberg, 2012.

[246] Rebecca Giblin, *Code Wars*: 10 *Years of P2P Software Litigation*, Edward Elgar Publishing, 2011.

[247] Ragab, Khaled, *Developing Advanced Web Services through P2 Computing and Autonomous Agents*: *Trends and Innovations*, Igi Global Usa, 2010.

[248] Antonopoulos, Nick & Exarchakos, G. & Li, M. & Liotta, A., *Handbook of Research on P2P and Grid Systems for Service - Oriented Computing*: *Models, Methodologies and Applications*, Information Science Reference - Imprint of: IGI Publishing, 2010.

[249] Frédéric Desprez & Vladimir Getov & Thierry Priol & Ramin Yahyapour, *Grids, P2P and Services Computing*, Springer, Boston, MA, 2010.

[250] Fitzek Frank H. P. & Charaf Hassan, *Mobile Peer to Peer* (*P2P*): *A Tutorial Guide*, John Wiley & amp; Sons, Ltd., 2009.

[251] Fatos Xhafa, *Grid and P2P Paradigms for Parallel Processing Introductory Chapter*, IOS Press, 2009.

[252] Georgios Tselentis & John Domingue et al., *Survey on P2P Overlay Streaming Clients*, IOS Press, 2009.

[253] Buford, J. & Yu, H. & Lua, E. K., *P2P Networking and Applications*, Elsevier Inc., 2009.

[254] Fatos Xhafa, *Parallel Programming, Models and Applications in Grid and P2P Systems*, IOS Press, 2009.

[255] Wes Simpson, *Video Over IP*, Taylor and Francis, 2008.

后　　记

早在2014年，笔者就已经开始关注网络借贷行业的发展，当时P2P网络借贷发展如火如荼，笔者特地选择了几个P2P网络借贷平台作了少量投资，在此过程中留意到这种“投资者—平台—借款人”的融资链条中潜藏不少法律风险。由此开始这方面的研究，并积累了一定成果。及至2018年，笔者主持的国家法治与法学理论研究项目《后监管时代下网络借贷平台的法律治理研究》立项，将研究视野扩大到其他类型的网络借贷平台。项目临近结项之际，回首短短数年，互联网金融风起云涌：P2P网络借贷已经风光不再，在长达两年的整治中，生存空间渐趋逼仄，目前业已全部清退；尤其是其中的消费贷，曾在金融科技的包装下一度繁荣，但监管套利的质疑不绝，监管一再收紧，“强监管时代”来临；曾一度热门的“贷款银行+助贷机构”网络贷款模式在2018年后业务规模持续缩小，助贷平台的增信被限制……面对金融发展的格局变迁，笔者对项目研究的思路进行了一定调整，但笔者仍相信，学术研究应在立法和监管现实之外保持客观中立的立场，因而对包括P2P网络借贷平台在内的各类网络借贷平台进行全面风险梳理和规制研究，仍是必要的。

本项目的研究，除了受到互联网金融行业动荡与监管态度变化的影响，还面临着笔者工作、家庭等多重压力，过程艰辛，但我始终无法舍弃这一事业上的追求，坚持了下来。另外，我可爱的研究生们前后接棒，全力协助：赵睿哲、刘赛眉、邱嘉晓、杨博添、高宏晖对本书内容作出了重要贡献，尹颖欢、林嘉琪的校对和整理细致认真，杨卉安、张兴、余舒婷也参与了前期部分资料收集和分析，在此一并感谢！